象棋名局精解系列

屏风马横车布局探秘

吴雁滨 编 著

时代出版传媒股份有限公司

安徽科学技术出版社

图书在版编目(CIP)数据

屏风马横车布局探秘 / 吴雁滨编著. --合肥:安徽科学技术出版社,2019.1(2023.4 重印)
(象棋名局精解系列)
ISBN 978-7-5337-7468-4

Ⅰ.①屏… Ⅱ.①吴… Ⅲ.①中国象棋-布局(棋类运动) Ⅳ.①G891.2

中国版本图书馆 CIP 数据核字(2018)第 000324 号

屏风马横车布局探秘　　　　　　　　　　　　　　　　吴雁滨　编著

出　版　人:丁凌云　　选题策划:倪颖生　　责任编辑:倪颖生　王爱菊
责任校对:邵　梅　　责任印制:梁东兵　　封面设计:吕宜昌
出版发行:安徽科学技术出版社　　　　http://www.ahstp.net
(合肥市政务文化新区翡翠路 1118 号出版传媒广场,邮编:230071)
电话:(0551)63533330
印　　　制:唐山富达印务有限公司　　　　电话:(022)69381830
(如发现印装质量问题,影响阅读,请与印刷厂商联系调换)

开本:710×1010　1/16　　　印张:14　　　字数:252 千
版次:2023 年 4 月第 2 次印刷

ISBN 978-7-5337-7468-4　　　　　　　　　　定价:58.00 元

前　言

　　经过近十年的努力,《屏风马横车布局探秘》终于面世了！本书主要介绍中炮过河车对屏风马平炮兑车——红进七路马对黑起右横车布局的精妙变化。这类着法刚柔并济,总体侧重对攻,特别适合进攻型棋手使用。读者如果能认真研读本书介绍的着法,并在实战中加以运用,不断改进、总结,汲取其精华,将之与其他布局融会贯通,那么象棋布局的境界就会上升到新的高度,对各种局面的分析、判断、驾驭能力也会随之提高,战斗力自然会得到很大的提升。

　　2011年,本书同系列作品《屏风马横车名局精解》顺利出版,并获得了第25届华东地区科技出版社优秀图书二等奖,这是广大读者对我的肯定和鼓励,在此表示衷心的感谢！我希望本书也同样能得到广大象棋爱好者的青睐。

　　由于时间仓促,加上作者水平有限,书中难免存在不足之处,敬请读者批评指正。

吴雁滨

标准着法示例

1. 炮二平五　马8进7
2. 马二进三　车9平8
3. 车一平二　马2进3
4. 兵七进一　卒7进1
5. 车二进六　炮8平9
6. 车二平三　炮9退1
7. 马八进七　车1进1

基本图形示意

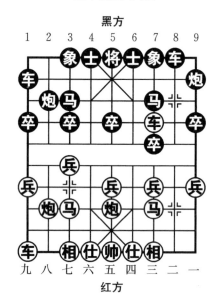

本书着法分类表

		第1—7回合	第8回合	第9回合	第10回合
第1章	左马盘河	1. 炮二平五 马8进7	马七进六	⋮	⋮
第2章	进中兵	2. 马二进三 车9平8	兵五进一	⋮	⋮
第3章	动车、过河炮类	3. 车一平二 马2进3 4. 兵七进一 卒7进1	车三平四 车三退一 ⋮	⋮	⋮
第4章	车换马炮	5. 车二进六 炮8平9 6. 车二平三 炮9退1	炮八平九 车1平6	车九平八	⋮
第5章	马跃河头	7. 马八进七 车1进1	炮八平九 车1平6	马七进六 ⋮	⋮

目　　录

第1章 左马盘河

第1节 马踩中卒局型

第1局 红正补仕

1. 炮二平五　　马8进7　　　**2.** 马二进三　　车9平8

3. 车一平二　　马2进3　　　**4.** 兵七进一　　卒7进1

5. 车二进六　　炮8平9　　　**6.** 车二平三　　炮9退1

7. 马八进七　　车1进1

至此,形成流行的中炮过河车对屏风马平炮兑车——红进七路马对黑起右横车布局定式。

8. 马七进六　　车1平4!

平车捉马,强硬有力!黑如改走车1平6,双方另具攻防变化。

9. 马六进五　　……

红也可改走马六进七、马六进四、炮八进二,双方另具攻防变化。

9. ……　　　　马7进5

黑如误走马3进5,红则车三进一,炮2进1,车三平八捉死炮,红大优。

10. 炮五进四　　马3进5　　　**11.** 车三平五　　……

红如改走炮八平五,黑则炮2平5,炮五进四(红如车三平五则局势与本节第7局相同),炮9平5,仕四进五,车4进2,黑可得子,大优。

11. ……　　　　炮2平5　　　**12.** 仕六进五　　车4进7!(图1)

古棋谚云"避车锋宜背补,避马锋宜倒补"。现在,红方正补仕,被黑肋车卡住相眼,局势非常被动。

如图1形势,红方主要有两种着法:(一)车五平一;(二)炮八进七。分述如下。

第一种着法:车五平一

13. 车五平一　　炮9平5

14. 炮八进四　车8进9!

弃车妙手,算定红方不敢吃车,否则中路重炮杀。

15. 车一平六　后炮进5!

16. 马三进五　车4平5!

17. 帅五平六　车5进1

18. 帅六进一　车8退1

19. 马五退四　车8平6

20. 帅六进一　车5平4

21. 帅六平五　车4平6

22. 车六平四　前车平5

23. 帅五平六　车6平5

下一步前车平4杀,黑胜。

(选自2005年"三环杯"浙江省象棋公开赛浙江俞云涛—江苏王斌实战对局并添加续着)

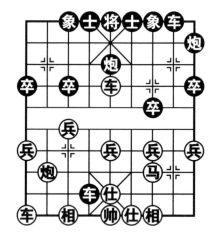

图1

第二种着法:炮八进七

13. 炮八进七　车8进6	14. 车五平七　车8平7
15. 车九进二　炮9平5	16. 车七进三　后炮进5
17. 马三进五　车4平5!	18. 帅五平六　车5进1
19. 帅六进一　车7进2	20. 帅六进一　……

红如改走马五退四,黑则车7平6,帅六进一,炮5平2,车七退一,士4进5,车九平八,士5进4,仕四进五,车6平5,下一步前车平4杀,黑胜。

20. ……　　　车5平4	21. 马五退六　车4退1

22. 帅六平五　车7退1

绝杀,黑胜。

第2局　红背补仕　黑象眼车应法(1)

1. 炮二平五　马8进7	2. 马二进三　车9平8
3. 车一平二　马2进3	4. 兵七进一　卒7进1
5. 车二进六　炮8平9	6. 车二平三　炮9退1
7. 马八进七　车1进1	8. 马七进六　车1平4
9. 马六进五　马7进5	10. 炮五进四　马3进5
11. 车三平五　炮2平5	12. 仕四进五　车8进8(图2)

如图2形势,红方主要有八种着法:(一)车五平一;(二)车五平四;(三)车九

平八;(四)炮八平六;(五)炮八进七;(六)相三进五;(七)相七进五;(八)帅五平四。本局介绍前三种着法,其余见以下各局。

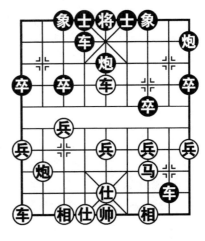

图 2

第一种着法:车五平一

13. 车五平一　　车 4 进 6

14. 车一进二　……

红如改走炮八退一,黑则车 4 平 7 吃马叫杀,相七进五,车 8 进 1,车一进二,车 7 平 5,车一平四,车 5 平 7!车四退八,车 7 进 2,下一步车 7 平 6 杀,黑胜。

14. ……　　车 4 平 2

15. 马三退四　……

红如误走车九进二,黑则车 2 平 1,相七进九,车 8 平 7 捉死马,黑胜定。

15. ……　　车 8 平 6　　　**16.** 车九进二　……

红如改走车一退二,黑则车 2 退 1,车一平五,炮 5 退 1,车九进二,象 3 进 5,车五平六,炮 5 进 5,车九平五,车 2 平 3,相七进九(红如车六平五,则车 6 平 5!仕六进五,车 3 进 3 杀,黑速胜),车 3 平 1,相九退七(红如车六平七,则炮 5 平 3!车七平五,车 1 进 1,仕五进四,炮 3 进 3,仕六进五,车 1 进 2,后车平六,车 6 平 7,相三进五,炮 3 平 6,黑胜定),车 1 平 3,相七进九,士 6 进 5,车六平五,炮 5 平 9,前车平七,车 3 平 7,黑大优。

16. ……　　车 2 退 1　　　**17.** 兵五进一　　车 2 平 6

18. 相七进五　　炮 5 平 2　　　**19.** 车九平八　　炮 2 进 4

20. 车八进一　　后车平 2

黑得车大优。

第二种着法:车五平四

13. 车五平四　　车 4 进 6　　　**14.** 帅五平四　……

红如改走炮八退一,黑则车 8 退 1,以下红有两种变着:

(1)帅五平四,车 4 平 7,车四进三,将 5 进 1,相七进五,炮 9 进 5(黑也可走炮 5 进 5,仕五进四,车 7 进 1,炮八平五,车 8 进 2,炮五退一,炮 9 进 5,车九进二,车 8 平 7!炮五平三,炮 9 进 3,绝杀,黑胜),帅四平五,炮 9 进 3,仕五退四,车 7 进 2,车九进二,车 7 退 1,仕四进五,炮 5 进 5,车九平五,车 7 进 1,仕五退四,车 8 平 5,炮八平五,车 7 退 3,绝杀,黑胜。

(2) 马三退四, 炮9进5, 相七进五, 车4平2, 车四平一, 炮9平5, 炮八平七, 车2平3, 炮七平八, 前炮进2, 仕六进五, 车3进1, 车一平五, 车3平2, 车九平六, 车8进1, 仕五进四, 车8平6, 车五退二, 车6退1, 兵九进一, 车6进1, 黑胜定。

14. ……　　　　车4平7　　　**15.** 车四进三　　将5进1

16. 相七进五　　炮9进5!　　**17.** 帅四平五　　炮9进3

18. 仕五退四　　车7平5　　　**19.** 仕六进五　　车5进1

20. 帅五平六　　车5平4

绝杀, 黑胜。

第三种着法: 车九平八

13. 车九平八　　车8平6　　　**14.** 车五平七　　炮9平5

15. 车七进三　　车4进6　　　**16.** 炮八进七　　……

红另有两种应着如下:

⑴炮八退一, 车4平7, 炮八平四, 后炮进5, 相七进五, 后炮进5, 帅五平四, 车7进2, 绝杀, 黑胜。

⑵相七进五, 车4平5, 炮八进七, 后炮进5, 马三进五, 车5平7, 红无解。

16. ……　　　　后炮进5　　　**17.** 马三进五　　车4平7

18. 车七退二　　士4进5　　　**19.** 车七平五　　车7进2

20. 仕五退四　　车7平6

绝杀, 黑胜。

第3局　红背补仕　黑象眼车应法 (2)

1. 炮二平五　　马8进7　　　**2.** 马二进三　　车9平8

3. 车一平二　　马2进3　　　**4.** 兵七进一　　卒7进1

5. 车二进六　　炮8平9　　　**6.** 车二平三　　炮9退1

7. 马八进七　　车1进1　　　**8.** 马七进六　　车1平4

9. 马六进五　　马7进5　　　**10.** 炮五进四　　马3进5

11. 车三平五　　炮2平5　　　**12.** 仕四进五　　车8进8 (图3)

如图3形势, 本局介绍红方另两种着法: (四)炮八平六; (五)炮八进七。分述如下:

第四种着法: 炮八平六

13. 炮八平六　　炮9平5

14. 车五平四　　车4进6!

15. 帅五平四 ……

红如改走相七进五,黑则车 4 退 5,黑
得子占优。

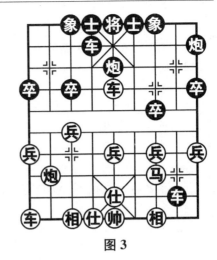

图 3

15. ……	后炮平 6
16. 车四进二	车 4 平 7
17. 车四进一	将 5 进 1
18. 相七进五	炮 5 进 5!
19. 相三进五	车 8 进 1
20. 相五退三	车 7 进 2
21. 帅四进一	车 7 退 1
22. 帅四进一	车 8 退 2

绝杀,黑胜。

第五种着法:炮八进七

13. 炮八进七	车 8 平 7	14. 车九进二	车 7 进 1
15. 马三退四	炮 9 平 5	16. 车五平四	车 4 进 7
17. 车四退三	前炮进 6	18. 车四退二	车 4 平 3
19. 炮八退四	后炮进 1	20. 车九平四	士 4 进 5
21. 前车平六	车 3 进 1	22. 兵五进一	前炮平 1
23. 炮八平五	车 3 退 4	24. 车四平九	车 3 平 5
25. 仕六进五	车 5 退 1		

黑胜势。

第4局 红背补仕 黑象眼车应法(3)

1. 炮二平五	马 8 进 7	2. 马二进三	车 9 平 8
3. 车一平二	马 2 进 3	4. 兵七进一	卒 7 进 1
5. 车二进六	炮 8 平 9	6. 车二平三	炮 9 退 1
7. 马八进七	车 1 进 1	8. 马七进六	车 1 平 4
9. 马六进五	马 7 进 5	10. 炮五进四	马 3 进 5
11. 车三平五	炮 2 平 5	12. 仕四进五	车 8 进 8(图4)

如图 4 形势,本局介绍红方剩下的三种着法:(六)相三进五;(七)相七进五;
(八)帅五平四。分述如下:

第六种着法:相三进五

13. 相三进五　　车 4 进 7

14. 帅五平四　　士 6 进 5

15. 车五平四　　………

红如改走车九平八,黑则士 5 进 6,炮八进三,炮 9 平 6,帅四平五,炮 6 平 5,车五平三,前炮进 5,帅五平四,后炮平 6,炮八平四,士 6 退 5,车三平四,炮 6 进 3,车四退一,车 8 退 1,捉死马,黑胜定。

15. ………　　炮 5 进 5

16. 车九平八　　炮 9 进 1

17. 车四平三　　炮 9 平 6

18. 炮八平六　　车 8 退 3

黑大优。

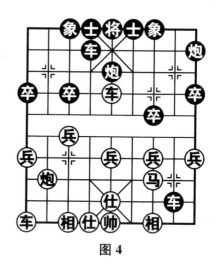

图 4

第七种着法:相七进五

13. 相七进五　　车 8 平 6　　　　**14.** 炮八进四　　车 4 进 7

15. 仕五退四　　……

红如改走车九平八,黑则炮 9 平 5,车五平六,前炮进 5,仕五进四,车 4 平 5 杀,黑胜。

15. ……　　车 4 平 2　　　　**16.** 车五平四　　车 6 平 7

红必丢子,黑大优。

第八种着法:帅五平四

13. 帅五平四　　车 4 平 6　　　　**14.** 帅四平五　　车 6 进 3

15. 相三进五　　……

红如改走车五平七,黑则炮 9 平 5,炮八进七,车 6 进 3!车七进三,后炮进 5,相七进五,车 8 平 7,炮八平六,车 7 进 1,马三退四,车 7 平 6 杀,黑胜。

15. ……　　炮 9 平 5　　　　**16.** 车五平六　　前炮进 5

17. 相七进五　　炮 5 进 6　　　　**18.** 仕五进六　　炮 5 平 2

19. 马三退四　　车 8 进 1　　　　**20.** 仕六进五　　炮 2 退 5

21. 车六进一　　炮 2 退 1　　　　**22.** 车六进一　　炮 2 进 1

红车不能长捉炮,下一步黑炮可架中或平 6 路,黑胜势。

第5局　红飞右相

1. 炮二平五　　马 8 进 7　　　　**2.** 马二进三　　车 9 平 8

3. 车一平二	马2进3	4. 兵七进一	卒7进1
5. 车二进六	炮8平9	6. 车二平三	炮9退1
7. 马八进七	车1进1	8. 马七进六	车1平4
9. 马六进五	马7进5	10. 炮五进四	马3进5
11. 车三平五	炮2平5	12. 相三进五	车4进7(图5)

如图5形势,红方主要有三种着法:
(一)车九平八;(二)炮八平七;(三)仕四
进五。分述如下:

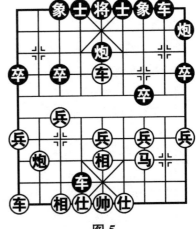

图5

第一种着法:车九平八

13. 车九平八　炮9平5

14. 车五平七　前炮进5

15. 炮八进七　……

红如改走炮八退一守下二线,黑则前
炮平2叫将抽车,黑胜定。

15. ……　　　车8进8

16. 车七进三　车8平5

绝杀,黑胜。

第二种着法:炮八平七

13. 炮八平七	车8进8	14. 仕四进五	车8平6
15. 相五进三	卒7进1	16. 兵三进一	炮9平5
17. 车五平七	车4退1	18. 车七平四	后炮进5
19. 马三进五	车6退5		

黑胜定。

第三种着法:仕四进五

13. 仕四进五　车8进8

以下变化同本节第4局第六种着法。

第6局 红飞左相

1. 炮二平五	马8进7	2. 马二进三	车9平8
3. 车一平二	马2进3	4. 兵七进一	卒7进1
5. 车二进六	炮8平9	6. 车二平三	炮9退1
7. 马八进七	车1进1	8. 马七进六	车1平4
9. 马六进五	马7进5	10. 炮五进四	马3进5

11. 车三平五　炮2平5　　**12.** 相七进五　车4进6

13. 炮八进七　……

红如改走车九平八保炮,黑则炮9平2!炮八平九(红如仕六进五,则车4平3,炮八平九,车3平1,车八进八,车8进7,捉死马,黑大优),炮2平5,黑必得一子大优。

　　13. ……　　　　车8进7(图6)

如图6形势,红方主要有两种着法:
(一)车五平七;(二)马三退五。分述如下:

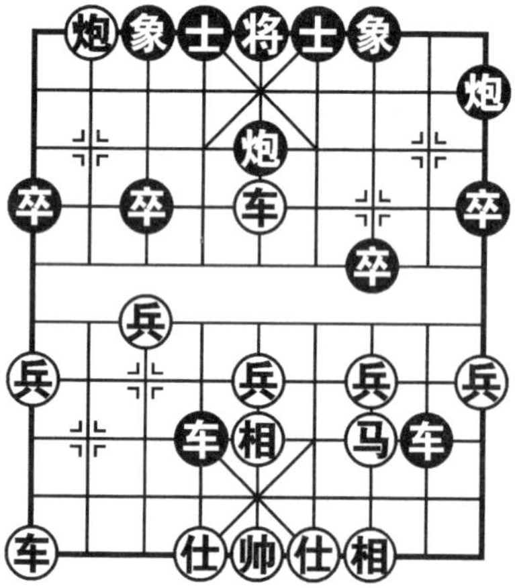

第一种着法:车五平七

14. 车五平七　车8平7

红方又有以下三种变着:

(1)车七进三

15. 车七进三　车7进2

16. 仕六进五　车4平5

17. 帅五平六　车7平6!

18. 帅六进一　车5进1

19. 帅六进一　车6退2

绝杀,黑胜。

(2)仕六进五

15. 仕六进五　车4进1　　**16.** 车七进三　车7平5

17. 相三进五　……

红如改走车七退二,黑则士4进5,车七平五,车5平2,黑必得子,大优。

17. ……　　　　炮5进5　　**18.** 仕五退六　炮9进5!

黑伏有炮9平5和炮9进3双叫杀,红无解。

(3)仕四进五

15. 仕四进五　炮9进5!　　**16.** 车七平一　……

红不敢仕五进六吃车,否则黑炮9平5,仕六进五(红如帅五平四,则车7平6杀,黑胜),车7进2杀,黑胜。

16. ……　　　　炮5进5!　　**17.** 相三进五　车4平5

18. 车一平四　车7进2　　　**19.** 车四退六　炮9进3

20. 车九平八　炮9平6

下一步退炮杀,黑胜。

图6

第二种着法：马三退五

14. 马三退五   炮9平5

黑也可走车4平2捉炮，红如接走炮八平九，则炮9平5，车五平六，后炮进5，车六进三，将5进1，车九平七，车2平5，相三进五，后炮进5杀，黑胜。

15. 马五退七	车4平5	**16.** 相三进五	车8平5
17. 仕四进五	后炮进2	**18.** 帅五平四	车5退1
19. 车九进二	前炮平6	**20.** 帅四平五	车5平7
21. 仕五进四	炮6平5	**22.** 帅五平四	车7进3
23. 帅四进一	车7退1	**24.** 帅四退一	前炮平6
25. 帅四平五	车7平6		

下一步炮6平5杀，黑胜。

第7局 红平中炮

1. 炮二平五	马8进7	**2.** 马二进三	车9平8
3. 车一平二	马2进3	**4.** 兵七进一	卒7进1
5. 车二进六	炮8平9	**6.** 车二平三	炮9退1
7. 马八进七	车1进1	**8.** 马七进六	车1平4
9. 马六进五	马7进5	**10.** 炮五进四	马3进5
11. 车三平五	炮2平5	**12.** 炮八平五	车8进6(图7)

2010年第16届亚洲象棋锦标赛印尼魏德胜—越南裴青龙实战对局时黑方此着选择炮9平5，以下车五平七，前炮进5，相七进五，车8进8(也可改走车8进7)，车七平四，车8平7，仕六进五(红如改走车四退四，则炮5平8！兵三进一，卒7进1，相五进三，车4平7，红方难应)，车7退1，黑得子占优。结果黑胜。

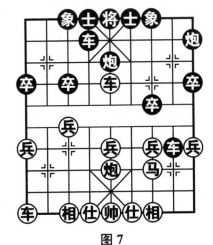

图7

如图7形势，红方主要有两种着法：(一)车五平一；(二)车九进二。分述如下：

第一种着法：车五平一

13. 车五平一   车8平7

14. 马三退五   炮9平5

15. 炮五进五   ……

红如改走马五进七，则车4进6，车九进二，车7平5，仕六进五，车5平3，马七退六,车4进1,车九退二,车3平7,车一平四,车7进3,车九进二,车4平5杀,黑胜。

15. ……　　　象7进5　　　　**16.** 马五进七　车4进6

17. 车九进二　炮5进5　　　　**18.** 车一平五　车4平5

19. 马七退五　车5平1　　　　**20.** 车五退三　车7平5

21. 相七进九　卒7进1
黑胜定。

第二种着法:车九进二

13. 车九进二　车8平7　　　　**14.** 炮五退一　车7退1
红方又有以下三种变着:

(1)车五退一

15. 车五退一　车7平4　　　　**16.** 炮五平一　前车进4

17. 帅五进一　炮9平5
打死车,黑胜定。

(2)车五退二

15. 车五退二　炮9平5　　　　**16.** 车五平三　卒7进1

17. 相三进五　……
红如改走炮五进六,黑则象7进5,车九平八,卒7进1,马三退二,车4进4,相三进五,炮5进5,仕四进五,炮5平9,黑多卒大优。

17. ……　　　卒7进1　　　　**18.** 马三退二　卒7平6

19. 马二进三　卒6进1　　　　**20.** 马三进四　卒6进1

21. 炮五平九　后炮进5　　　　**22.** 仕四进五　卒6进1!

23. 帅五平四　车4平6
捉死马,黑胜势。

(3)兵五进一

15. 兵五进一　车7进1　　　　**16.** 炮五平三　车7平4

17. 仕四进五　炮9平5
打死车,黑胜定。

第2节　马踩3卒局型

第8局　红平边炮(1)

1. 炮二平五　马8进7　　　　**2.** 马二进三　车9平8

3. 车一平二	马2进3	**4.** 兵七进一	卒7进1
5. 车二进六	炮8平9	**6.** 车二平三	炮9退1
7. 马八进七	车1进1	**8.** 马七进六	车1平4
9. 马六进七	车4进6	**10.** 炮八平九	炮9平7
11. 车三平四	炮7平3	**12.** 车九平八	……

红如改走马七退五,黑则象7进5,车九平八,炮2进2,马五退四,炮3平2,车八平九,马3进4,黑优。

12. ……	炮3进2	**13.** 车四进二	炮3进6
14. 车八平七	车4平1(图8)		

如图8形势,红方主要有两种着法:(一)车七平八;(二)兵七进一。分述如下:

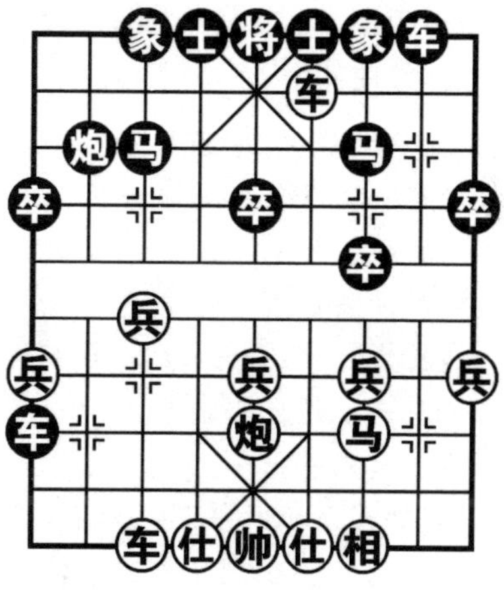

第一种着法:车七平八

15. 车七平八	炮2平1
16. 车八进七	炮1进4
17. 车四退一	……

红如改走车八平七,黑则车1平2,仕六进五,车2进2,仕五退六,炮1进3,车七平三,车2退7,仕六进五,车2平7,黑得车大优。

图8

17. ……	炮1平3		
18. 车四平三	炮3平7		
19. 车三平七	炮7进3	**20.** 仕四进五	车1平5
21. 马三进四	车5平8	**22.** 马四进五	炮7平9

黑胜势。

第二种着法:兵七进一

15. 兵七进一	马3退5	**16.** 兵七进一	车8进3
17. 兵七进一	炮2进4	**18.** 兵七进一	车1平4
19. 仕四进五	车4退1	**20.** 兵七进一	车8平6
21. 车四退二	马5进6	**22.** 兵七平六	车4退6

黑多子优。

第9局　红平边炮(2)

1. 炮二平五	马8进7	**2.** 马二进三	车9平8

3. 车一平二	马2进3	**4.** 兵七进一	卒7进1
5. 车二进六	炮8平9	**6.** 车二平三	炮9退1
7. 马八进七	车1进1	**8.** 马七进六	车1平4
9. 马六进七	车4进6	**10.** 炮八平九	炮9平7
11. 车三平四	炮7平3	**12.** 兵七进一	车4平3
13. 车九平八	车3退3	**14.** 车八进七	炮3进2
15. 车四进一	炮3进6	**16.** 仕六进五	马7进8
17. 炮九进四	炮3退2	**18.** 仕五进六	士6进5(图9)

如图9形势,红方主要有三种着法:
(一)车四退三;(二)车四退四;(三)车四退五。分述如下:

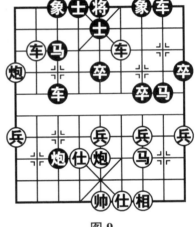

图9

第一种着法:车四退三

19. 车四退三	马8进7
20. 炮五平七	车3进3
21. 马三退五	车3退1
22. 炮九平一	马7进8
23. 车八退三	马3进4
24. 车八平七	……

红如改走车四平二,黑则马4进2,车二进五,马8退6,帅五平六,车3进3!马五退七,马2进3杀,黑胜。

24. ……	车3平1	**25.** 车四平六	马8退6
26. 帅五平六	车8进8!	**27.** 相三进五	……

红如改走车六进一,黑则车1进3,车七退四,车1平3,马五退七,车8平4杀,黑胜。

27. ……	车8平6

黑大优。

第二种着法:车四退四

19. 车四退四	炮3退1	**20.** 兵五进一	炮3平7
21. 马三退五	……		

红如改走相三进一,黑则车3进5,帅五进一,马8进9!帅五平六,车8进8,仕六退五,马9进7,车四平三,马7进6,帅六进一,车3平4,仕五退六,车8平4,绝杀,黑胜。

21. ⋯⋯ 象 7 进 5 **22. 马五进七** 卒 7 进 1

黑大优。

第三种着法：车四退五

19. 车四退五 炮 3 退 1 **20. 车八退一** 马 8 退 7

21. 仕六退五 炮 3 平 7 **22. 相三进一** 炮 7 平 1

黑大优。

第 10 局　红 高 左 炮

1. 炮二平五 马 8 进 7 **2. 马二进三** 车 9 平 8

3. 车一平二 马 2 进 3 **4. 兵七进一** 卒 7 进 1

5. 车二进六 炮 8 平 9 **6. 车二平三** 炮 9 退 1

7. 马八进七 车 1 进 1 **8. 马七进六** 车 1 平 4

9. 马六进七 车 4 进 6 **10. 炮八进一** 车 8 进 5

11. 兵五进一 车 4 退 1(图 10)

如图 10 形势，红方主要有两种着法：

(一)炮八进一；(二)炮八退一。分述如下：

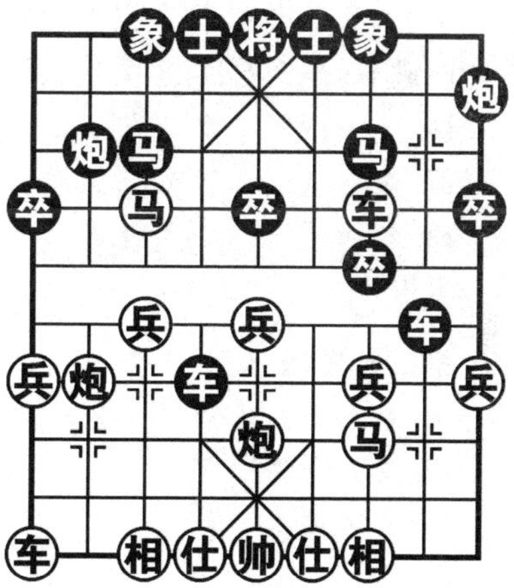

第一种着法：炮八进一

12. 炮八进一 炮 9 平 7

13. 车三平四 炮 7 平 3

14. 兵七进一 车 8 平 5

15. 车四退二 炮 3 平 5

16. 车四平五 炮 5 进 4

17. 仕六进五 士 4 进 5

18. 相七进九 车 4 平 7

19. 炮八退二 车 7 平 1

黑优。

图 10

第二种着法：炮八退一

12. 炮八退一 炮 9 平 7 **13. 车三平四** 炮 7 平 3

14. 兵七进一 车 8 平 5 **15. 炮八平九** 士 4 进 5

16. 车九平八 炮 2 进 4

黑优。

第11局 红巡河炮

1.炮二平五	马8进7	2.马二进三	车9平8
3.车一平二	马2进3	4.兵七进一	卒7进1
5.车二进六	炮8平9	6.车二平三	炮9退1
7.马八进七	车1进1	8.马七进六	车1平4
9.马六进七	车4进6	10.炮八进二	车4平3(图11)

如图11形势,红方主要有四种着法:(一)马七退六;(二)炮八平九;(三)兵七进一;(四)相七进九。分述如下:

第一种着法:马七退六

11.马七退六	车3退2	12.马六进四	车8进2
13.炮八退二	炮9平7	14.车三平四	马7进6
15.车四退一	卒7进1!	16.相七进九	……

红如改走车四平三,黑则车8平7,车三进二,炮2平7,相七进九,车3进2,车九平七,车3进2,相九退七,卒7进1,马三退五,前炮进7,马五退三,炮7进8,仕四进五,卒7平6,黑大优。

16.……	车3进2
17.炮八进二	卒7平6
18.车四退一	炮7进6

黑得子大优。

第二种着法:炮八平九

11.炮八平九	炮9平7
12.车三平四	炮7平3
13.车九平八	炮3进2
14.车四退二	……

红如改走车四进二,黑则炮2退2,车四退一(红如改走车八进七,则车3进2,车四退一,象3进5,车四平三,车3退4,黑优),车3进2,车八进六,象3进5,车八平七,炮2进9,车七平八,炮2平4,黑大优。

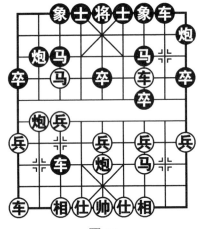

图11

14.……	炮3平2!	15.车八进六	马3进4
16.车八进一	马4进6	17.炮九平四	象7进5
18.炮四进二	卒1进1		

黑优。

第三种着法：兵七进一

11. 兵七进一	车3退2！	12. 炮八平九	炮9平7
13. 车三平四	炮7平3	14. 车九平八	车3退1
15. 车八进七	炮3进2	16. 车四进一	炮3进6
17. 仕六进五	车8进2		

黑大优。

第四种着法：相七进九

11. 相七进九	炮9平7	12. 车三平四	炮7平3
13. 马七退六	车3平2	14. 炮八平九	象7进5
15. 兵七进一	……		

红如改走车四平三，黑则卒1进1，车三进一，马3进4，车三退一，马4进6，黑大优。

15. ……	炮3进3	16. 车四平三	马3进4
17. 炮五进四	马7进5	18. 车三平五	炮2进3
19. 车五平九	马4进6	20. 马三退五	炮3平5

黑大优。

第12局 红骑河炮

1. 炮二平五	马8进7
2. 马二进三	车9平8
3. 车一平二	马2进3
4. 兵七进一	卒7进1
5. 车二进六	炮8平9
6. 车二平三	炮9退1
7. 马八进七	车1进1
8. 马七进六	车1平4
9. 马六进七	车4进6
10. 炮八进三	炮9平7
11. 车三平四	炮7平3 (图12)

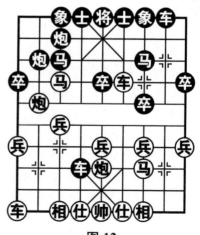

图 12

如图12形势，红方主要有三种着法：
(一)车四退二；(二)车四退四；(三)兵七进一。分述如下：

第一种着法:车四退二

12. 车四退二　象7进5　**13.** 炮八平七　象5进3

14. 车九平八　炮2进5　**15.** 兵七进一　炮2平5

16. 相七进五　车4退5

黑优。

第二种着法:车四退四

12. 车四退四　炮3进2　**13.** 兵七进一　车4平3

黑如改走炮3平4,红则兵七进一,炮4进6,相七进九,炮4平6,马三退四,车4退3(黑如车8进8,炮五进四,车4退3,炮五退二,车4平2,兵七进一,黑很难掌控局面),兵七进一,车4平2,兵七平八,车2退2,车九平七,车8进8,红方多子但缺双仕,黑方少子有攻势,双方对攻。

14. 兵七进一　车3退4

黑阵形工稳,足可抗衡。

第三种着法:兵七进一

12. 兵七进一　车4平3　**13.** 兵五进一　车3退3

14. 兵五进一　象7进5　**15.** 兵五进一　马7进5

16. 炮八进一　车3退1　**17.** 炮八平五　车3平5

18. 车九平八　炮2平1　**19.** 车八进七　士6进5

20. 车四平五　炮3进8　**21.** 仕六进五　马3进5

黑得子得势胜定。

第13局　红过河炮

1. 炮二平五　马8进7　**2.** 马二进三　车9平8

3. 车一平二　马2进3　**4.** 兵七进一　卒7进1

5. 车二进六　炮8平9　**6.** 车二平三　炮9退1

7. 马八进七　车1进1　**8.** 马七进六　车1平4

9. 马六进七　车4进6　**10.** 炮八进四　车4平2

11. 炮八平五　马7进5　**12.** 炮五进四　马3进5

13. 车三平五　炮9平5(图13)

如图13形势,红方主要有两种着法:(一)马七进八;(二)相七进五。分述如下:

第一种着法:马七进八

14. 马七进八　车2平4　**15.** 仕六进五　……

红不可改走车九平八,否则黑炮2平
5打死车,黑胜定。

15.……　　　　车4退6

16. 车五平八　　车4平2

17. 兵七进一　　车8进2

18. 相七进五　　车2平4

黑多子占优。

第二种着法:相七进五

14. 相七进五　　车8进7

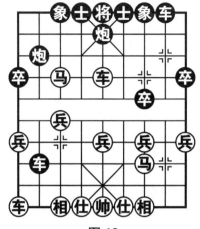

图13

2008年荥阳"楚河汉界杯"象棋棋王
争霸赛河南蒋俊鹏—河南刘欢实战对局
中黑方此着选择炮2平5,以下是:车五平
六,车8进7,仕六进五,后炮平9,车九平六,士4进5,前车平一,炮5平9,车一
平五,车8平7,黑得子大优,结果黑胜。

15. 马三退五　　炮2平5　　16. 车五平一　　后炮进5

17. 车一平五　　车2退1　　18. 马七进五　　象3进5

19. 车五平四　　……

红如改走兵七进一,黑则车8平6,车九平七,士6进5,兵七平六,将5平6,
车五退三,车6进2,绝杀,黑胜。

19.……　　　　车8退2　　20. 车四退三　　车8平4

21. 兵九进一　　士4进5　　22. 兵九进一　　卒1进1

23. 车四平五　　车2平5　　24. 车九进五　　车5平3

25. 马五退七　　车5平7

黑大优。

第14局　红高车保炮

1. 炮二平五　　马8进7　　2. 马二进三　　车9平8

3. 车一平二　　马2进3　　4. 兵七进一　　卒7进1

5. 车二进六　　炮8平9　　6. 车二平三　　炮9退1

7. 马八进七　　车1进1　　8. 马七进六　　车1平4

9. 马六进七　　车4进6　　10. 车九进二　　炮9平7

11. 车三平四　　炮7平3(图14)

如图14形势,红方主要有两种着法:(一)炮八平七;(二)兵七进一。分述
如下:

第一种着法:炮八平七

12. 炮八平七　　炮2进7

13. 仕四进五　　车4平3!

14. 车九平七　　炮3进2

15. 车四进一　　炮3进4

16. 车四平三　　炮2退7

17. 车三退一　　炮3平7

18. 兵七进一　　炮2进4

19. 兵三进一　　车8进9

20. 兵七进一　　车8平7

21. 仕五退四　　车7平9

22. 兵七进一　　炮7进2

23. 仕四进五　　炮7平4

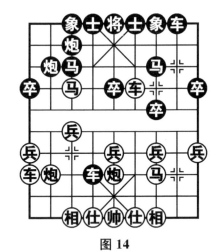

图 14

24. 仕五退四　　炮4平6　　　　**25.** 车三平五　　象7进5

26. 车五平八　　炮6平3　　　　**27.** 帅五进一　　车9退1

28. 帅五退一　　炮2进2　　　　**29.** 炮五平九　　炮3平1

30. 炮九进四　　炮1退6　　　　**31.** 车八平九　　卒7进1

黑胜定。

第二种着法:兵七进一

12. 兵七进一　　车4平3　　　　**13.** 炮八进四　　……

红如改走马七退五,黑则车3退3,马五退六,车3进2,马六退五,马3进4,车四退四,车8进5,炮八平六,马4进2,车九退二,车8平4,黑控制局势占优。

13. ……　　　　车3退3　　　　**14.** 炮八平五　　马7进5

15. 炮五进四　　炮3进2

黑也可改走车3退1。

16. 炮五退二　　炮3进6　　　　**17.** 帅五进一　　车3进4

18. 帅五进一　　马3进2　　　　**19.** 车四平五　　……

红另有两种应着试演如下:

(1)帅五平四,车3平7,车四平五,士4进5,车五平二,士5进6,车二进三,车7退1,帅四退一,车7平1,黑净多两子胜定。

(2)仕四进五,车8进7,车四平五,士6进5,车五平二(红如车五平七,则象7进5,车七退五,车8平7,仕五进四,马2进4,帅五退一,车7进1杀,黑胜),将5平6!车二退四,马2进4,帅五平六,炮2平4杀,黑胜。

19. ……　　　　士6进5　　　　**20.** 车五平二　　……

红如改走车五平七抽车,黑则象7进5,车七退五,马2进4,帅五平六(红如帅五平四,则车8平6,黑胜),炮2平4杀,黑胜。

20. ……	将5平6!	**21.** 车二平四	炮2平6
22. 车九平六	马2进3	**23.** 车六进一	车3退1
24. 帅五退一	车8进8	**25.** 车四退五	车3进1
26. 帅五进一	车8平6		

黑胜定。

第15局　黑骑河车攻法

1. 炮二平五	马8进7	**2.** 马二进三	车9平8
3. 车一平二	马2进3	**4.** 兵七进一	卒7进1
5. 车二进六	炮8平9	**6.** 车二平三	炮9退1
7. 马八进七	车1进1	**8.** 马七进六	车1平4
9. 马六进七	车8进5(图15)		

如图15形势,红方主要有三种着法:(一)兵五进一;(二)兵七进一;(三)相七进九。分述如下:

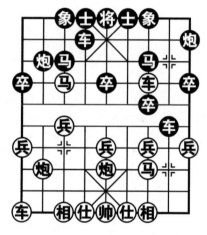

图 15

第一种着法:兵五进一

10. 兵五进一	炮9平7
11. 车三平四	炮7平5
12. 炮八平七	车8平5
13. 车九平八	车5平3
14. 车八进七	车3退2
15. 炮七进五	车4进1

黑先。

第二种着法:兵七进一

10. 兵七进一	车8平3	**11.** 炮八进四	炮9平7
12. 车三平四	车4进7	**13.** 车四进二	车3退1
14. 车四平三	车3退1	**15.** 炮八退二	车3进2
16. 炮八退二	马3退5	**17.** 车三平四	马5进4

黑优。

第三种着法:相七进九

10. 相七进九　　车4平6

2012年晋江市第三届"张瑞图杯"象棋个人公开赛安徽丁邦和—福建陈泓盛实战对局时此着改走车4进6,以下是:炮八进二,车8进3,兵七进一,士6进5,仕六进五,车4平3,兵七平八,炮9平7,车三平四,马7进8,车四平三,马8退9,车三退一,象3进5,车三进二,炮2进3,马七退八,车3平2,车九平七,马3进2,马八进六,车8平6,炮五平四,卒5进1,兵三进一,马2进4,马三进四,马4退6,炮四进三,车6退3,炮四平二,车6退3,捉死车,黑大优,结果黑胜。

11. 车三退一　　炮9平7	**12.** 车三平六　　车8进3
13. 炮五平六　　车8平7	**14.** 兵三进一　　炮7平8
15. 马三进二　　车7进1	**16.** 仕六进五　　车6进3
17. 兵七进一　　车7退4	

黑优。

第3节　进马捉马局型

第16局　红进中兵

1. 炮二平五　　马8进7	**2.** 马二进三　　车9平8
3. 车一平二　　马2进3	**4.** 兵七进一　　卒7进1
5. 车二进六　　炮8平9	**6.** 车二平三　　炮9退1
7. 马八进七　　车1进1	**8.** 马七进六　　车1平4
9. 马六进四　　车8进2	**10.** 兵五进一　　炮9平7
11. 车三平四　　炮7平5	

以下另有两则实战对局:

①马7进6,车四退一,车4进5,炮八进四,炮7平5,仕四进五,车4平2,炮八平五,马3进5,炮五进四,象7进5,黑略优,结果战和。(选自2007年"潇河湾杯"山西首届全国象棋擂台赛史晓宏—王太平实战对局)

②车4进5,炮八平七,马7进6,车四退一,车4平3,车九进二,车8平6,车四平八,炮2平1,车九平八,炮7平5,前车退二,炮5进4,仕六进五,车3平2,车八进一,马3退5,车八平六,马5进7,双方对攻,结果战和。(选自1991年全国象棋团体赛火车头陈启明—湖南罗忠才实战对局)

12. 炮八平七　　马7进6　　**13.** 车四退一　　······

红如改走车九平八,黑则马6进4,车八进七,马4进3,黑得子优。

13. ······ 车4进5

14. 车九平八 炮5进4

15. 仕四进五 车8平4(图16)

如图16形势,红方主要有两种着法:(一)马三进五;(二)帅五平四。分述如下:

第一种着法:马三进五

16. 马三进五 炮5进2

17. 相三进五 炮2平1

18. 马五退三 前车平7

2009年台中罗祥佑—广东许银川实

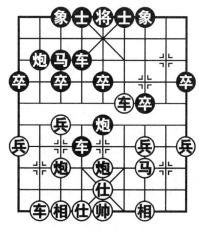

图16

战对局时黑方此着选择炮1进4,以下是:兵七进一,前车平3,兵七进一,车3退3,炮七进五,车4平3,车八进三,前车进3,车八进三,前车平7,车八平九,象7进5,车四进一,卒5进1,车四平一,车3进4,马三退四,卒5进1,车一退二,卒5进1,车一平七,卒5进1,车七退一,卒5进1,仕六进五,车7平3,黑大优,结果胜。

19. 车八进七 炮1进4 **20. 兵七进一** 车7平3

21. 兵七进一 车3退3 **22. 炮七进五** 炮1平3

23. 炮七退四 车4平2 **24. 炮七平五** 象3进5

25. 车四平三 士4进5 **26. 车三平四** 车2进4

27. 兵一进一 车2平3 **28. 炮五平一** 前车退2

29. 车四平七 象5进3 **30. 炮一进三** 卒5进1

黑优,结果胜。

(选自1998年第9届"银荔杯"象棋争霸赛香港赵汝权—广东许银川实战对局)

第二种着法:帅五平四

16. 帅五平四 后车平6

红方又有以下两种变着:

(1)车四进二

17. 车四进二 炮2平6 **18. 兵七进一** 车4平6

黑也可改走马3退5,红如接走兵七进一,则马5进6,帅四平五,象7进5,黑优。

19. 帅四平五　车 6 平 3　　**20.** 兵七进一　马 3 退 5

21. 车八进四　炮 6 平 5　　**22.** 帅五平四　马 5 进 7

23. 炮七平六　车 3 退 3　　**24.** 车八退一　车 3 进 6

黑大优。

(2) 车四退三

17. 车四退三　车 6 进 5　　**18.** 仕五进四　……

红如改走炮七平四，黑则炮 2 进 4，炮四进四，象 3 进 5，炮四平七，车 4 平 6，帅四平五，车 6 平 7，马三退四，炮 2 平 9，黑大优。

18. ……　　　　　炮 2 进 4　　**19.** 兵七进一　象 3 进 5！

20. 兵七进一　车 4 进 3　　**21.** 帅四进一　炮 2 平 6

22. 仕四退五　炮 5 平 6

重炮杀，黑胜。

第17局　红弃七兵

1. 炮二平五　马 8 进 7　　**2.** 马二进三　车 9 平 8

3. 车一平二　马 2 进 3　　**4.** 兵七进一　卒 7 进 1

5. 车二进六　炮 8 平 9　　**6.** 车二平三　炮 9 退 1

7. 马八进七　车 1 进 1　　**8.** 马七进六　车 1 平 4

9. 马六进四　车 8 进 2　　**10.** 兵七进一　炮 9 平 7

11. 车三平四　卒 3 进 1　　**12.** 炮八平七　马 3 进 4

13. 炮七进七　士 4 进 5（图 17）

如图 17 形势，红方主要有两种着法：(一)炮五进四；(二)车四进二。分述如下：

第一种着法：炮五进四

14. 炮五进四　马 7 进 5！

2012 年江苏仪征市芍药棋缘"佳禾杯"象棋公开赛江苏仪征石永华—江苏南京衡昕对局时黑方此着选择将 5 平 4，以下是：炮五平六，车 4 平 3，车四进二，车 3 退 1，马四进五，车 3 进 2，马五退六，车 3 进 1，车九平八(红应改走马六进四)，炮 2 平 5，相七进五，车 3 平 4，马六进四，车 8 进 5，马四退五，车 4 进 5，车四平三，车 8

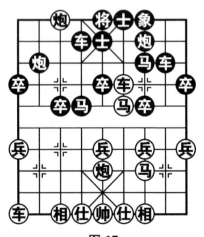

图 17

平 7,马五进七,马 7 进 5！车八进九,将 4 进 1,马七进八,马 5 退 3,仕六进五,
车 4 平 2,仕五退六,车 2 进 1,红认负。以下红如接走仕四进五,黑则车 7 进 2！
仕五退四（红如相五退三,则车 2 平 4 杀,黑胜）,车 2 平 4,帅五进一,车 7 退 1
杀,黑胜。

15. 车四平五	马 4 进 6	**16.** 车九进二	车 4 进 3
17. 车五平三	车 4 平 6	**18.** 车三进二	车 8 平 6！
19. 仕四进五	……		

红如改走车九平四,黑则炮 2 平 5,仕六进五（红如相三进五,则马 6 进 5,黑
胜定）,马 6 进 8,车四进三,车 6 进 2,车三退二,马 8 进 7,帅五平六,车 6 平 4,
仕五进六,车 4 进 3 杀,黑胜。

19. ……	炮 2 平 5！	**20.** 车九平四	马 6 进 8
21. 车四进三	车 6 进 2		

黑胜。

第二种着法:车四进二

14. 车四进二	马 7 进 6		

红方又有以下三种变着:

(1)车四平三

15. 车四平三	马 4 进 6	**16.** 车三退三	……

红如改走马三退一（红如马三退五,则车 4 进 7,车三退三,车 4 平 4,相七进
九,将 5 平 4,黑胜定）,炮 2 平 5,车三退三,炮 5 进 4,仕四进五,将 5 平 4,帅五
平四,车 8 进 6,相七进九,前马进 7,帅四平五,车 4 进 7,车三平四,车 4 平 5,仕
六进五,车 8 平 5 杀,黑胜。

16. ……	后马进 4	**17.** 马三退一	马 4 进 2
18. 仕四进五	车 4 平 3	**19.** 炮五平七	马 2 进 3
20. 帅五平四	炮 2 平 6	**21.** 车三平四	马 6 进 7

绝杀,黑胜。

(2)车四退三

15. 车四退三	卒 7 进 1	**16.** 炮五进四	将 5 平 4
17. 炮五平三	象 7 进 9	**18.** 仕四进五	……

红如改走兵三进一,黑则马 4 退 5,下伏有车 4 进 8、马 5 进 6、马 5 进 7 等多
种手段,红方难应。

18. ……	卒 7 进 1	**19.** 马三退四	马 4 进 5
20. 车四平五	马 5 进 6	**21.** 相七进五	车 4 进 2
22. 炮三退二	车 8 进 6	**23.** 车九平八	卒 7 平 6！

24. 炮三平六　车4平7　　25. 车五平六　将4平5
26. 炮六平五　炮2平5　　27. 炮七平九　炮7进8
绝杀,黑胜。

(3)车九平八

15. 车九平八　炮7进5　　16. 车四退三　炮7进3
17. 仕四进五　炮7平9　　18. 仕五进六　卒7进1
19. 炮五进四　将5平4　　20. 炮五退二　马4进6!
21. 马三进四　车4进6
黑胜定。

第18局　红　兑　马

1. 炮二平五　马8进7　　2. 马二进三　车9平8
3. 车一平二　马2进3　　4. 兵七进一　卒7进1
5. 车二进六　炮8平9　　6. 车二平三　炮9退1
7. 马八进七　车1进1　　8. 马七进六　车1平4
9. 马六进四　车8进2　　10. 马四进三　炮2平7(图18)

如图18形势,红方主要有六种着法:
(一)车九进一;(二)车三平四;(三)炮八
进四;(四)炮五进四;(五)炮五平七;(六)
相三进一。分述如下:

第一种着法:车九进一

11. 车九进一　卒7进1!
12. 车九平四　炮9平7
13. 车三平四　士4进5
14. 前车进二　卒7进1
15. 前车平三　卒7进1
16. 相三进一　……

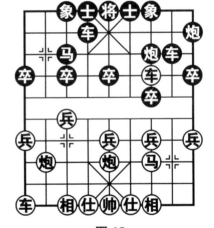

图18

红如改走炮八平三,黑则炮7进7,仕
四进五,车8进7,炮三平一,车4进7,车四进五,炮7平4,仕五退四,炮4平6,
车四退六,车8退1,下一步车8平5杀,黑胜。

16. ……　　车4进6　　17. 炮八平九　象7进5
黑优。

第二种着法：车三平四

11. 车三平四　卒7进1

红方又有以下两种变着：

(1) 兵三进一

12. 兵三进一　车4进6　　**13.** 炮八进五　炮7平2

14. 车九平八　炮2进5　　**15.** 仕四进五　车4平3

16. 车四进二　炮2平5　　**17.** 相七进五　炮9进1

黑多子优。

(2) 车四进一

12. 车四进一　卒7进1　　**13.** 车四平七　卒7进1

14. 仕四进五　炮7平5　　**15.** 炮八进五　卒7平6

16. 炮八平五　卒6平5　　**17.** 炮五平三　前卒进1

18. 仕六进五　车4进3　　**19.** 相七进五　炮9进5

20. 相三进一　车4平7　　**21.** 炮三平四　士6进5

捉死炮，黑胜定。

第三种着法：炮八进四

11. 炮八进四　炮9平7　　**12.** 车三平四　卒7进1

13. 炮八平五　……

红如改走车四进一，黑则卒7进1，车四平七，卒7进1，仕四进五，前炮平5，炮八平五，士6进5，车七退一，车8进7，前炮平三，卒7平6，黑大优。

13. ……　　　马3进5　　**14.** 车九进一　卒7平6

15. 炮五进四　前炮进5　　**16.** 车九平四　……

红如改走车四退二，黑则前炮平2，相三进五，炮2进2，仕四进五，车8进7，车四退四，炮2平4，车四平二，炮4平8，黑优。

16. ……　　　车4进4

黑优。

第四种着法：炮五进四

11. 炮五进四　马3进5　　**12.** 车三平五　炮9平5

13. 相七进五　卒7进1　　**14.** 车五平三　……

红如改走兵三进一，黑则车4进6，车九平八，炮7进5，黑得子优。

14. ……　　　卒7进1　　**15.** 车三退三　炮5平7

16. 车三平四　车4进6

黑大优。

第五种着法:炮五平七

11. 炮五平七　卒7进1!	12. 兵七进一　炮9平7
13. 车三平四　卒7进1	14. 兵七进一　马3退1
15. 车四平五　前炮平5	16. 马三退五　车8平6
17. 相三进五　车4平6	

下一步前车进7杀,黑胜。

第六种着法:相三进一

11. 相三进一　车4进4	12. 车九平八　车4平3
13. 炮八进四　象7进5	14. 炮八平五　马3进5
15. 炮五进四　炮9平5	16. 炮五进二　士4进5

黑优。

第19局　红过河炮

1. 炮二平五　马8进7	2. 马二进三　车9平8
3. 车一平二　马2进3	4. 兵七进一　卒7进1
5. 车二进六　炮8平9	6. 车二平三　炮9退1
7. 马八进七　车1进1	8. 马七进六　车1平4
9. 马六进四　车8进2	10. 炮八进四　炮9平7
11. 车三平四　卒7进1(图19)	

如图19形势,红方主要有三种着着法:
(一)兵三进一;(二)炮八平五;(三)马四进六。分述如下:

第一种着法:兵三进一

12. 兵三进一　马7进6
13. 车四退一　炮7进6
14. 炮八平五　马3进5
15. 炮五进四　车4平5

红方又有以下三种变着:
(1) 车九进二

16. 车九进二　车4平5
17. 车九平五　车8进4
18. 车四平五　车5退2
20. 兵一进一　炮7平8

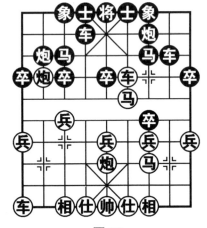

图19

19. 车五进三　车8平1

黑多子优。

(2)车四平五

16. 车四平五　炮7平2　　**17.** 车九进二　前炮进2

18. 仕四进五　车8进7　　**19.** 车九平三　后炮平7

20. 炮五平三　炮7平5

黑大优。

(3)兵五进一

16. 兵五进一　炮7退1　　**17.** 兵五进一　炮7平5

18. 兵五平六　车8进1　　**19.** 炮五退二　车4退1

20. 车四退一　炮2进5　　**21.** 帅五进一　车8进5

22. 帅五进一　车8平4　　**23.** 帅五平四　炮5进1!

24. 帅四平五　后车进2

绝杀,黑胜。

第二种着法:炮八平五

12. 炮八平五　马7进5　　**13.** 炮五进四　马3进5

14. 车四平五　炮7平5　　**15.** 相七进五　……

红如改走兵三进一吃卒,黑则炮2平5打死车胜定。

15. ……　　车4进3　　**16.** 车五平四　卒7进1

17. 马三退五　……

红如改走马四退三吃卒,黑则车8平7,车四退三,炮2进4,黑可得子。

17. ……　　炮2进1　　**18.** 车四进二　……

红如改走车四平七,黑则车4平6,车七平八,车8平6,马五进七,前车进5,帅五进一,后车进6,绝杀,黑胜。

18. ……　　炮2进1　　**19.** 马四退三　车8进4

20. 马三进五　……

红如改走车四平三,炮2进2!马三进五,车8平5,前马进四,炮5进2,车三平八,士6进5,车九平八,炮2平9,黑大优。

20. ……　　车8平5　　**21.** 前马进四　车4退3

22. 马四进五　炮2平5　　**23.** 车四退二　车4平5

黑优。

第三种着法:马四进六

12. 马四进六　卒7进1　　**13.** 炮五平六　车4平1

14. 马三退五　车8进2　　**15.** 炮八退三　马7进6

16. 马六退五	马6进5	17. 前马退三	车8平4
18. 炮八平六	炮7进8	19. 马五退三	车4进2
20. 车九平八	车4进1	21. 车八进七	车1平4
22. 前马退五	马5退4	23. 车四平一	前车平3

黑优。

第20局　红起横车

1. 炮二平五	马8进7	2. 马二进三	车9平8
3. 车一平二	马2进3	4. 兵七进一	卒7进1
5. 车二进六	炮8平9	6. 车二平三	炮9退1
7. 马八进七	车1进1	8. 马七进六	车1平4
9. 马六进四	车8进2	10. 车九进一	卒7进1(图20)

如图20形势,红方主要有两种着法:
(一)兵三进一;(二)马四进三。分述如下:

第一种着法:兵三进一

11. 兵三进一	车4进6
12. 炮八进四	炮9平7
13. 车三平四	马7进6
14. 车四退一	炮7进6
15. 炮八平五	马3进5
16. 炮五进四	车4退1
17. 兵五进一	……

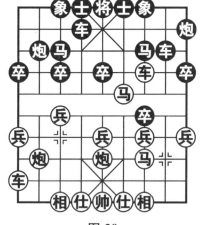

图 20

红如改走车九平四,黑则车4平5,仕
四进五,炮2平6,前车进二,车8平6,车
四进六,车5退3,黑得子胜势。

17. ……	炮2进7	18. 仕四进五	炮7平8
19. 车九平八	炮8进2	20. 相三进五	炮8平4
21. 帅五平四	车8进7	22. 帅四进一	车8退1
23. 帅四退一	炮4退1	24. 仕五退六	炮4平6

黑胜。

第二种着法:马四进三

11. 马四进三	炮2平7	12. 车三平四	炮9平7
13. 车三平四	士4进5	14. 前车进二	卒7进1

15. 前车平三　卒7进1　　**16.** 炮八平三　……

红如改走相三进一,黑则车4进6,炮八平九,象7进5,黑优。

16. ……　　　　炮7进7　　**17.** 仕四进五　车8进7

18. 车三平四　车4进4　　**19.** 后车进三　车4进3

20. 炮三退一　炮7平4　　**21.** 后车退四　炮4平6

22. 炮三平六　炮6平3　　**23.** 仕五退四　车8退2

黑优。

第21局　红平七路炮　黑肋车巡河(1)

1. 炮二平五　马8进7　　**2.** 马二进三　车9平8

3. 车一平二　马2进3　　**4.** 兵七进一　卒7进1

5. 车二进六　炮8平9　　**6.** 车二平三　炮9退1

7. 马八进七　车1进1　　**8.** 马七进六　车1平4

9. 马六进四　车8进2　　**10.** 炮八平七　车4进3

此着黑也有选择车4平6的,但局势没有车4进3好。

11. 马四进三　炮2平7　　**12.** 炮五进四　……

红如改走车三平一,黑则炮9平7,相三进一,象3进5,车九平八,车8进4,
车一进二,后炮平4,仕六进五,车8平7,黑优。

12. ……　　　　炮9平7　　**13.** 车三平一　马3进5(图21)

如图21形势,红方主要有两种着法:
(一)车一平五;(二)炮七平五。分述如下:

第一种着法:车一平五

14. 车一平五　象7进5

15. 相七进五　卒7进1

16. 相五进三　车4进3

17. 马三退五　后炮平5

18. 车五平四　炮5进5

红必丢子。

第二种着法:炮七平五

14. 炮七平五　后炮平5

15. 车一平五　……

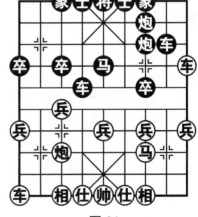

图21

红如改走炮五进四,黑则炮7平5,仕六进五,车4退1,红要失子。

15. ……　　　　卒7进1　　**16.** 车五平三　象7进5

17. 兵三进一　炮5平7　**18.** 车三平七　前炮进5
黑得子大优。

第22局　红平七路炮　黑肋车巡河(2)

1. 炮二平五　马8进7　**2.** 马二进三　车9平8
3. 车一平二　马2进3　**4.** 兵七进一　卒7进1
5. 车二进六　炮8平9　**6.** 车二平三　炮9退1
7. 马八进七　车1进1　**8.** 马七进六　车1平4
9. 马六进四　车8进2　**10.** 炮八平七　车4进3
黑也可先走炮9平7,待红车三平四后再车4进3,详见本节第25局。

11. 车九平八　炮9平7　**12.** 车三平一　车8进6(图22)
黑另有以下两种应着:

(1)马7进6,车八进七,炮7进5,相三进一,马6进4,炮七进四,象3进1,仕四进五,马4进5,相七进五,炮7平1,车一平二,车8进1,炮七平二,车4平2,车八退二,马3进2,炮二平九,红略先。

(2)炮2平1,马四进三,炮1平7,相三进一(红如改走车八进六,则卒7进1,车八平七,象7进5,兵三进一,车4进3,黑优),象3进5,仕四进五,士4进5,车一平四,车8进4,车八进七,后炮平9,车四平一,炮7平9,车一平四,车8平7,黑优。

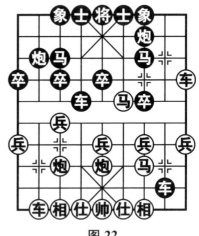

图 22

如图22形势,红方主要有四种着法:(一)车一平四;(二)车一进三;(三)车一退二;(四)马四进三。分述如下:

第一种着法:车一平四

13. 车一平四　炮2平1　**14.** 车四进二　……
红如改走车八进七,则车4平6,车四退一,马7进6,车八平七,马6进4,黑优。

14. ……　马7进6　**15.** 车四进三　……
红如改走车八进七,则马6进4,炮七进四,炮1进4,炮七进三,士4进5,兵七进一[红如改走车八平七,则马4进5!相三进五(红如相七进五,则车8平4!仕六进五,炮1进3,黑胜定),炮1进3,仕四进五,车4进4,帅五平四,车8平

5! 马三退五,车4进1,帅四进一,车4平6杀,黑胜],炮1平7,仕四进五,前炮进3,车四平三,车4平6,炮七平九,炮7平9,黑优。

| 15. …… | 炮1进4 | 16. 兵三进一 | 卒7进1 |
| 17. 车三退四 | 马6进4 | 18. 炮七进四 | 象3进5 |

双方对攻。

第二种着法:车一进三

13. 车一进三	马7进6	14. 车八进七	炮7进5
15. 马三退五	车4进4	16. 车八平七	马6进4
17. 炮七平九	马4进5	18. 相三进五	车8平6
19. 车一平二	炮7进3		

绝杀,黑胜。

第三种着法:车一退二

| 13. 车一退二 | 炮2平1 | 14. 车八进七 | …… |

红如改走马四进三,则炮1平7,仕四进五,卒7进1,黑优。

14. ……	马7进6	15. 车八平七	象7进5
16. 炮五进四	炮7平5	17. 炮五进二	士4进5
18. 车一平四	炮1进4		

黑优。

第四种着法:马四进三

13. 马四进三	炮2平7	14. 仕四进五	卒7进1
15. 车一进二	后炮平5	16. 车一平三	车8退6
17. 兵三进一	炮7进5	18. 炮七平三	车8进7
19. 炮三平四	车8平7	20. 炮四退二	车4平6
21. 车八进三	炮5平6	22. 兵三进一	车6进1
23. 炮五平四	炮6进6	24. 仕五进四	车6进2
25. 仕六进五	车6平3		

黑优。

第23局 红平七路炮 黑肋车巡河(3)

1. 炮二平五	马8进7	2. 马二进三	车9平8
3. 车一平二	马2进3	4. 兵七进一	卒7进1
5. 车二进六	炮8平9	6. 车二平三	炮9退1
7. 马八进七	车1进1	8. 马七进六	车1平4

9. 马六进四　　车8进2　　　**10.** 炮八平七　　车4进3

11. 车九平八　　炮9平7　　　**12.** 车三平四　　车4平6

13. 车四退一　　马7进6　　　**14.** 车八进七　　马6进4

15. 炮七平九　　……

红如改走兵七进一,则炮7进5,相三进一,马4进3,兵七进一,前马退4,车八平七,车8进6,黑优,结果黑胜。(选自2014—2015年"高密棋协杯"全国象棋女子甲级联赛上海九城置业董嘉琦—浙江唐思楠实战对局)

15. ……　　　　炮7进5　　**16.** 相三进一　　炮7平8(图23)

如图23形势,红方主要有两种着法:
(一)马三进四;(二)兵五进一。分述如下:

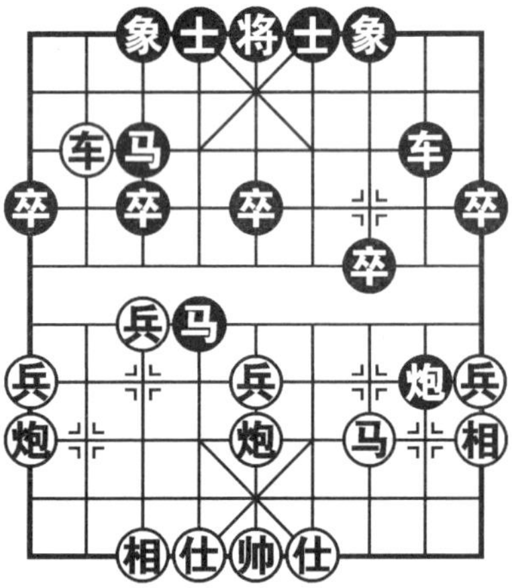

第一种着法:马三进四

17. 马三进四　　炮8进3

18. 相一退三　　车8平6

19. 马四退三　　炮8平9

20. 车八退六　　……

图23

红如改走兵五进一,黑则卒7进1,车八退四,卒3进1,车八平七,卒3进1,车七进一,马3进2,黑优。

20. ……　　　　卒7进1

21. 车八平一　　马4进6

22. 炮五平四　　马6退8　　**23.** 马三进二　　车6进5

24. 车一退一　　卒7平8

黑优。

第二种着法:兵五进一

17. 兵五进一　　卒7进1　　**18.** 车八退四　　……

红如改走马三进五,卒7进1,马五进三,车8平7,黑优。

18. ……　　　　卒3进1　　**19.** 兵五进一　　象7进5

20. 兵五进一　　马3进5

黑优。

第24局　红平七路炮　黑平炮打车(1)

1. 炮二平五　　马8进7　　　**2.** 马二进三　　车9平8

3. 车一平二　　马2进3　　　**4.** 兵七进一　　卒7进1

5. 车二进六	炮8平9	6. 车二平三	炮9退1
7. 马八进七	车1进1	8. 马七进六	车1平4
9. 马六进四	车8进2	10. 炮八平七	炮9平7
11. 车三平四	马7进6	12. 车四退一	车4进5(图24)

如图24形势,红方主要有三种着法:(一)车四平八;(二)车九平八;(三)兵七进一。分述如下:

第一种着法:车四平八

13. 车四平八	车4平3
14. 车九进二	炮2平1
15. 车八进二	炮7进5
16. 相三进一	炮7平8
17. 炮五进四	卒7进1
18. 炮七平五	卒7进1
19. 前炮退一	车3平4
20. 兵七进一	卒7进1
21. 兵七进一	炮8进3
22. 仕四进五	炮8平9
23. 车八平七	车8进7
24. 相一退三	车8平7

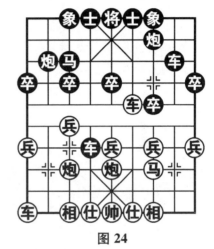

图24

25. 仕五退四	卒7平6	26. 车七平五	士4进5
27. 车五平三	将5平4	28. 后炮平六	车4平5

黑胜。(选自2012年重庆棋友会所"贺岁杯"象棋公开赛重庆赵国华—四川郑惟桐实战对局)

第二种着法:车九平八

13. 车九平八	炮2进4	14. 兵七进一	炮7平2
15. 车八平九	卒3进1	16. 炮七进五	车8平3
17. 炮五进四	前炮平5	18. 车九平八	车3平4
19. 马三进五	前车平5	20. 相七进五	车5退3
21. 车八进八	象7进5	22. 车八平四	士4进5
23. 前车退二	车4进1	24. 前车平五	车4平5

黑优。

第三种着法:兵七进一

13. 兵七进一	车4平3	14. 兵七进一	车3进1

15. 兵七进一　车8平3　　　　**16.** 车四平三　炮7平3

17. 车三平八　后车平8

黑优。

第25局　红平七路炮　黑平炮打车(2)

1. 炮二平五　马8进7　　　　**2.** 马二进三　车9平8

3. 车一平二　马2进3　　　　**4.** 兵七进一　卒7进1

5. 车二进六　炮8平9　　　　**6.** 车二平三　炮9退1

7. 马八进七　车1进1　　　　**8.** 马七进六　车1平4

9. 马六进四　车8进2　　　　**10.** 炮八平七　炮9平7

11. 车三平四　车4进3　　　　**12.** 车四进二　……

红如改走车九平八,详见第23局。

12. ……　　马7进6　　　　**13.** 车四平三　马6进4

黑应改走士4进5,红如接走车九平八,则车8平7,车三平四,车7平6,车四平一,车6平9,车一退一,炮2平9,炮七进四,象3进5,双方对攻。

14. 炮七进四(图25)　……

如图25形势,黑方主要有三种着法:
(一)炮2进4;(二)炮2进5;(三)象3进5。分述如下:

第一种着法:炮2进4

14. ……　　炮2进4

15. 兵三进一　……

红如改走车三平八,则炮2平7,炮七进三,士4进5,相三进一,马4进6,炮五退一,车4进4,炮五平四,车4平6,车九进二,马6进7,黑胜。(选自2012年第5届"杨官璘杯"全国象棋公开赛广东李可东—广东吴贤良实战对局)

15. ……　　马4进6

16. 车三平四　卒7进1

17. 车九平八　卒7进1　　　　**18.** 炮五平四　士4进5

19. 车八进三　卒7进1　　　　**20.** 车四退五　卒7平6

21. 车四退一

红优。

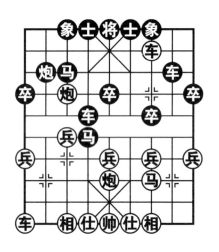

图 25

第二种着法:炮2进5

14. ……	炮2进5	**15.** 车九平八	炮2平7
16. 兵七进一	车4退2	**17.** 炮七进三	士4进5
18. 炮七平九	马4进3	**19.** 车八进九	车4退2
20. 车八平七	象7进5	**21.** 车七平六	将5平4
22. 兵七进一	后马退1	**23.** 炮九平四	

红优。

第三种着法:象3进5

14. ……	象3进5	**15.** 车九平八	炮2进2
16. 车三平七	马4进6	**17.** 车八进一	士4进5
18. 炮五平四			

红优,结果红胜。

(选自2011年东莞凤岗季度象棋赛广东李可东—江苏赵后勇实战对局)

第4节 进炮保马局型

第26局 红飞边相

1. 炮二平五	马8进7	**2.** 马二进三	车9平8
3. 车一平二	马2进3	**4.** 兵七进一	卒7进1
5. 车二进六	炮8平9		
6. 车二平三	炮9退1		
7. 马八进七	车1进1		
8. 马七进六	车1平4		
9. 炮八进二	卒3进1		
10. 相七进九	炮9平7(图26)		

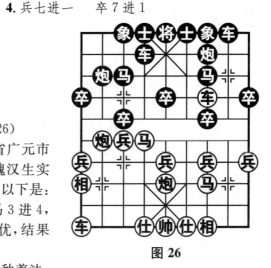

图26

2013年陕西省汉中市四川省广元市象棋联谊赛广元苏明亮—汉中魏汉生实战对局时黑方此着选择卒3进1,以下是:车九平七,炮9平7,车三平四,马3进4,车四退三,卒3平4,黑得子大优,结果黑胜。

如图26形势,红方主要有两种着法:

(一)车三平四;(二)马六进五。分述如下:

第一种着法:车三平四

11. 车三平四	马3进4	12. 炮五平六	马4退6
13. 炮六进六	车8进7	14. 马三退五	炮2平5
15. 马五进七	卒7进1	16. 兵七进一	卒7进1
17. 炮八平七	象3进1	18. 炮六平九	……

红如改走炮六退二,黑则马6进8,相三进五,卒7平6,相九退七,卒6平5,车九平八,前卒进1,相七进五,炮5进5,炮六平八,炮5退3,炮八进三,将5进1,炮八退四,象1进3,炮八平五,卒5进1,黑优。

18. ……	卒7平6	19. 车九平八	卒6平5
20. 相三进五	前卒进1	21. 马六进七	马6进7
22. 车八进一	前马进6	23. 车八平四	马7进6
24. 炮九进一	将5进1	25. 前马进五	象7进5
26. 炮七平四	车8进2	27. 马七进五	炮7进8
28. 仕四进五	炮7退1!	29. 仕五退四	前卒进1
30. 仕六进五	炮7进1		

绝杀,黑胜。(选自1981年全国象棋个人赛湖北胡远茂—江苏言穆江实战对局并添加续着)

第二种着法:马六进五

11. 马六进五	马7进5	12. 兵七进一	炮7平5
13. 炮八平五	象7进5	14. 兵七进一	马5进6
15. 车三平一	马6进7	16. 车九平八	炮2平1
17. 兵七进一	炮1进4		

黑优。

第27局　红捉马弃兵(1)

1. 炮二平五	马8进7	2. 马二进三	车9平8
3. 车一平二	马2进3	4. 兵七进一	卒7进1
5. 车二进六	炮8平9	6. 车二平三	炮9退1
7. 马八进七	车1进1	8. 马七进六	车1平4
9. 炮八进二	卒3进1	10. 马六进四	卒3进1
11. 马四进三	车4平7(图27)		

如图27形势,红方主要两种着法:(一)前马退五;(二)炮八退三。分述

如下：

第一种着法：前马退五

12. 前马退五　车7进2
13. 马五进四　士6进5
14. 马四退三　卒3平2
15. 车九进一　车8进6
16. 车九平七　马3进4
17. 前马退五　炮2平5

黑优。

第二种着法：炮八退三

12. 炮八退三　车7进1
13. 车三进一　炮2平7
14. 炮八平七　马3进4

当然，黑如求稳也可改走象7进5。

15. 炮七进八　将5进1　　16. 车九平八　马4进6
17. 马三退五　车8进6

黑优。

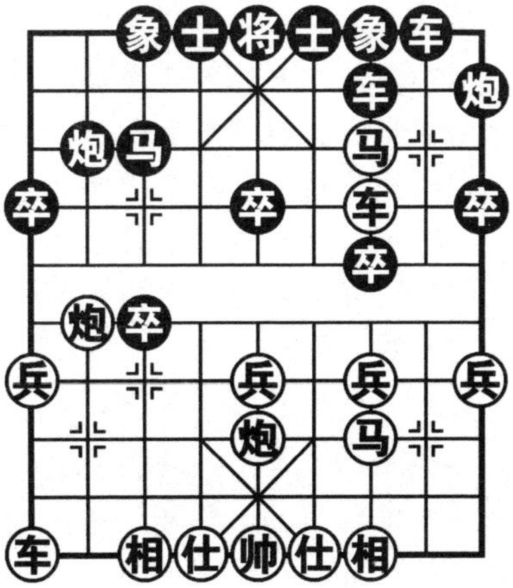

图 27

第28局　红捉马弃兵(2)

1. 炮二平五　马8进7　　2. 马二进三　车9平8
3. 车一平二　马2进3　　4. 兵七进一　卒7进1
5. 车二进六　炮8平9　　6. 车二平三　炮9退1
7. 马八进七　车1进1　　8. 马七进六　车1平4
9. 炮八进二　卒3进1　　10. 马六进四　卒3进1
11. 炮八退三　车8进2　　12. 炮八平七　卒3平2(图28)

如图28形势，红方主要有两种着法：(一)炮五平七；(二)炮七进八。分述
如下：

第一种着法：炮五平七

13. 炮五平七　车4进3　　14. 马四进三　……

红如改走后炮进六，黑则马7退5，前炮退一，车4平6，车三平五，车6平3，
后炮平六，炮2平5，相七进五，马5进7，车五平三，炮5进1，炮七平八，卒2进
1，黑优。

14. ……　　　车8平7　　15. 车三进一　炮2平7

16. 后炮进六　车 4 平 3

17. 后炮平五　车 3 退 2

18. 炮五进四　车 3 进 1

19. 炮五退一　卒 7 进 1

20. 车九进二　车 3 进 1

21. 兵五进一　卒 7 平 6

22. 炮五进一　卒 6 平 5

23. 车九平五　炮 7 进 5

24. 车五平三　车 3 平 5

25. 炮五平八　炮 9 进 5

黑多卒优。

第二种着法:炮七进八

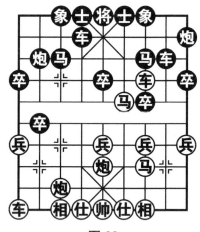

图 28

13. 炮七进八　士 4 进 5

14. 马四进三　炮 2 平 7

15. 车九平八　炮 9 平 7

16. 车三平四　卒 7 进 1

17. 车四进二　卒 7 进 1

18. 车四平三　卒 7 进 1

19. 相三进一　卒 7 平 6

黑优。

第 29 局　红卸炮打车

1. 炮二平五　马 8 进 7

2. 马二进三　车 9 平 8

3. 车一平二　马 2 进 3

4. 兵七进一　卒 7 进 1

5. 车二进六　炮 8 平 9

6. 车二平三　炮 9 退 1

7. 马八进七　车 1 进 1

8. 马七进六　车 1 平 4

9. 炮八进二　卒 3 进 1

10. 炮五平六　车 4 平 6

11. 车三退一　车 6 进 1

黑另有两种着法:

(1)象 3 进 5,车三进二,卒 3 进 1,马六进五,马 3 进 4(黑如改走卒 3 平 2,则马五进七,车 6 平 3,车三退三,车 3 进 1,车三平八,红先),车三退三,卒 3 平 2,车三平六,车 6 进 2,车六进一,车 6 平 5,车六平八,双方对攻。

(2)卒 3 进 1,车三平七,车 6 进 1,车七退一,炮 9 平 3,马六进七,车 8 进 4,相七进五,双方对攻。

12. 车三平七　炮 9 平 3(图 29)

如图 29 形势,红方主要有两种着法:(一)车七平三;(二)马六进七。分述如下:

第一种着法：车七平三

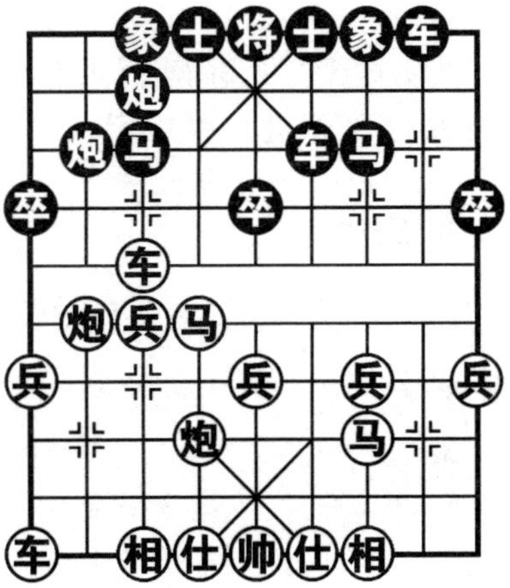

13. 车七平三　　象 7 进 5

14. 车三退一　　炮 3 平 7

15. 车三平一　　……

红如改走车三平五,黑则卒 5 进 1,车五进一(红如车五平一,则同正变),炮 7 平 5,马六进五,马 3 进 5,黑得子大优。

15. ……　　　　卒 9 进 1!

16. 车一进一　　马 7 进 8

17. 相七进五　　马 8 进 6

18. 马三退一　　车 8 进 8

以下红方又有两种变着：

(1)兵七进一

19. 兵七进一　　车 8 平 9	20. 炮八平四　　车 6 进 3
21. 车一退一　　车 9 平 6	22. 车一平四　　车 6 退 3
23. 车九平八　　车 6 平 4	24. 车八进七　　车 4 进 2
25. 车八平七　　车 4 退 1	26. 车七退一　　车 4 平 5

黑胜势。

(2)炮六平七

19. 炮六平七　　马 6 进 4	20. 炮七进五　　象 5 进 3
21. 车九平七　　车 6 平 3	22. 仕六进五　　马 4 退 2
23. 马六进五　　车 3 平 5	24. 马五退七　　车 8 平 9

黑净多两子大优。

第二种着法：马六进七

13. 马六进七　　马 7 进 6

黑也可改走车 6 平 4,红如接走仕六进五,则象 7 进 5,车七平八,炮 2 进 3,车八退一,车 8 进 4,炮六平七,车 4 进 1,车八进二,马 7 进 6,车九平八,马 6 进 8,马三退二,马 8 进 6,马二进一,车 8 进 3 伏杀! 黑优,结果黑胜。(选自 2012 年重庆潼南"外滩国际城杯"象棋团体赛潼南二队邹强－大足区队刘波实战对局)

14. 车七平八　　……

红如改走炮六平七,黑则炮 3 平 7,相七进五,炮 7 进 3,捉死车,黑优。

14. ……　　　　炮 2 进 3	15. 车八退一　　炮 3 进 2
16. 兵七进一　　炮 3 平 4	17. 兵七进一　　炮 4 进 6!

图 29

18. 帅五平六 ……

红如改走相七进五,黑则炮 4 平 6,马三退四,马 6 进 7,兵七进一,车 6 进 6,相五退七,车 8 进 8,黑胜定。

18. …… 马 6 进 8

黑大优。

第 30 局　红 平 边 炮

1. 炮二平五　马 8 进 7　　**2.** 马二进三　车 9 平 8

3. 车一平二　马 2 进 3　　**4.** 兵七进一　卒 7 进 1

5. 车二进六　炮 8 平 9　　**6.** 车二平三　炮 9 退 1

7. 马八进七　车 1 进 1　　**8.** 马七进六　车 1 平 4

9. 炮八进二　卒 3 进 1　　**10.** 炮八平九　卒 3 进 1(图 30)

如图 30 形势,红方主要有两种着法:(一)马六进四;(二)车九平八。分述如下:

第一种着法:马六进四

11. 马六进四　车 4 进 1

12. 车九平八　炮 9 平 7

13. 马四进三　车 4 平 7

14. 车三进一　炮 2 平 7

15. 炮五平七　象 3 进 5

16. 车八进七　马 3 退 5

17. 车八退二　卒 7 进 1!

黑优。

第二种着法:车九平八

11. 车九平八　炮 9 平 7

12. 马六进五　……

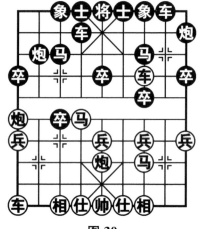

图 30

红如改走车三平四,黑则卒 3 平 2! 车八进四,马 3 进 4,炮五平六(红如改走车八进三,则马 4 退 6,车八平三,车 4 进 4,车三退一,卒 1 进 1,车三平四,炮 7 进 5,相三进一,卒 1 进 1,黑大优),马 4 进 2,炮六进六,炮 7 平 5,黑优。

12. …… 马 3 进 5

黑也可改走马 7 进 5,红如接走车八进七,则炮 7 平 5,炮五进四,马 3 进 5,车三平五,车 8 进 7,车八退五,车 4 进 2,车五退一,卒 1 进 1,黑优。

13. 车三进一　炮 2 平 5　　**14.** 炮五进四　炮 7 平 5

15. 车八进六　车 8 进 3　　16. 车八平九　后炮进 2

17. 相七进五　卒 3 平 4　　18. 车九平七　卒 4 平 5

黑优。

第 31 局　红退车杀卒

1. 炮二平五　马 8 进 7　　2. 马二进三　车 9 平 8

3. 车一平二　马 2 进 3　　4. 兵七进一　卒 7 进 1

5. 车二进六　炮 8 平 9　　6. 车二平三　炮 9 退 1

7. 马八进七　车 1 进 1　　8. 马七进六　车 1 平 4

9. 炮八进二　卒 3 进 1　　10. 车三退一　卒 3 进 1

11. 车三平七　卒 3 平 2

黑也可改走车 4 进 1 保马。

12. 车七进二　车 4 进 4(图 31)

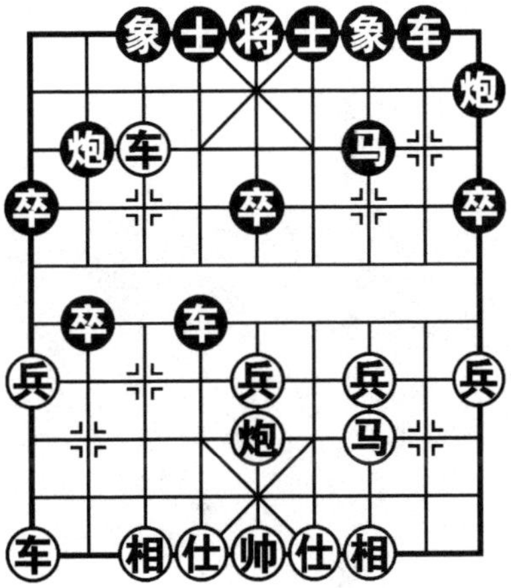

如图 31 形势,红方主要有两种着法:
(一)车七平八;(二)车七平三。分述如下:

第一种着法:车七平八

13. 车七平八　象 7 进 5

14. 车九平八　车 8 进 6

15. 后车进四　车 4 平 2

16. 车八退三　车 8 平 7

17. 马三退五　炮 9 进 5

黑大优。

图 31

第二种着法:车七平三

13. 车七平三　象 7 进 5　　14. 车三进一　炮 9 进 1

15. 车三退二　士 4 进 5　　16. 车三平五　炮 9 平 7

17. 车五平三　车 8 进 8

黑优。

第 32 局　红马踩中卒

1. 炮二平五　马 8 进 7　　2. 马二进三　车 9 平 8

3. 车一平二　马 2 进 3　　4. 兵七进一　卒 7 进 1

5. 车二进六　炮 8 平 9　　6. 车二平三　炮 9 退 1

7. 马八进七　车 1 进 1　　8. 马七进六　车 1 平 4

9.炮八进二 卒3进1 10.马六进五 马7进5

11.兵七进一 炮9平5(图32)

如图32形势,红方主要有两种着法:
(一)兵七进一;(二)炮八平五。分述如下:

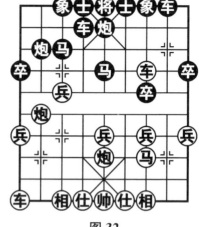

图 32

第一种着法:兵七进一

12.兵七进一 马5进6

13.炮八平五 马3进5

14.车三平四 炮2平5

15.车九进一 车4进4

16.车九平四 前炮进3

17.兵五进一 车4平5

18.后车进二 车8进6

黑多子优。

第二种着法:炮八平五

12.炮八平五 象7进5 13.兵七进一 马5进6

14.车三平四 马6进7 15.车九平八 炮2平1

16.兵七进一 车4进5

黑多子大优。

第5节 黑横车过宫局型

第33局 红马踩中卒

1.炮二平五 马8进7 2.马二进三 车9平8

3.车一平二 马2进3 4.兵七进一 卒7进1

5.车二进六 炮8平9 6.车二平三 炮9退1

7.马八进七 车1进1 8.马七进六 车1平6

9.马六进五 马7进5 10.炮五进四 马3进5

11.车三平五 炮2平5(图33)

如图33形势,红方主要有两种着法:(一)相七进五;(二)仕六进五。分述如下:

第一种着法:相七进五

12.相七进五 车6平2

黑另有一种攻法如下:车8进6,仕六进五,车6平2,炮八平七,车8平7,车五平七,车2进5,车九平六,象3进1,车七平六,士6进5,前车平三,炮9平6,车三进三,炮6退1,车六进五,车2进3,仕五退六,卒7进1,仕四进五,红优,后来红因劣着负。(选自2004年江苏省全民健身运动会象棋赛淮安孙晓明—苏州盛仲定实战对局)

13. 炮八平七　　车8进8

14. 仕六进五　　车2进7

15. 车五平六　　……

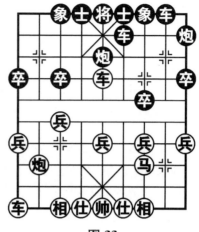

图33

红可改走车九平七加强防守。

15. ……	车8平6	**16.** 帅五平六	士6进5
17. 车六平七	象3进1	**18.** 车七平五	士5进4
19. 炮七平六	炮9平2	**20.** 车五平三	士4退5
21. 车三进三	士5退6	**22.** 车三退二?	……

退车捉炮,劣着,红应改走车三退四。

22. ……	炮2平4	**23.** 炮六平七	车2平4!
24. 帅六平五	炮5进5	**25.** 仕五进六	车4平5

黑胜。(选自2011年重庆棋友会所庆国庆象棋公开赛四川黄秀成—重庆赵键均实战对局并添加续着)

第二种着法:仕六进五

12. 仕六进五　　车8进6

2003年第8届世界象棋锦标赛缅甸杨正双—印尼李俊平实战对局时黑方此着选择车6平2,以下是:炮八平六,车8进6,相七进五,车8平7,车五平六,士4进5,车六平七,车2退1,车七平三,炮9进5,马三进一,车7平9,车三进三,红得象占优,结果红胜。

13. 相七进五	车8平7	**14.** 车五平七	车6平2
15. 炮八平六	车2进5	**16.** 车七平六	卒7进1
17. 车九平六	士4进5	**18.** 炮六进三	炮5平4
19. 炮六进二	士5进4	**20.** 前车进一	士6进5
21. 前车平三	象3进5		

红优,结果战和。(选自2003年全国象棋团体赛杭州冯光明—湖南肖革联

实战对局)

第34局 红退车吃卒

1. 炮二平五	马8进7	**2.** 马二进三	车9平8
3. 车一平二	马2进3	**4.** 兵七进一	卒7进1
5. 车二进六	炮8平9	**6.** 车二平三	炮9退1
7. 马八进七	车1进1	**8.** 马七进六	车1平6
9. 车三退一	炮9平7(图34)		

如图34形势,红方主要有两种着法:
(一)车三平八;(二)车三平六。分述如下:

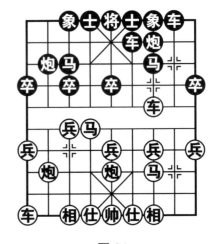

图34

第一种着法:车三平八

10. 车三平八　炮2进5

11. 车八退三　车8进8

12. 车八进五　炮7进5

13. 马三退一　……

红如改走车八平七,则炮7进3,仕四
进五,车6进7,马六进五,炮7平9,马五
退三,马7进5,前马进四,将5进1,黑
胜定。

13. ……　　　车8平9

黑另有一种着法:车6平3,车九平
八,车8平9,后车进六,车9平4,后车平七,车4退3,车七进一,车3进1,车八
平七,象7进5,黑多子大优,结果胜。(选自2009年"恒丰杯"第11届世界象棋
锦标赛德国克莱恩—缅甸黄必富实战对局)

14. 车八平七　车9平7　　**15.** 相三进一　炮7平8

16. 炮五平二　车6进4

黑优。

第二种着法:车三平六

10. 车三平六	车8进8	**11.** 兵七进一	炮7进5
12. 马三退五	车8平6	**13.** 马六进四	马7进6
14. 马五进七	马6进8	**15.** 仕四进五	马8进7
16. 车六平三	前车进1	**17.** 仕五退四	车6进8

绝杀,黑胜。

（选自2013年"银河杯"四川省象棋棋王赛暨排位赛绵阳何佳琪－成都周国素实战对局）

第35局 红弃七兵

1. 炮二平五	马8进7	2. 马二进三	车9平8
3. 车一平二	卒7进1	4. 车二进六	马2进3
5. 兵七进一	炮8平9	6. 车二平三	炮9退1
7. 马八进七	车1进1	8. 马七进六	车1平6

9. 兵七进一（图35） ……

如图35形势,黑方主要有四种着法:
(一)炮9平7;(二)卒3进1;(三)士6进5;(四)士4进5。分述如下:

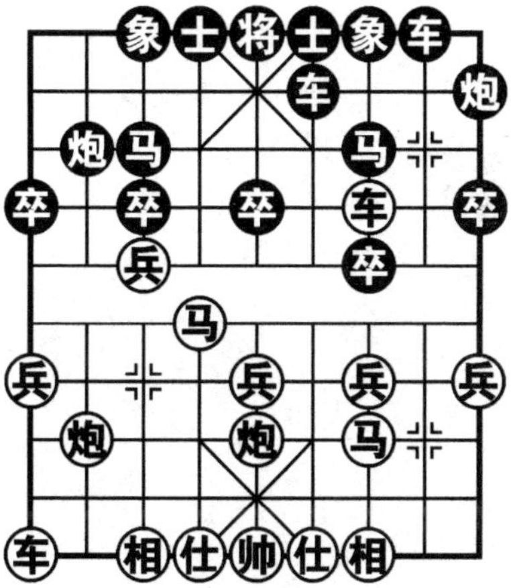

第一种着法:炮9平7

9. ……	炮9平7
10. 马六进五	马7进5
11. 兵七进一	象3进5
12. 兵七进一	马5进6
13. 车三进一	炮2进4
14. 兵三进一	

红优。

图35

第二种着法:卒3进1

9. ……	卒3进1	10. 炮八平七	车6进4
11. 马六进五	马7进5	12. 炮七进五	炮9平5
13. 炮五进四	象7进5	14. 炮五进二	士6进5
15. 车九进二			

红得子大优。

第三种着法:士6进5

9. ……	士6进5	10. 车三退一	炮9平7

黑如改走车6进4,红则车三退一,车6平7,兵三进一,卒3进1,炮八平七,炮9进1,车九平八,炮2平1,兵三进一,红大优。

11. 车三平六	马7进8	12. 兵七进一	马8进6
13. 车六平四	车6进3	14. 马六进四	车8进4
15. 兵七进一	车8平6	16. 兵七平八	炮7进6

17. 炮八平三　马6进7　　　**18.** 仕六进五

红多兵优。

第四种着法:士4进5

9. ……　　　　士4进5　　**10.** 车三退一　车6进4

黑如改走炮9平7,则车三平六,马7进8,兵七进一,马8进6,车六进一,马3退4,马六进五,马6进5,相七进五,车6进2,兵三进一,红大优。

11. 车三退一　车6平7　　**12.** 兵三进一　卒3进1

13. 炮八平七　马3进4　　**14.** 车九平八　炮2平4

15. 炮七进七　炮4进3　　**16.** 炮七平九　士5进4

17. 炮五平六　炮4平3　　**18.** 相七进五　炮3进2

19. 兵三进一　炮9平7　　**20.** 兵三进一　炮7平2

21. 车八进九　将5进1　　**22.** 车八退一　将5退1

23. 炮六进五

红少子有攻势。

第36局　红平七炮

1. 炮二平五　马8进7　　**2.** 马二进三　车9平8

3. 车一平二　卒7进1　　**4.** 车二进六　马2进3

5. 兵七进一　炮8平9　　**6.** 车二平三　炮9退1

7. 马八进七　车1进1

8. 马七进六　车1平6

9. 炮八平七　炮9平7

10. 马六进五　马7进5

11. 车九平八(图36)　……

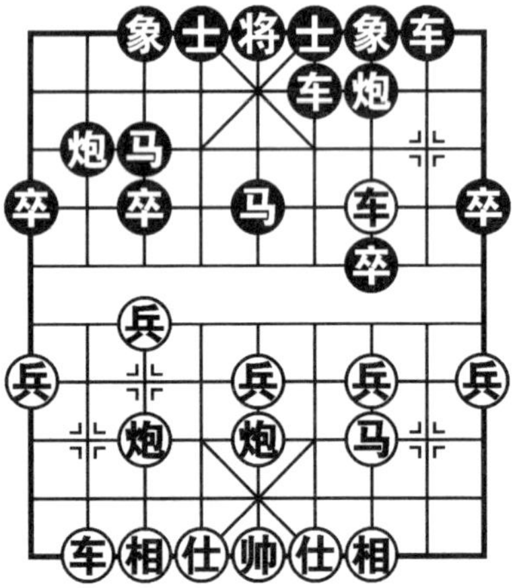

如图36形势,黑方主要有三种着法:(一)炮2退1;(二)炮2平1;(三)士6进5。分述如下:

图36

第一种着法:炮2退1

11. ……　　　　炮2退1

12. 炮五进四　马3进5

13. 车三平五　炮2平5

14. 相三进五　……

2012年重庆第4届"茨竹杯"象棋公开赛重庆侯必强—河南马建康实战对

局时红方此着选择相七进五,以下是:炮 7 进 5,仕六进五,车 6 进 7,相三进一,象 7 进 5,车五平六,炮 5 平 7,车八进五,士 6 进 5,车六平七,卒 7 进 1,相一进三,前炮平 8,车七平三,红优,结果胜。

14. ……　　　　车 6 进 5	15. 车五平七　象 7 进 5
16. 车七平三	

红先。

第二种着法:炮 2 平 1

11. ……　　　　炮 2 平 1	12. 兵五进一　士 4 进 5
13. 兵五进一　马 5 退 7	14. 兵五平六　马 3 进 5
15. 车三进一　炮 1 平 5	16. 炮五进五　象 3 进 5
17. 炮七平五　马 5 退 3	18. 兵六进一

红胜势。

第三种着法:士 6 进 5

11. ……　　　　士 6 进 5	12. 车八进七　马 5 进 6
13. 炮七进四　象 3 进 5	

黑另有以下两种着法:

(1)象 3 进 1,车八平七,马 6 退 7,车七平九,车 6 进 8,帅五平四,象 7 进 5,车九平五,马 7 退 5,炮七进三杀,红胜。

(2)马 3 进 5,车八平七,士 5 退 6,炮七进三,士 4 进 5,炮五进四,将 5 平 4,炮七平四,马 6 退 7,炮四平二,红胜势。

14. 炮五进五　士 5 进 4

黑如改走将 5 平 6,则炮七平四!士 5 进 6,车三进二,红胜定。

15. 炮五平七　马 6 退 7	16. 前炮进二　士 4 进 5
17. 前炮平九　车 6 进 8	18. 帅五平四　士 5 退 6
19. 车八进一	

红胜定。

第 37 局　红 过 河 炮

1. 炮二平五　马 8 进 7	2. 马二进三　车 9 平 8
3. 车一平二　马 2 进 3	4. 兵七进一　卒 7 进 1
5. 车二进六　炮 8 平 9	6. 车二平三　炮 9 退 1
7. 马八进七　车 1 进 1	8. 马七进六　车 1 平 6
9. 炮八进四(图 37)　……	

如图 37 形势,黑方主要有两种着法:
(一)车 6 进 6;(二)士 6 进 5。分述如下:

第一种着法:车 6 进 6

9. ……	车 6 进 6
10. 炮八退四	车 6 退 2
11. 马六进五	马 7 进 5
12. 炮五进四	马 3 进 5
13. 车三平五	炮 9 平 5

双方对攻。

第二种着法:士 6 进 5

9. ……	士 6 进 5
10. 马六进五	马 7 进 5
11. 炮八平五	马 3 进 5
13. 车九进二	将 5 平 6

12. 炮五进四	炮 2 平 5
14. 仕六进五	

红优。

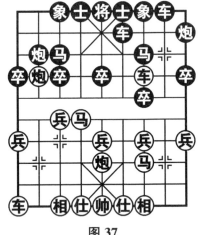

图 37

第 38 局　红 进 中 兵

1. 炮二平五	马 8 进 7	2. 马二进三	车 9 平 8
3. 车一平二	马 2 进 3	4. 兵七进一	卒 7 进 1
5. 车二进六	炮 8 平 9	6. 车二平三	炮 9 退 1
7. 马八进七	车 1 进 1		
8. 马七进六	车 1 平 6		
9. 兵五进一	士 6 进 5(图 38)		

如图 38 形势,红方主要有两种着法:
(一)兵五进一;(二)马六进五。分述如下:

第一种着法:兵五进一

10. 兵五进一	炮 9 平 7
11. 炮五进四	……

红如改走马六进五,马 3 进 5,炮五进
四,士 5 进 4,捉死车,黑大优。

11. ……	马 3 进 5
12. 马六进五	车 6 进 1
13. 马五进三	炮 2 平 7

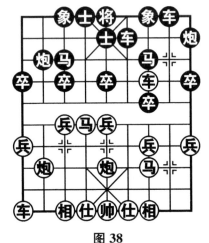

图 38

14. 车三平七　卒7进1　　**15.** 炮八进七　……

红如改走车七进三,黑则车6平2,炮八平五,卒7进1,马三退五,前炮进7,马五退三,炮7进8,仕四进五,车8进9,黑胜定。

15. ……　　　象7进5　　**16.** 兵五进一　前炮进4

17. 马三进五　……

红如改走相三进五,则前炮平3,红必丢子。

17. ……　　　车6进4　　**18.** 马五进六　将5平6!

19. 兵五平四　前炮平8　　**20.** 相七进五　车6进2

21. 兵四平三　炮8平5　　**22.** 马六退五　车6进1

23. 帅五进一　车8进8

绝杀,黑胜。

第二种着法:马六进五

10. 马六进五　马3进5　　**11.** 炮五进四　马7进5

12. 车三平五　车6进7　　**13.** 相七进五　卒7进1!

14. 相五进三　……

红如改走兵三进一,则车6平2,炮八平七,炮2平7,车五平三,车8进2,车三平七,象7进5,车七平一,炮9平7,黑优。

14. ……　　　车8进6　　**15.** 马三进五　车6退2

16. 马五退六　车8平7　　**17.** 相三退一　车6平4

黑优。

第2章 进中兵

第1节 红三进中兵局型

第39局 红平车吃卒(1)

1. 炮二平五　马8进7　　**2.** 马二进三　车9平8

3. 车一平二　马2进3　　**4.** 兵七进一　卒7进1

5. 车二进六　炮8平9　　**6.** 车二平三　炮9退1

7. 马八进七　车1进1　　**8.** 兵五进一　炮9平7

以下另有两则实战对局:

(1)车1平6,兵五进一,士6进5,兵五进一,炮9平7,车三平四,车6进2,兵五平四,象7进5,马三进五,炮2进4,马五进六,炮2平9,马六进七,红得子大优,后红以劣着致负。(选自2012年"陈罗平杯"第17届亚洲象棋锦标赛日本佐藤僚介—东马蔡文轩实战对局)

(2)车1平6,兵五进一,士6进5,兵五进一,炮9平7,车三平四,车6进2,兵五平四,象7进5,车九进一,马7进8,车九平四,马8进7,车四进二,马7退8,马三退五,卒7进1,车四平二,马8退9,车二平四,车8进8,双方对攻,结果战和。(选自2011年北京市"蓝天杯"象棋赛贾俊—王永实战对局)

9. 车三平四　马7进8!　　**10.** 兵五进一　卒7进1

11. 兵五进一　……

红如改走兵五平四,则双方另具攻防变化。

11. ……　　　炮7平5　　**12.** 车四平一　马8进6(图39)

如图39形势,红方主要有以下八种着法:(一)车一平四;(二)车九进一;(三)马三进五;(四)马七进六;(五)炮五进六;(六)兵三进一;(七)仕四进五;(八)仕六进五。本局介绍前三种,其余着法将在以下各局详细介绍。

第一种着法:车一平四

13. 车一平四　马6进7　　**14.** 炮五进六　马3退5

红方又有以下两种变着:

(1)兵五进一

15. 兵五进一　马 5 进 3

16. 炮八平三　炮 2 平 5

17. 炮三进二　车 8 进 4

黑有空头炮占优。

(2)车四进二

15. 车四进二　卒 7 进 1

16. 车九进一　炮 2 退 1

17. 车四退一　马 5 进 4!

18. 车九平四　象 7 进 9

19. 后车进三　炮 2 进 2

20. 前车平八　马 4 进 3

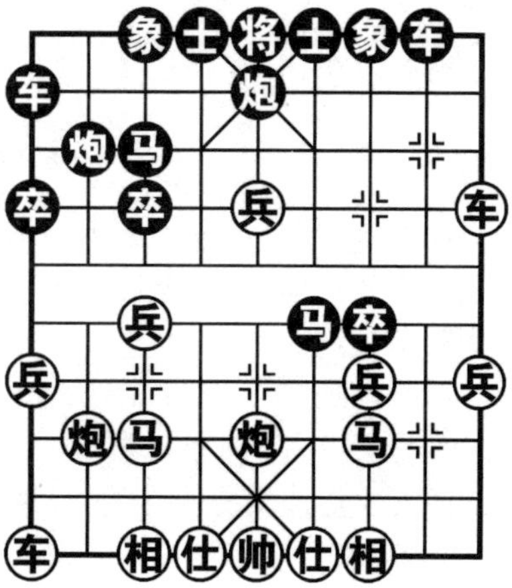

21. 车四平七　炮 2 平 5

22. 车七进二　炮 5 退 1

23. 车七进三　象 9 退 7

黑优。

图 39

第二种着法:车九进一

13. 车九进一　马 3 进 5

14. 车九平六　炮 2 平 5

15. 仕六进五　卒 7 进 1

16. 马三进五　车 1 平 2

17. 马五进四　车 8 进 4

18. 马四进二　后炮平 6

黑优。

第三种着法:马三进五

13. 马三进五　马 3 进 5

14. 炮五进四　……

红如改走仕六进五,黑则炮 2 平 5,炮八进二,卒 7 进 1,炮五进四,马 6 退 5,相七进五,马 5 进 7,黑优。

14. ……　　　　炮 2 平 5

2000 年 ICCS 个人赛中华台北马全清—中国孙文浩对局时此着改走马 6 退 5,以下是:相七进五,炮 2 平 5,仕六进五,车 1 平 2,炮八进二,卒 7 进 1,车九平六,车 8 进 4,车六进六,卒 7 平 6,帅五平六,后炮平 4,车六平五,卒 6 平 5,车五退三,车 8 平 4,帅六平五,车 4 进 4,炮八退一,车 4 平 3,车五平七,车 3 进 1,马七退六,车 3 退 3,黑净多一车大优,结果黑胜。

15. 相七进五　后炮进 2

16. 仕六进五　车 1 平 2

17. 炮八进二　马 6 进 5

18. 相三进五　前炮进 4

19. 仕五进四　　车2平6

黑有攻势。

第40局　红平车吃卒(2)

1. 炮二平五	马8进7	2. 马二进三	车9平8
3. 车一平二	马2进3	4. 兵七进一	卒7进1
5. 车二进六	炮8平9	6. 车二平三	炮9退1
7. 马八进七	车1进1	8. 兵五进一	炮9平7
9. 车三平四	马7进8!		

黑方主流应着是马7进8,另有其他应着,试演如下:

(1)车1平4,兵五进一,炮7平5,马七进五,车8进8(可改走车4进5),炮八平七,车4进5,仕四进五,卒5进1,车四平七,炮2进4,车七进一,象3进5,炮七平九,卒5进1(黑应改走炮2平3,红如接走车七平八,则炮3平5,马三进五,车4平5,炮九进四,炮5平1,双方对攻),炮九进四,卒5进1,炮五进五,炮5平4(黑应改走象7进5吃炮),炮五退二,红大优,结果红胜。(选自2013年广东东莞凤岗象棋公开赛蔡佑广—李春建实战对局)

(2)炮7平5,炮八平九!象7进5,车九平八,车1进1,车四进二,车8进3,马七进六,卒5进1,炮九平七!象5进3,兵七进一,马3进5,兵七进一,炮2平3,兵七进一,车1平3,车四退七,红得子大优,结果红胜。(选自2012年重庆第2届"沙外杯"象棋赛陈光映—邓普普实战对局)

10. 兵五进一	卒7进1	11. 兵五进一	炮7平5
12. 车四平一	马8进6(图40)		

如图40形势,本局再介绍三种着法:
(四)马七进六;(五)炮五进六;(六)兵三进一。分述如下:

第四种着法:马七进六

13. 马七进六	卒7进1
14. 马三退五	炮2进3
15. 马六进四	炮2退1
16. 车一平四	炮2平5
17. 马四进二	车8进3
18. 车四平二	马6进8
19. 车二平四	车1平2

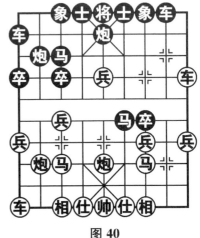

图40

20. 炮八平六　马 3 进 5　　　　**21.** 车九进二　车 2 进 5

22. 车四退四　车 2 平 4

黑大有攻势。

第五种着法:炮五进六

13. 炮五进六　马 6 进 4　　　　**14.** 车九进一　马 4 进 2

15. 炮五平一　车 8 平 9　　　　**16.** 马三进五　车 1 平 9

黑得子优。

第六种着法:兵三进一

13. 兵三进一　马 6 进 4

黑也可改走马 6 进 7,红如接走炮五进六,则马 7 退 6,炮五平八,马 3 进 5,仕六进五,炮 2 平 7,相七进五,车 1 平 2,黑得子大优,结果黑胜。(选自 2015 年"慕中杯"第 14 届世界象棋锦标赛德国吴松月 — 日本松野阳一郎实战对局)

14. 车九进一　马 4 进 2　　　　**15.** 马三进五　车 8 进 6!

16. 炮五平八　　……

红如改走马五进六,黑则马 2 进 3,车九平七,车 1 平 4,马六进七,炮 5 进 6,车七退一(红如相三进五,则车 4 进 8,帅五平六,炮 2 进 7,帅六进一,车 8 平 4杀,黑胜),炮 5 退 2,车一平四,炮 2 进 4,车四退二,炮 2 平 3,车七平八,车 4 进4,黑大优。

16. ……　　炮 2 进 1　　　　**17.** 炮八进一　炮 2 平 5!

18. 车一平五　车 8 平 5!　　　　**19.** 马七进五　马 3 进 5

20. 车九平六　　……

红如改走车九平五,黑则车 1 平 2,炮八平七,车 2 进 5,黑必可得子优。

20. ……　　炮 5 进 5　　　　**21.** 炮八进六　马 5 退 4

22. 炮八退七　马 4 进 6

黑得子大优。

第 41 局　红平车吃卒(3)

1. 炮二平五　马 8 进 7　　　　**2.** 马二进三　车 9 平 8

3. 车一平二　马 2 进 3　　　　**4.** 兵七进一　卒 7 进 1

5. 车二进六　炮 8 平 9　　　　**6.** 车二平三　炮 9 退 1

7. 马八进七　车 1 进 1　　　　**8.** 兵五进一　炮 9 平 7

9. 车三平四　马 7 进 8　　　　**10.** 兵五进一　卒 7 进 1

11. 兵五进一　炮 7 平 5　　　　**12.** 车四平一　马 8 进 6(图 41)

如图 41 形势,本局介绍最后两种着法:(七)仕四进五;(八)仕六进五。分述如下:

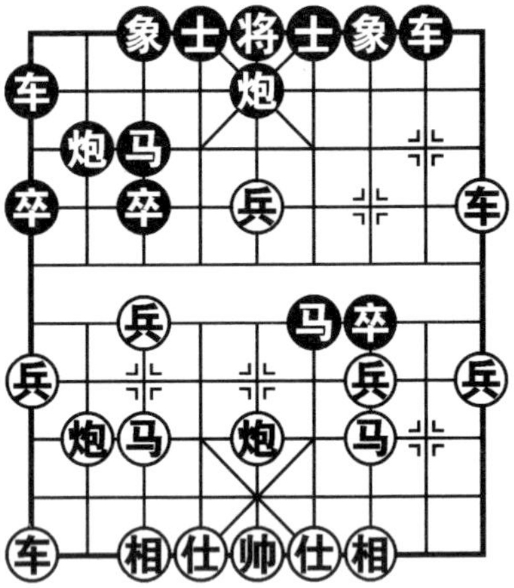

第七种着法:仕四进五

13. 仕四进五　　马 3 进 5

14. 马七进六　……

红如改走兵三进一,黑则马 6 进 7,车一平五,炮 2 平 5,车五平四,车 8 进 9,马七进五,后炮进 5,炮八平三,车 8 平 7,车四退六,车 7 退 2,黑得子大优。

14. ……　　　　炮 5 进 6

15. 马六退五　　卒 7 进 1

16. 车一平四　　炮 2 平 5　　17. 炮八进四　　卒 3 进 1

18. 马五进四　　马 5 进 6　　19. 相七进五　　马 6 进 7

黑得子大优。

第八种着法:仕六进五

13. 仕六进五　　马 3 进 5

红方又有以下三种变着:

(1) 马三进五

14. 马三进五　　炮 2 平 5　　15. 马五进三　　马 6 进 4

16. 炮五进五　……

红如改走车九进一,黑则马 4 进 2,炮五平八,马 5 退 7 抽车,黑胜定。

16. ……　　　　象 7 进 5　　17. 车九平八　　马 4 进 3

18. 帅五平六　　车 1 平 4　　19. 仕五进六　　马 5 进 4

20. 车八进一　……

红如改走马七进六,黑则车 4 进 4,仕四进五,炮 5 平 4,帅六进一,车 4 平 5!车一平六,车 5 进 3!帅六退一,车 5 进 1,帅六进一,车 8 进 8 杀,黑胜。

20. ……　　　　车 8 进 8　　21. 仕四进五　　车 8 平 5

22. 仕六退五　　马 4 进 5!　　23. 马七进六　　车 4 进 4

24. 炮八平六　　车 4 进 2

绝杀,黑胜。

(2) 炮五进六

14. 炮五进六　　车 1 平 5　　15. 车九进一　……

图 41

红如改走兵三进一,黑则马 6 进 4,车九进一,马 4 进 2,车九平六,炮 2 平 7,帅五平六,马 5 退 3,车一平七,车 5 进 1,黑得子优。

15.……　　　炮 2 平 5　　　**16.** 马三进五　　车 5 平 2

17. 炮八平九　　……

红如改走炮八进二,黑则炮 5 进 4,马七进五,车 2 进 4,黑得子优。

17.……　　　车 2 进 5　　　**18.** 马五进四　　马 5 退 7

19. 马四进五　　马 7 进 9　　　**20.** 马五进七　　将 5 进 1

21. 炮九进四　　车 2 退 5　　　**22.** 前马退六　　将 5 退 1

黑得子优。

(3) 兵三进一

14. 兵三进一　　炮 2 平 7　　　**15.** 马七进六　　马 6 进 5

16. 马六退五　　马 5 进 6　　　**17.** 车一平六　　车 1 平 2

18. 帅五平六　　炮 5 平 4　　　**19.** 炮八平六　　马 6 进 7

20. 炮六进六　　士 4 进 5　　　**21.** 炮六退一　　马 7 进 6

22. 车六平三　　……

红如改走仕五退四,黑则炮 7 进 7,仕四进五,炮 7 平 9,炮六进一,车 2 进 7,帅六平五,车 8 进 9,仕五退四,车 2 平 6,车九平八,车 8 平 6 杀,黑胜。

22.……　　　马 6 退 5　　　**23.** 相七进五　　……

红如改走车三进一,黑则马 5 进 7,炮六退五,车 8 进 9,黑胜势。

23.……　　　炮 7 平 8

黑胜势。

第 42 局　　红平车捉卒

1. 炮二平五　　马 8 进 7　　　**2.** 马二进三　　车 9 平 8

3. 车一平二　　马 2 进 3　　　**4.** 兵七进一　　卒 7 进 1

5. 车二进六　　炮 8 平 9　　　**6.** 车二平三　　炮 9 退 1

7. 马八进七　　车 1 进 1　　　**8.** 兵五进一　　炮 9 平 7

9. 车三平四　　马 7 进 8　　　**10.** 兵五进一　　卒 7 进 1

11. 兵五进一　　炮 7 平 5　　　**12.** 车四平三　　马 8 进 6

13. 车三退二　　……

红如改走车一平四,详见第 39 局第一种着法。

13.……　　　马 6 进 4　　　**14.** 车九进一　　马 4 进 6

15. 车九平四　　马 6 退 7　　　**16.** 兵三进一　　马 3 进 5

17. 车四进五　　炮 2 平 5　　　**18.** 仕四进五　　……

红如改走马七进八,黑则马5进6,仕四进五,马6退4,车四退三,马4进2,黑净多一车胜定。

18.……　　　　车1平2　　19.帅五平四　象7进9

20.马三进五　卒3进1(图42)

如图42形势,红方主要有三种着法:(一)马五进六;(二)兵七进一;(三)炮八平九。分述如下:

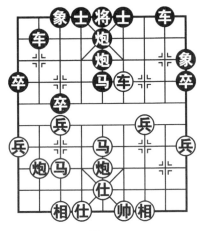

图 42

第一种着法:马五进六

21.马五进六　卒3进1

22.马六进五　……

红如改走马七进八,黑则车2进4,马六退八,卒3平2,炮五进五,象3进5,炮八平一,马5进3,黑大优。

22.……　　　　象3进5

23.炮五进五　炮5平3

24.车四平五　车2进6

黑胜定。

第二种着法:兵七进一

21.兵七进一　马5进3　　22.马五进六　车2进5

23.马六进五　象3进5　　24.车四进一　炮5进6

25.炮八平五　士6进5　　26.车四平五　车2平6

27.帅四平五　将5平6　　28.马七进六　车6进2

黑胜定。

第三种着法:炮八平九

21.炮八平九　卒3进1　　22.马五进七　……

红如改走炮五进四,黑则卒3进1,马七退九,车2进2,炮九平五,车2平3!兵九进一,卒3平4,马五进六,车3平5,车四退一,前炮进5,黑多子胜定。

22.……　　　　马5进3　　23.后马进五　后炮进5

24.马七退五　炮5进5　　25.相七进五　车2平5

26.马五进七　车5进2　　27.车四退一　象3进5

黑多子大优。

第 43 局　红进车象眼

1. 炮二平五　马 8 进 7	2. 马二进三　车 9 平 8
3. 车一平二　马 2 进 3	4. 兵七进一　卒 7 进 1
5. 车二进六　炮 8 平 9	6. 车二平三　炮 9 退 1
7. 马八进七　车 1 进 1	8. 兵五进一　炮 9 平 7
9. 车三平四　马 7 进 8	10. 兵五进一　卒 7 进 1
11. 兵五进一　炮 7 平 5	12. 车四进二　卒 7 进 1 (图 43)

如图 43 形势,红方有以下三种着法:
(一)车九进一;(二)马三退一;(三)仕四
进五。分述如下:

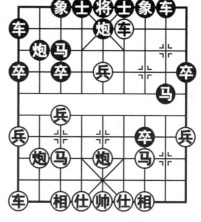

图 43

第一种着法:车九进一

13. 车九进一　卒 7 进 1	
14. 车九平四　象 7 进 9	
15. 马七进六　车 1 平 4	
16. 马六进七　车 4 进 6	
17. 炮八进一　马 3 进 5	
18. 前车退一　……	

红如改走炮八平五,黑则车 4 平 5,相
七进五,炮 5 进 5,仕六进五,马 5 退 6,黑
胜定。

18. ……　炮 2 平 4	19. 炮八平五　车 4 平 5
20. 相七进五　炮 5 进 5	21. 仕六进五　士 6 进 5

黑优。

第二种着法:马三退一

13. 马三退一　马 3 进 5	14. 车九进一　炮 2 平 5
15. 炮五进五　象 3 进 5	16. 炮八进一　马 5 进 6
17. 炮八平五　车 1 平 4	18. 炮五进五　士 6 进 5

黑优。

第三种着法:仕四进五

13. 仕四进五　马 3 进 5	14. 帅五平四　象 7 进 9
15. 马七进六　炮 5 进 6	16. 车四平九　马 5 进 4
17. 相七进五　卒 7 进 1	18. 炮八平三　马 8 进 6

黑大优。

第44局　红小退车(1)

1. 炮二平五	马8进7	2. 马二进三	车9平8
3. 车一平二	马2进3	4. 兵七进一	卒7进1
5. 车二进六	炮8平9	6. 车二平三	炮9退1
7. 马八进七	车1进1	8. 兵五进一	炮9平7
9. 车三平四	马7进8	10. 兵五进一	卒7进1
11. 兵五进一	炮7平5	12. 车四退一	卒7进1

黑也可改走马8退7,详见本节第46局。

| 13. 马三进五 | 马3进5! | 14. 炮五进四 | …… |

红如改走车九进一,黑则马5退7,车四进二,炮5进1,车四退五,车1平4,仕六进五,车4进5,黑优。

| 14. …… | 炮2平5 | 15. 车四平五 | …… |

红此着如改走炮八进四,详见本节第45局;红又如改走马七进六,黑则后炮进2,马六进五,车1平2,炮八平五,炮5进4,仕六进五,象7进5,黑优。

| 15. …… | 马8进6 | 16. 炮五进二 | 马6进4 |
| 17. 车九进一 | 车1平5 | 18. 车五进一 | 卒7平6(图44) |

如图44形势,红方有以下三种着法:
(一)炮八平九;(二)炮八进一;(三)炮八进七。分述如下:

第一种着法:炮八平九

19. 炮八平九　车8进5

20. 车九平六　……

红如改走马七退五,黑则炮5进4,马五进四,车8平6,车五进二,士6进5,车九平六,马4进2,车六平四,马2退3,马四退二,车6平8,车四进一,炮5退4,黑大优。

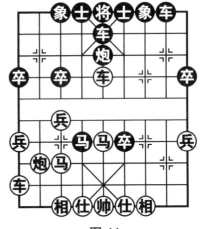

图44

20. ……	卒6平5
21. 马七进五	马4进2
22. 车六平八	马2退3	23. 炮九平五	炮5进4
24. 车五退三	马3进5	25. 车八进二	车8平5
26. 炮五进二	车5进4

黑得子大优。

第二种着法:炮八进一

19. 炮八进一 卒 6 平 5   **20.** 炮八平五 ······

红如改走仕六进五,黑则车 8 进 7,炮八平五,车 8 平 3,炮五进四,车 5 进 1,车五进一,象 3 进 5,相三进五,车 3 退 2,黑得子胜定。

20. ······ 炮 5 进 4   **21.** 车五进二 将 5 进 1!

22. 马七进五 车 8 进 6

红要丢马,败定。

第三种着法:炮八进七

19. 炮八进七 卒 6 平 5   **20.** 仕六进五 车 5 平 2

21. 炮八平九 车 8 进 7   **22.** 马七进五 车 2 进 8

23. 车九平六 车 2 平 3   **24.** 车六退一 车 3 平 4

黑优。

第45局 红小退车(2)

1. 炮二平五 马 8 进 7   **2.** 马二进三 车 9 平 8

3. 车一平二 马 2 进 3   **4.** 兵七进一 卒 7 进 1

5. 车二进六 炮 8 平 9   **6.** 车二平三 炮 9 退 1

7. 马八进七 车 1 进 1

8. 兵五进一 炮 9 平 7

9. 车三平四 马 7 进 8

10. 兵五进一 卒 7 进 1

11. 兵五进一 炮 7 平 5

12. 车四退一 卒 7 进 1

13. 马三进五 马 3 进 5!

14. 炮五进四 炮 2 平 5

15. 炮八进四 卒 3 进 1(图45)

如图 45 形势,红方主要有五种着法:(一)车四平五;(二)马七进六;(三)炮五退一;(四)兵七进一;(五)相七进五。分述如下:

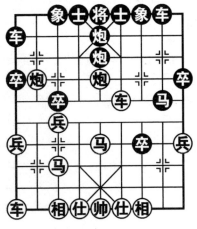

图 45

第一种着法:车四平五

16. 车四平五 马8进6	**17.** 炮五进二 马6进4
18. 车九进一 车1平5	**19.** 车五进一 ……

红另有以下两种着法:

(1)车五退一,车8进5,车五进二,卒7平6,黑优。

(2)炮八平五,马4退5,炮五进二,士6进5,相七进五,马5进6,仕六进五,卒3进1,马五进四,马6进7,帅五平六,炮5平4,相五进七,车8进4,仕五进四,卒7进1,马七进五,炮4退1,仕四退五,车8退2,黑大优。

19. …… 卒7平6	**20.** 车九平六 卒6平5
21. 兵七进一 ……	

红如改走马七进五,黑则马4进2,车六进一,马2退3,车六进二,炮5进4,炮八进三,车5进2,车六进五,将5进1,车六平五,将5平4,车五退三,马3进4,帅五进一,车8进8,帅五进一,车8退1,帅五退一,马4退6,帅五平四,炮5退2,车五平四,马6进4,帅四平五,车8进1,帅五进一,马4退5,绝杀,黑胜。

21. …… 卒5平6	**22.** 相三进五 马4进6
23. 车六平四 车8进8	**24.** 帅五进一 车8平6
25. 帅五平四 车5平8	**26.** 炮八退五 马6进8
27. 马七进六 卒6进1	**28.** 帅四平五 马8进6
29. 马六进四 马6退7	**30.** 帅五平六 ……

红如改走马四进五,黑则卒6进1弃卒叫将,帅五平六,车8平4,绝杀,黑胜。

30. …… 卒6平5	**31.** 仕六进五 ……

红如改走车五退四吃卒,黑则车8平4,车五平六,马7进6,帅六平五,车4进6,黑得车胜定。

31. …… 车8进5	**32.** 车五平六 士6进5
33. 马四进五 象7进5	**34.** 兵七进一 车8平3

黑胜势。

第二种着法:马七进六

16. 马七进六 后炮进2	**17.** 马六进五 卒3进1
18. 车九平八 车1平3	**19.** 仕六进五 炮5进4
20. 相七进五 象7进5	

黑优。

第三种着法:炮五退一

16. 炮五退一　后炮进 3　　　**17.** 车四平五　马 8 进 6

18. 车五退一　……

红如改走车九进一,黑则车 8 进 3,炮八退二,马 6 进 4,车五退一,马 4 退 2,马七进八,卒 3 进 1,马八退九,卒 3 平 4,车五进一,卒 4 进 1,相七进五,卒 4 平 5,车五退二,卒 7 平 6,车五进二,卒 6 进 1,黑优。

18. ……　马 6 进 8　　　**19.** 仕六进五　……

红如改走车九进一,黑则卒 7 平 6,仕六进五,车 1 平 4,车九平六,马 8 进 6,仕五进四,车 4 进 7,车五进三,象 7 进 5,马五退六,车 8 进 3,炮八退一,卒 3 进 1,红虽多子,但无车且阵形散乱,黑多双过河卒,黑优。

19. ……　卒 7 平 6　　　**20.** 兵七进一　卒 6 平 5

21. 马七进五　马 8 进 7　　　**22.** 马五退四　车 8 进 5

23. 车五进一　车 8 平 2　　　**24.** 炮八平六　车 2 平 4

25. 炮六平八　车 1 平 6　　　**26.** 炮八退五　车 4 进 3
黑胜定。

第四种着法:兵七进一

16. 兵七进一　马 8 退 7　　　**17.** 车四进二　后炮进 2

18. 相七进五　车 1 进 1　　　**19.** 仕六进五　前炮进 4!

20. 帅五平六　……

红如改走仕五进四,黑则车 8 进 3,车四平三,车 8 平 2,车三退四,前炮平 4,仕四退五,车 1 平 4,黑优。

20. ……　车 1 平 4　　　**21.** 兵七平六　前炮平 7

22. 车九平八　车 8 进 3　　　**23.** 炮八平六　士 6 进 5

24. 车四退三　车 4 平 3
黑先。

第五种着法:相七进五

16. 相七进五　后炮进 2　　　**17.** 兵七进一　……
红如改走车四进二,则同第四种着法。

17. ……　马 8 退 7　　　**18.** 车四平三　卒 7 平 6

19. 车三进二　卒 6 平 5
黑优。

第 46 局　红小退车(3)

1. 炮二平五　马 8 进 7　　　**2.** 马二进三　车 9 平 8

3. 车一平二	马2进3	4. 兵七进一	卒7进1
5. 车二进六	炮8平9	6. 车二平三	炮9退1
7. 马八进七	车1进1	8. 兵五进一	炮9平7
9. 车三平四	马7进8	10. 兵五进一	卒7进1
11. 兵五进一	炮7平5	12. 车四退一	马8退7(图46)

如图46形势,红方主要有三种着法:
(一)车四进一;(二)车四平三;(三)车四
退二。分述如下:

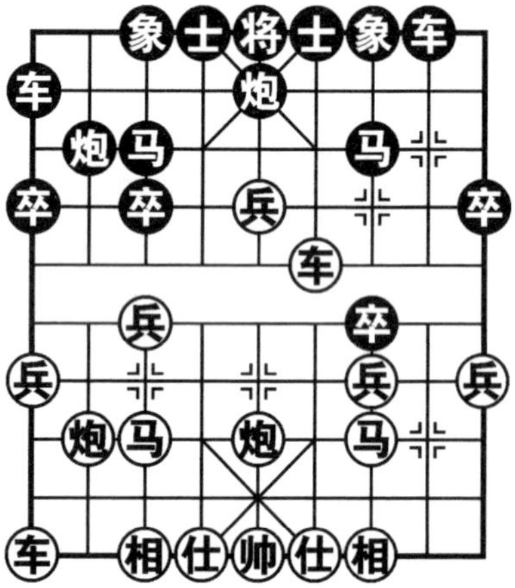

第一种着法:车四进一

13. 车四进一	卒7进1
14. 马三进五	马3进5
15. 炮五进四	马7进5
16. 仕六进五	象7进5
17. 相七进五	车1平4
18. 车九平六	车4进8
19. 帅五平六	卒3进1

黑优。

图46

第二种着法:车四平三

13. 车四平三	卒7平6	14. 兵三进一	卒6进1
15. 仕六进五	马3进5	16. 车三平六	炮2平5
17. 炮五进五	象7进5	18. 相七进五	车1平2
19. 炮八进二	卒6平7	20. 马三进五	炮5平8

黑优。

第三种着法:车四退二

13. 车四退二	车8进6	14. 炮八进一	马3进5
15. 车四进四	车8平7	16. 车四平八	车7进1
17. 炮五进六	士6进5	18. 相七进五	车7退1

黑优。

第47局　红大退车(1)

1. 炮二平五	马8进7	2. 马二进三	车9平8
3. 车一平二	马2进3	4. 兵七进一	卒7进1
5. 车二进六	炮8平9	6. 车二平三	炮9退1

7. 马八进七　　车 1 进 1　　　8. 兵五进一　　炮 9 平 7

9. 车三平四　　马 7 进 8　　　10. 兵五进一　　卒 7 进 1

11. 兵五进一　　炮 7 平 5　　　12. 车四退五　　卒 7 进 1

13. 马三进五　　马 3 进 5(图 47)

如图 47 形势,红方主要有三种着法:
(一)马五进四;(二)马五进六;(三)炮五
进四(参见本节第 48 局介绍)。现将前两
种着法分述如下:

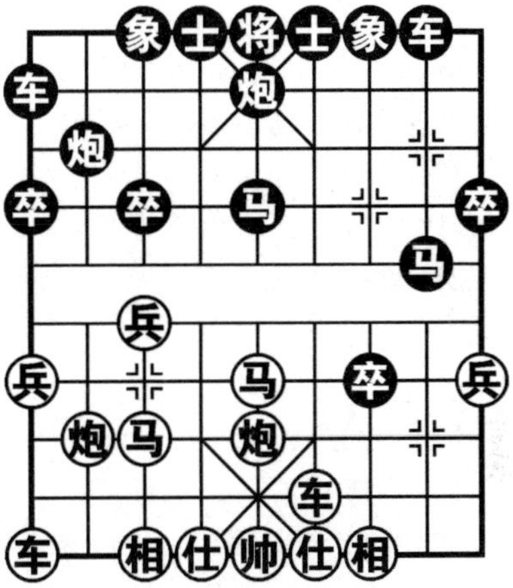

第一种着法:马五进四

14. 马五进四　　炮 2 平 5

红方又有以下两种变着:

(1)马四进五

15. 马四进五　　象 7 进 5

16. 车四平二　　车 1 平 2

17. 车九平八　　车 2 进 5

18. 炮八平九　　车 2 平 3

19. 车八进二　　马 5 进 4

20. 炮五进六　　士 6 进 5　　　21. 相三进五　　卒 7 平 8

黑优。

(2)车九平八

15. 车九平八　　马 5 进 4　　　16. 马四进五　　马 4 进 3

17. 车四平六　　……

红如改走车四平七,黑则马 3 退 4,车七平六,马 4 进 5,相三进五,车 1 平 2,
黑必可得子胜定。

17. ……　　　　车 1 平 2　　　18. 车八进一　　象 7 进 5

19. 车六进一　　炮 5 进 6　　　20. 相七进五　　车 2 进 5

21. 车六平七　　马 8 进 6　　　22. 仕六进五　　马 6 进 4

23. 车七平六　　车 8 进 6

黑优。

第二种着法:马五进六

14. 马五进六　　车 1 平 4

红方又有以下三种变着:

(1)马七进五

图 47

15. 马七进五　马5进4　　　**16.** 炮五进六　士6进5

17. 炮八进二　……

红如改走炮八平六,黑则车4进2,仕六进五,炮2平7,马五进三,卒7平6,相三进一,炮7平5,相七进五,马8进7,车四平三(红如车四进二,则车4进1,车四平三,马4进5,车三平五,马5进7,帅五平六,炮5平4,炮六退一,炮4进6,黑胜势),马4进5,炮六进四,马5进7,帅五平六,炮5平4,马三进四,炮4退1,车九平八,后马退6,车八进八,炮4进3,马四退六,马6退4,黑胜定。

17. ……　　　　马4进3!　　**18.** 马五退七　车4进3

19. 仕六进五　炮2平5　　**20.** 相七进五　车4进3

21. 马七进六　车4平2　　**22.** 马六进七　炮8进3

23. 马七进五　象7进5

黑大优。

(2)车四进四

15. 车四进四　马8退7　　**16.** 马六进四　……

红如改走车四平三,黑则炮5进6,炮八平五,马5进7,黑得车大优。

16. ……　　　　炮2平6　　**17.** 车四平三　车8进3

18. 车三进二　车8平6　　**19.** 车三退四　炮6平5

黑优。

(3)车四平六

15. 车四平六　炮2平7　　**16.** 相三进一　炮7平4

黑可改走炮5进6,红如接走炮八平五,则马5进6。此时红另有6种变化,试演一例如下:炮五进二,马8退6,马六进四(红如马六进五,则后马进5,车六进七,马5进6,帅五进一,车8进8,绝杀,黑胜),车4进7,马四进三,将5进1,车九平八,将5平6,黑大优。

17. 马六退八　炮4进4　　**18.** 马八进七　……

红如改走兵七进一,黑则炮5进6(也可改走马8进6),炮八平五,炮4平5,车六平五,车4进6,马八进六,炮5退1,马六退五,炮5进2,车五进一,车4平5,相七进五,马5进3,黑优。

18. ……　　　　车4进2　　**19.** 炮五进六　士6进5

20. 兵七进一　马5进6

黑优,结果黑胜。(选自1977年全国象棋赛安徽邹立武—辽宁孟立国实战对局)

第48局　红大退车(2)

1. 炮二平五　马8进7　　**2.** 马二进三　车9平8

3. 车一平二　马 2 进 3　　**4.** 兵七进一　卒 7 进 1

5. 车二进六　炮 8 平 9　　**6.** 车二平三　炮 9 退 1

7. 马八进七　车 1 进 1　　**8.** 兵五进一　炮 9 平 7

9. 车三平四　马 7 进 8　　**10.** 兵五进一　卒 7 进 1

11. 兵五进一　炮 7 平 5　　**12.** 车四退五　卒 7 进 1

13. 马三进五　马 3 进 5　　**14.** 炮五进四　炮 2 平 5

15. 炮八进四　卒 3 进 1(图 48)

如图 48 形势,红方主要有三种着法:
(一)马七进六;(二)仕四进五;(三)兵七进一。分述如下:

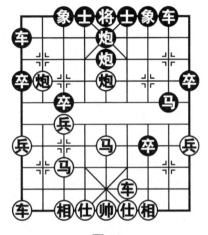

图 48

第一种着法:马七进六

16. 马七进六　卒 3 进 1

17. 马六进七　……

红如改走仕四进五,黑则卒 3 平 4,帅五平四,马 8 退 7,炮五进二,士 6 进 5,车九平八,车 1 平 3,黑大优。

17. ……　　车 1 平 3

18. 马七进五　炮 5 进 2

19. 相七进五　象 7 进 5

黑大优。

第二种着法:仕四进五

16. 仕四进五　后炮进 2　　**17.** 兵七进一　车 1 平 7

红方又有以下两种变着:

(1)车九平八

18. 车九平八　卒 7 平 6!　　**19.** 车四进二　车 7 进 8

20. 车四退三　车 7 平 6　　**21.** 帅五平四　马 8 进 7

22. 马五退三　车 8 进 9!

弃车,妙着! 红如不食弃车走帅四进一,黑亦可后炮平 6 胜。

23. 马三退二　马 7 进 8　　**24.** 帅四进一　前炮平 6

25. 炮八平五　炮 5 平 6

绝杀,黑胜。

(2)兵七进一

18. 兵七进一　前炮平 2　　**19.** 兵七平八　卒 7 平 6!

20. 车四进二　车7进8　　**21.** 车四退三　车7平6

22. 帅五平四　马8进6　　**23.** 车九平八　炮5平6

24. 仕五进四　……

红如改走帅四平五,黑则车8进9,仕五退四,车8平6,帅五进一,马6进4,帅五进一,炮6平5,马五进三,车6退4,马三进二,车6进2,绝杀,黑胜。

24. ……　马6进5!　　**25.** 仕四退五　……

红如改走帅四平五,黑则马5进3,帅五进一,车8进8,杀,黑胜。

25. ……　车8进9　　**26.** 帅四进一　马5退7

27. 马五退三　马7退6　　**28.** 仕五进四　车8退1!

29. 帅四退一　马6进8　　**30.** 仕四退五　马8进7

31. 帅四平五　车8进1

绝杀,黑胜。

第三种着法:兵七进一

16. 兵七进一　后炮进2　　**17.** 仕六进五　车1平4

18. 兵七进一　……

红如改走车四进四,黑则马8退7,车四进二(红如车四平六,则车4进3,兵七平六,卒7平6捉死马,黑大优),车4进6,相七进五,后炮进4,车九平七,车8进8,车四进三,车8平6,马七退六,车4进1,车七进二,后炮平6,车三平四,车6平5,仕四进五,车4平5,帅五平四,车5进1,帅四进一,卒7进1,车七退一,车5平4,相五进三,卒7进1,帅四进一,炮5平6,车四退一,车4平6,车七平四,车6退1杀,黑胜。

18. ……　前炮进2　　**19.** 车九平八　车4进6!

20. 车八进三　车4平3　　**21.** 相七进五　前炮进2

22. 帅五平六　车3进2　　**23.** 帅六进一　车3退6

黑胜势。

第2节　红平兵局型

第49局　红 起 横 车

1. 炮二平五　马8进7　　**2.** 马二进三　车9平8

3. 车一平二　马2进3　　**4.** 兵七进一　卒7进1

5. 车二进六　炮8平9　　**6.** 车二平三　炮9退1

7. 马八进七　　车 1 进 1　　8. 兵五进一　　炮 9 平 7

9. 车三平四　　马 7 进 8　　10. 兵五进一　　卒 7 进 1

11. 兵五平四　　象 7 进 5　　12. 兵四平三　　马 8 进 7

13. 马三进五　　······

红如改走马七进五,黑则马 7 进 5,相七进五,卒 7 进 1,马三退五(红如马五进六,则卒 7 进 1,马六进七,车 1 平 3,马七退五,炮 2 进 1,黑优),车 1 平 4,后马进七,车 4 进 5,黑优。

13. ······　　　车 1 平 4　　14. 车九进一(图 49)　······

如图 49 形势,黑方主要有两种着法:
(一)炮 2 进 4;(二)士 4 进 5。分述如下:

第一种着法:炮 2 进 4

14. ······　　　炮 2 进 4

15. 炮五平三　　马 7 退 5

16. 车四进一　　车 4 进 5

17. 车九平五　　卒 7 进 1

18. 炮三退一　　马 5 退 7

19. 炮三进四　　卒 7 平 6

20. 炮三平四　　卒 6 平 5

21. 车五平三　　士 6 进 5

22. 车四退一　　车 4 平 3

23. 车三进七　　车 3 进 1

24. 炮八退一　　车 3 进 1

黑大优。

第二种着法:士 4 进 5

14. ······　　　士 4 进 5　　15. 炮八进二　　车 4 进 5

16. 兵三进一　　炮 2 进 1　　17. 车四进二　　······

红如改走兵三进一,黑则卒 3 进 1,车四退三,卒 3 进 1,兵三进一,卒 3 进 1(黑也可改走卒 3 平 2),马七退五,将 5 平 4,炮八退四,马 7 进 8,炮五平七,车 4 平 5,炮七进五,卒 7 进 1,车四退二,卒 7 进 1,黑优。

17. ······　　　炮 2 退 2　　18. 车四退二　　卒 3 进 1

19. 兵七进一　　车 8 进 4　　20. 炮五平四　　马 7 退 5

21. 车四退三　　车 8 平 3　　22. 马七退五　　车 4 平 2

23. 兵三进一　　卒 7 进 1　　24. 车四进一　　车 2 退 1

25. 炮四平五　马3进4　　　26. 车四平五　车2平5
27. 炮五进二　马4进5　　　28. 兵三进一　车3进1

捉死炮,黑胜。(选自1979年江门四省市象棋邀请赛广东蔡玉光—河北李来群实战对局)

第50局　红巡河炮(1)

1. 炮二平五　马8进7　　　2. 马二进三　车9平8
3. 车一平二　马2进3　　　4. 兵七进一　卒7进1
5. 车二进六　炮8平9　　　6. 车二平三　炮9退1
7. 马八进七　车1进1　　　8. 兵五进一　炮9平7
9. 车三平四　马7进8　　　10. 兵五进一　卒7进1
11. 兵五平四　象7进5　　　12. 兵四平三　马8进7
13. 马三进五　车1平4　　　14. 炮八进二　车4进5(图50)

黑另有两种实战应着如下:

(1)卒7平6,车四退二,马7进5,相七进五,象5进7,仕六进五,车8进8,车四进一,马3退5,车九平六,炮2平7,马五进三,车4进8,帅五平六,前炮进3,炮八平三,炮7进4,相五进三,车8退2,和棋。(选自1986年全国象棋个人赛北京洪磊鑫—江苏徐天红实战对局)

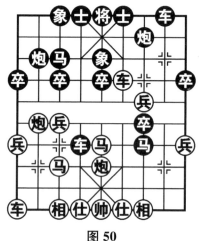

图50

(2)车8进8,车九进一,车8平1,马七退九,马7进5,相三进五,炮2进1,马九进七,卒3进1,车四进一,马3进4,兵七进一,象5进3,马五进六,车4进3,车四退二,车4平6,兵三平四,卒7进1,双方对攻,结果战和。(选自1999年全国象棋团体赛广州陈丽淳—四川唐冬梅实战对局)

如图50形势,红方主要有六种着法:(一)车九进一;(二)炮八平三;(三)炮五平三;(四)仕六进五;(五)兵三进一;(六)车四进二(参见本节第51局)。现将前五种着法分述如下:

第一种着法:车九进一

15. 车九进一　炮7平3

红方又有以下两种变着:

(1)马五进三

16. 马五进三　　卒 3 进 1　　**17.** 兵七进一　　马 7 退 5

18. 车四退五　　……

红如改走车四退二,黑则马 5 退 3,炮八平七,后马进 4,车四平五,炮 2 平 3,相七进九,士 4 进 5,炮七进三,马 4 退 3,黑优。

18. ……　　　炮 3 进 3　　**19.** 马七进五　　马 3 进 4

20. 炮五进二　　……

红如改走车九平六,车 4 进 2,车四平六,马 4 进 5,马三退五,车 8 进 6,车六进二,马 5 退 7,黑优。

20. ……　　　炮 3 平 7　　**21.** 相三进一　　炮 7 平 5

22. 车九平五　　炮 5 进 2　　**23.** 马三退五　　炮 2 平 4

24. 炮八退四　　车 4 平 5　　**25.** 车五进二　　马 4 进 5

26. 车四进二　　马 5 进 4　　**27.** 炮八进三　　车 8 进 7

28. 炮五退三　　炮 4 平 3　　**29.** 车四平六　　车 8 平 3

30. 相七进九　　车 3 平 1　　**31.** 炮八平七　　车 1 退 1!

黑大优。

(2)炮八平三

16. 炮八平三　　炮 2 进 4　　**17.** 车四退三　　……

红如改走马五进四,黑则马 7 退 5,车四平一,马 5 进 6,车九平四,马 6 退 7,黑得子大优。

17. ……　　　卒 3 进 1　　**18.** 兵七进一　　……

红如改走车四平三,黑则卒 3 进 1,车九平四,卒 3 进 1,马七退九,车 4 平 5,车三平五,炮 2 平 5,仕六进五,车 8 进 5,黑大优。

18. ……　　　炮 3 进 3　　**19.** 车四平三　　炮 3 进 2

20. 车九平八　　炮 3 平 5　　**21.** 仕六进五　　马 3 进 4

黑优。

第二种着法:炮八平三

15. 炮八平三　　炮 7 进 4　　**16.** 马五进三　　马 7 退 5

17. 车四退五　　车 8 进 5　　**18.** 马七进五　　马 5 退 7

19. 炮五平三　　炮 2 进 4　　**20.** 炮三进一　　……

红如改走炮三进三,黑则炮 2 平 5,马三退五,车 4 平 5,仕四进五,象 5 进 7,黑得子大优。

20. ……　　　炮 2 平 5　　**21.** 炮三平六　　车 8 平 7

22. 车九平八　　炮 5 退 2

黑有空头炮优。

第三种着法:炮五平三

15. 炮五平三	炮7平3	16. 兵九进一	卒3进1
17. 车九进三	车4平1	18. 马七进九	炮2进2
19. 相七进五	炮2平7	20. 炮三进二	......

红如改走马五进四,黑则卒3进1,马九进七,炮3进4,相五进七,马3进4,车四平五,马4进2,炮三进二,马7进6,炮三平八,马6退4,帅五进一,车8进8,帅五进一,车8退1,帅五退一,马4退6,帅五平四,车8平2,炮八进二,炮7进1,黑胜定。

20.	车8进6	21. 炮八退一	马3进2
22. 马九退八	卒3进1	23. 炮八平三	车8平7
24. 马五进七	马2进4	25. 马七进八	炮3平4

黑优。

第四种着法:仕六进五

15. 仕六进五　炮7平3

1992年全国象棋个人赛山西张致忠—湖北柳大华实战对局黑方此着选择士6进5,以下是:相七进九,卒7平6,炮八平四,马7进6,炮四平三,马6退5,炮三进四,马5退4,车四退四,炮2进2,兵三进一,车8进5,炮三退一,马4进6,兵七进一,卒3进1,炮三平七,卒3进1,车九平六,卒3进1,炮七退三,车4进3,帅五平六,马6进8,车四平二,卒3进1,黑优,结果黑胜。

16. 马五进三　......

红如改走炮八平三,黑则炮2进4,车四退三,马7进8,兵三进一,卒3进1,兵七进一,炮3进3,黑优。

| 16. ...... | 卒3进1 | 17. 兵七进一 | 炮2进1 |

18. 车四退四　......

红另有以下两种着法:

(1)车四退一,炮3进3,红车不敢吃炮,黑优。

(2)车四退二,炮3进3,兵三平四(红如车四平六邀兑,则车4退1,马七进六,炮3平1,炮八平九,车8平7,黑优),炮3平1,相七进九,马3进4,车四平七,马7进5,相三进五,车8进6,黑优。

| 18. ...... | 炮3进3 | 19. 炮五进一 | ...... |

红如改走马七进五,黑则炮2进1,兵三平四(红如兵三进一,则马7进8,车四进六,炮3平7,黑大优),炮3进2,车四进一,马7进8,黑优。

19. ……　　　　车 4 平 3　　　**20.** 车九进二　　马 3 进 4

21. 炮八退三　　炮 3 平 1　　　**22.** 车九平八　　炮 2 进 5

23. 车八退一　　炮 1 平 7

黑大优。

第五种着法：兵三进一

15. 兵三进一　　炮 7 平 3

黑另有两种实战应法如下：

(1)车 8 进 8，仕六进五，卒 7 平 6，车四进二，马 7 进 9，炮五进四，马 3 进 5，车四平三，马 9 进 7，马五退四，马 7 退 8，炮八退三，车 4 进 2，炮八平九，车 8 平 6，马七进五，车 6 退 2，马五退六，马 8 进 7，帅五平六，炮 2 平 4，马六进八，马 5 进 4，炮九平六，马 4 进 3，炮六平七，车 6 平 4，仕五进六，车 4 进 1 杀，黑胜。(选自 2000 年全国象棋团体赛机电魏国同—湖南罗忠才实战对局并添加续着)

(2)卒 3 进 1，兵七进一，炮 7 平 3，炮八平七，炮 2 进 4，炮七进三，炮 2 平 5，马七进五，车 4 平 5，炮七进二，士 4 进 5，炮七平九，马 7 退 5，车四退五(红可考虑车九平八)，马 5 退 3，车九平八，马 3 进 2，车八进二，车 8 进 6，车四进四，象 5 进 3，车四平六，车 5 平 4，车六退二，车 8 平 4，仕六进五，炮 3 平 2，车八平七，炮 2 进 4，车七进二，炮 2 退 2，炮五平二，将 5 平 4，炮二进七，将 4 进 1，炮二退八，炮 2 平 3，车七平八，炮 3 进 6，仕五进六，炮 3 平 2，车八平七，车 4 进 1，黑大优，结果黑胜。(选自 2012 年"伊泰杯"全国象棋甲级联赛广西跨世纪潘振波—北京威凯建设王天一实战对局)

16. 马五进三　　卒 3 进 1　　　**17.** 兵七进一　　炮 3 进 3

18. 马三进二　　炮 3 平 5　　　**19.** 仕四进五　　炮 2 进 1

20. 车四退二　　车 8 平 7　　　**21.** 车四平三　　车 7 进 3

22. 车三进二　　炮 2 平 7

黑大优。

第 51 局　　红巡河炮(2)

1. 炮二平五　　马 8 进 7　　　**2.** 马二进三　　车 9 平 8

3. 车一平二　　马 2 进 3　　　**4.** 兵七进一　　卒 7 进 1

5. 车二进六　　炮 8 平 9　　　**6.** 车二平三　　炮 9 退 1

7. 马八进七　　车 1 进 1　　　**8.** 兵五进一　　炮 9 平 7

9. 车三平四　　马 7 进 8　　　**10.** 兵五进一　　卒 7 进 1

11. 兵五平四　　象 7 进 5　　　**12.** 兵四进三　　马 8 进 7

13. 马三进五　　车 1 平 4　　　**14.** 炮八进二　　车 4 进 5

15. 车四进二　炮7退1(图51)

如图51形势,红方主要有七种着法:
(一)车九进一;(二)马五进三;(三)炮八平三;(四)炮五平三;(五)兵三进一;(六)车四平七(参见本节第52局介绍);(七)车四平八(参见本节第53局介绍)。现将前五种着法分述如下:

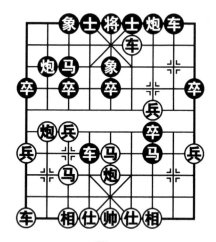

图 51

第一种着法:车九进一

16. 车九进一　士4进5

红方又有以下两种变着:

(1)马五进三

17. 马五进三　卒3进1

18. 相七进九　卒3进1

黑也可改走炮7进5,红如接走炮八平三,马7进5,相三进五,车4进1,黑优。

19. 相九进七　马3进4　　20. 兵三平二　车4平3

双捉,黑优。

(2)炮八平三

17. 炮八平三　炮2进4　　18. 炮三进五　……

红如改走车四退五,黑则炮7进5,车四平三,炮7平6,车九平四,车8进5,兵三进一,炮6平5,黑优。

18.……　　　　　车8平7　　19. 马五进三　炮2平3

20. 相七进九　马7进5　　21. 相三进五　车4进1

黑优。

第二种着法:马五进三

16. 马五进三　卒3进1

红方又有以下三种变着:

(1)车四平七

17. 车四平七　马3进4　　18. 车九进一　……

红如改走兵七进一,黑则炮7进5,兵七平六,炮7进4,仕四进五,车8进9,黑有强烈攻势。

18.……　　　　　炮2平3　　19. 马三退五　炮3进3

20. 炮五进四　士6进5　　21. 车七平六　炮7进1

22. 车六退一 ……

红如改走车六退二,炮 3 进 4,仕六进五,马 7 退 5,相三进五,马 5 退 4,黑得车胜定。

22. ……   马 4 进 6   23. 车六退四   马 6 进 4

24. 仕六进五 马 7 进 6   25. 相三进一   马 4 退 2

26. 马七进八 马 6 退 5

黑得子大优。

(2)车四平八

17. 车四平八 炮 2 进 2   18. 车八平七   马 7 进 8

19. 车七退一 ……

红如改走马七进五,黑则车 4 平 5! 车七退一(红如马三退五,则马 8 退 6,帅五进一,车 8 进 8 杀,黑速胜),炮 7 进 5,黑胜定。

19. ……   炮 7 进 5   20. 车九进一   炮 2 平 7!

21. 炮八平三 炮 7 进 5   22. 仕四进五   车 4 平 7!

23. 炮三平五 ……

红如改走炮三退四,黑则马 8 退 6! 帅五平四,车 7 进 3,帅四进一,马 6 退 7,红无解,黑胜。

23. ……   炮 7 平 8   24. 后炮进四   士 6 进 5

25. 马七进五 马 8 进 6!   26. 帅五平四   车 7 进 3

27. 帅四进一 车 8 进 8   28. 帅四进一   车 8 退 1

29. 帅四退一 炮 8 平 4

红无解。

(3)相七进九

17. 相七进九 卒 3 进 1   18. 相九进七   马 3 进 4

19. 兵三平四 ……

红如改走车四平六,黑则马 4 进 6,车六平三(红如车六退五,则马 6 进 4,车九进一,马 4 进 6,车九平四,马 7 进 6,黑得车胜定),马 6 进 5,相三进五,炮 2 平 3,马七进五,马 7 进 5,黑大优。

19. ……   马 4 进 2   20. 马七进八   马 7 进 6

21. 兵四平五 ……

红如改走帅五进一,黑则车 8 进 8! 马三退四,炮 7 进 8! 帅五退一(红如帅五平四,则炮 7 退 1 杀,黑胜),马 6 退 4,帅五进一,炮 7 退 1 杀,黑胜。

21. ……   马 6 退 4   22. 帅五进一   车 8 进 8

23. 车四退七 车 8 平 6   24. 帅五平四   车 4 平 7

25. 仕四进五　车7进2　　　**26.** 帅四退一　车7进1

27. 帅四进一　马4退5　　　**28.** 仕五进六　车7退1

29. 帅四退一　车7退3

黑胜定。

第三种着法:炮八平三

16. 炮八平三　炮2进4　　　**17.** 炮三进五　车8平7

18. 马五进三　车7进4　　　**19.** 炮五平三　　……

红如改走车四平七,黑则车7进1,车七退一,车4进1,车九进二,炮2平5,仕六进五,马7进8,车七退一,马8退6,绝杀,黑胜。

19. ……　　　卒3进1　　　**20.** 兵七进一　车7平3

21. 马三进二　士4进5　　　**22.** 相七进五　炮2退5

23. 车四退四　车4平3

黑优。

第四种着法:炮五平三

16. 炮五平三　炮2进2　　　**17.** 兵三平四　　……

红如改走炮三进二,黑则炮2平5,仕六进五,炮7进5,炮八平三,车8进8,车四退六,象5进7,黑优。

17. ……　　　卒7平8　　　**18.** 炮三进七　车8平7

19. 炮八平二　炮2进2

黑优。

第五种着法:兵三进一

16. 兵三进一　士4进5　　　**17.** 兵三进一　炮2退1

18. 车四退二　车8进8　　　**19.** 炮五平三　卒3进1

20. 兵七进一　马7退5　　　**21.** 车四退一　马5退3

22. 炮八平七　炮2进3　　　**23.** 车四退三　后马进4

24. 马五进六　炮2平4

黑优。

第52局　红巡河炮(3)

1. 炮二平五　马8进7　　　**2.** 马二进三　车9平8

3. 车一平二　马2进3　　　**4.** 兵七进一　卒7进1

5. 车二进六　炮8平9　　　**6.** 车二平三　炮9退1

7. 马八进七　车1进1　　　**8.** 兵五进一　炮9平7

9. 车三平四　　马 7 进 8　　　　**10.** 兵五进一　　卒 7 进 1

11. 兵五平四　　象 7 进 5　　　　**12.** 兵四平三　　马 8 进 7

13. 马三进五　　车 1 平 4　　　　**14.** 炮八进二　　车 4 进 5

15. 车四进二　　炮 7 退 1　　　　**16.** 车四平七　　马 7 进 8(图 52)

黑也可改走马 7 进 6。

如图 52 形势,红方主要有五种着法:
(一)车九进一;(二)炮五退一;(三)炮八
退三;(四)仕四进五;(五)仕六进五。分
述如下:

第一种着法:车九进一

17. 车九进一　　卒 7 平 6

18. 车七退一　　……

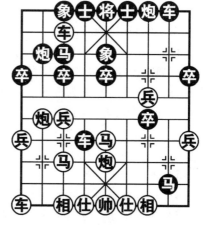

图 52

红如改走车九平四,黑则炮 7 进 9,仕
四进五,卒 6 平 5,炮五进二,马 8 退 7,车
四平三,车 8 进 9,车三进二,炮 7 平 4,仕
五退四,炮 4 平 6,马五退四,车 4 平 7,马
四进三(红如改走马四退二,则车 7 进 3,帅五进一,炮 6 退 7,兵三平四,车 7 平
8,兵四进一,炮 6 平 8,兵四进一,车 8 平 3,车七退一,车 3 退 1,帅五退一,车 3
退 1,车七平八,车 3 退 2,黑少子有攻势),炮 6 退 7,帅五进一,车 8 平 3,马七进
六,卒 5 进 1,黑少子有攻势。

18. ……　　　　卒 6 进 1

红方又有以下两种变着:

(1)炮五进四

19. 炮五进四　　士 6 进 5　　　　**20.** 相三进五　　炮 7 进 2

21. 车七退一　　马 8 退 6　　　　**22.** 车九平四　　车 8 进 8

23. 帅五进一　　车 8 平 6　　　　**24.** 帅五平四　　车 4 进 2

25. 仕四进五　　马 6 进 8　　　　**26.** 炮八退一

下一步卒 6 进 1 杀,黑胜。

(2)车七平八

19. 车七平八　　炮 7 进 9　　　　**20.** 帅五进一　　……

红如改仕四进五,黑则卒 6 平 5,炮五进四,士 6 进 5,炮八退三,马 8 退 9,车
八平五,将 5 平 6,车五平七,炮 7 平 9,黑大优。

20. ……　　　　卒 6 平 5　　　　**21.** 炮五进四　　士 6 进 5

22. 车八平五　　将 5 平 6　　　　**23.** 车五平七　　车 4 进 2!

24. 车九平六　　……

红如改走帅五平六,黑则马8进6,帅六进一,卒5平4杀,黑胜。

24. …… 卒5进1!	**25.** 帅五进一　马8退7
26. 帅五平六　车8进7	**27.** 炮五退四　车8平5

绝杀,黑胜。

第二种着法:炮五退一

17. 炮五退一　卒7平6	**18.** 兵三平二　……

红如改走相三进五,黑则马8进6,车七退一,马6退5,黑胜定。

18. …… 马8退6	**19.** 马五退四　……

红如改走炮五平四,黑则炮2进2,炮八平四,炮2平5,仕六进五,车8进4,车七退一,马6退8,前炮退一,马8退7,相三进一,马7进6,相一进三,车8平7,相三退一,炮7平8,黑大优。

19. …… 马3退5	**20.** 炮八平四　马5进7
21. 相三进一　马7进8	**22.** 车七平四　马8进7
23. 车四平三　炮2平4	**24.** 车九平八　炮4进2

下一步伏炮4平5,黑优。

第三种着法:炮八退三

17. 炮八退三　炮2进4	**18.** 马五进四　……

红如改走车七退一,黑则炮2平5,马七进五,马8退6,炮八平四,车4平5,仕四进五,马6进8,车九进二,卒7平6,兵三平四,车5平7,黑胜势。

18. …… 卒7平6	**19.** 车七退一　炮7进9
20. 帅五进一　马8进6	**21.** 帅五平四　车4平6
22. 炮五平四　马6退4	**23.** 仕六进五　车8进8
24. 帅四退一　炮2平9	

下一步炮9进3杀,黑胜。

第四种着法:仕四进五

17. 仕四进五　炮7进2

红方又有以下两种变着:

(1)兵三进一

18. 兵三进一　炮7平9	**19.** 兵三进一　炮9进4
20. 炮五平一　车8进7	**21.** 车七退一　车8平9
22. 马五进三　车4平7!	**23.** 相七进五　车9平6
24. 马三退一　车6进2	**25.** 仕五退四　马8退6

26. 帅五进一　车 7 进 2

绝杀,黑胜。

(2)马五进四

18. 马五进四　炮 7 平 9　　　**19.** 马七进五　……

红如改走马四进三,黑则车 8 进 7,车七退一,车 4 平 7,炮五平四,马 8 退 6,仕五进四,车 7 进 3,帅五进一,车 8 平 6,黑胜势。

19. ……　　　卒 7 平 6　　　**20.** 马五退三　车 4 平 7

21. 炮八退二　炮 9 进 4　　　**22.** 车九进一　炮 2 进 2

23. 兵七进一　炮 9 进 3　　　**24.** 仕五退四　马 8 进 6

25. 车九平四　炮 2 平 6　　　**26.** 兵三平四　车 8 进 8!

27. 车四退一　……

红如改走车四平二,黑则马 6 退 7,车二退一,马 7 进 8,黑胜定。

27. ……　　　车 8 平 7

黑胜势。

第五种着法:仕六进五

17. 仕六进五　卒 7 平 6　　　**18.** 炮五平三　炮 7 进 7

红又有以下两种变着:

(1)车七退一

19. 车七退一　炮 2 进 2　　　**20.** 炮八平四　炮 2 平 5

21. 炮四退三　车 8 进 6　　　**22.** 兵三平四　炮 5 进 1

23. 车七退一　车 4 进 1　　　**24.** 相七进五　车 8 平 5

25. 仕五进六　车 5 平 1　　　**26.** 相五退七　车 1 进 3

得回一车,黑胜定。

(2)马五退三

19. 马五退三　炮 2 进 2　　　**20.** 兵三平四　卒 3 进 1

21. 马三进四　车 4 平 3　　　**22.** 兵七进一　炮 2 平 6

23. 车七退一　车 3 进 1　　　**24.** 相七进五　炮 6 进 5

25. 炮八退四　……

红如改走车九进一,黑则炮 6 退 1,红也难应。

25. ……　　　炮 6 退 2!　　　**26.** 仕五进四　马 8 退 6

27. 帅五平四　车 8 进 8　　　**28.** 马四退六　车 3 进 1

29. 马六退七　车 8 平 5

下一步马 6 进 8 杀,黑胜。

第53局　红巡河炮(4)

1. 炮二平五	马8进7	**2.** 马二进三	车9平8
3. 车一平二	马2进3	**4.** 兵七进一	卒7进1
5. 车二进六	炮8平9	**6.** 车二平三	炮9退1
7. 马八进七	车1进1	**8.** 兵五进一	炮9平7
9. 车三平四	马7进8	**10.** 兵五进一	卒7进1
11. 兵五平四	象7进5	**12.** 兵四平三	马8进7
13. 马三进五	车1平4	**14.** 炮八进二	车4进5
15. 车四进二	炮7退1	**16.** 车四平八	马7进8(图53)

如图53形势,红方主要有五种着法:(一)车九进一;(二)炮五退一;(三)炮八退三;(四)仕四进五;(五)仕六进五。分述如下:

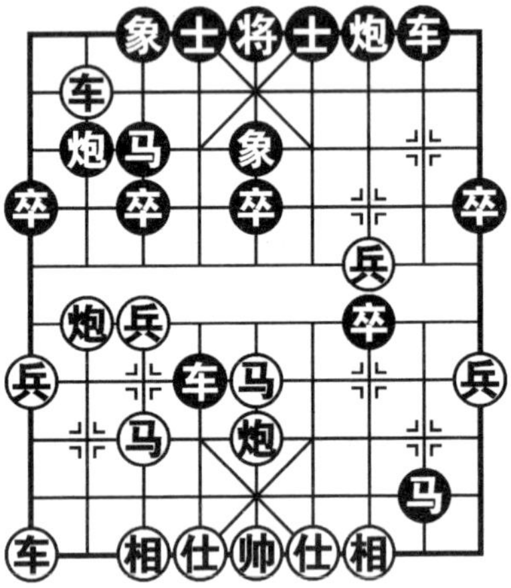

第一种着法:车九进一

17. 车九进一	炮2平1
18. 车九平四	卒7平6
19. 车八平三	……

红如改走兵三平二,黑则马8退7,炮五平三,炮7进7,马五退三,车4进1,黑优。

19. ……	炮7进4		
20. 车四进三	炮1进4		
21. 马七进九	车4平5	**22.** 马九进八	车5平7

黑优。

第二种着法:炮五退一

17. 炮五退一	炮2平1	**18.** 相三进五	卒7进1
19. 车八平四	车8进7	**20.** 炮五平八	车8平6
21. 车四退六	马8退6	**22.** 后炮平四	马6退8

黑优。

第三种着法:炮八退三

17. 炮八退三	炮2进4	**18.** 马五进四	卒7平6
19. 马四进三	车8进2		

图53

黑大优。

第四种着法：仕四进五

17. 仕四进五	炮 2 平 1	18. 车八平七	炮 7 进 2
19. 马五进四	炮 7 平 9	20. 炮八进五	士 6 进 5
21. 炮八平九	炮 9 进 4	22. 炮五平一	车 8 进 7
23. 马四进五	炮 1 平 5	24. 车七进一	士 5 退 6
25. 车七退二	将 5 进 1	26. 车七进一	车 4 退 5
27. 炮九退一	车 8 平 9	28. 相七进五	车 9 平 7

黑胜定。

第五种着法：仕六进五

17. 仕六进五	炮 2 平 1	18. 炮八平三	炮 7 进 5
19. 马五进三	车 8 进 5	20. 马三退四	马 8 退 6
21. 仕五进四	车 8 平 3	22. 车九进二	卒 3 进 1
23. 车八平七	马 3 进 2	24. 车七进一	马 2 进 1
25. 马七进九	车 3 进 4	26. 帅五进一	车 4 平 9
27. 帅五平六	车 9 平 4	28. 帅六平五	车 3 平 4

黑胜定。

第54局　红过河炮

1. 炮二平五	马 8 进 7	2. 马二进三	车 9 平 8
3. 车一平二	马 2 进 3		
4. 兵七进一	卒 7 进 1		
5. 车二进六	炮 8 平 9		
6. 车二平三	炮 9 退 1		
7. 马八进七	车 1 进 1		
8. 兵五进一	炮 9 平 7		
9. 车三平四	马 7 进 8		
10. 兵五进一	卒 7 进 1		
11. 兵五平四	象 7 进 5		
12. 兵四平三	马 8 进 7		
13. 马三进五	车 1 平 4		
14. 炮八进四	炮 7 平 5(图 54)		

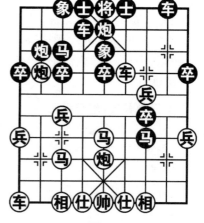

图 54

如图 54 形势，红方主要有七种着法：

(一)车九进一;(二)马五进三;(三)炮五平三;(四)炮五平四;(五)炮八退二;(六)兵三进一;(七)仕六进五。分述如下:

第一种着法:车九进一

15. 车九进一	车4进5	**16.** 马五进三	马7退5
17. 车四退二	象5进7	**18.** 炮八退二	卒3进1

19. 兵七进一……

红如改走炮八平五,黑则马3进4,前炮进一,炮5进3,仕六进五,士6进5,黑优。

19. ……	车4平3	**20.** 兵七进一	车3退3
21. 马七进五	车3进6	**22.** 车九平六	……

红如改走炮五进二,黑则马3进4,炮五进一,卒5进1,黑优。

22. …… 车3退3

黑多中卒较优。

第二种着法:马五进三

15. 马五进三	马7退5	**16.** 车四退五	车4进6

17. 马三退五 ……

红如改走车九进二,黑则马5进3,炮八退三(红如仕六进五,则车4平5,相七进五,前马进1,黑得子大优),前马进5,相七进五,车4平5,黑优。

17. ……	马5退7	**18.** 车四进四	卒5进1
19. 仕六进五	车4退1	**20.** 炮五进三	炮5进3
21. 车四平五	车4平2	**22.** 炮八退二	马7进8
23. 车五平四	炮2退1	**24.** 车九进一	……

红如改走马五进六,则车8进4!黑大优。

24. …… 炮2平5 **25.** 马五进六 车8进4

黑优。

第三种着法:炮五平三

15. 炮五平三	马7退5	**16.** 车四退一	车4进5

17. 炮三平五 卒5进1

黑优。

第四种着法:炮五平四

15. 炮五平四	马7退5	**16.** 车四退一	卒5进1

17. 兵三平二 卒3进1

黑明显占优。

第五种着法:炮八退二

15. 炮八退二　车 4 进 5　　16. 马五进三　卒 3 进 1

17. 兵七进一　马 7 退 5　　18. 车四退五　马 5 退 3

19. 炮八平七　后马进 4

黑优。

第六种着法:兵三进一

15. 兵三进一　车 8 进 4　　16. 炮八退二　卒 3 进 1

17. 炮八平三　车 4 进 5　　18. 兵七进一　车 8 平 3

19. 炮三平四　马 7 退 8　　20. 炮四退一　车 4 平 5

21. 车四进三　……

红如改走马七进五,马 8 退 6,兵三平四,象 5 退 7,红要丢马。

21. ……　　　　将 5 平 6　　22. 马七进五　将 6 平 5

黑优。

第七种着法:仕六进五

15. 仕六进五　车 4 进 5　　16. 马五进三　车 8 进 5

17. 炮八退二　……

红如改走马七进五,黑则象 5 退 7,炮八退二,车 8 进 4,车四退三,车 8 平 7,
车九进一,马 7 进 8,黑优。

17. ……　　　　炮 5 平 7　　18. 马三进五　马 7 退 5

黑优。

第 55 局　红 进 三 兵

1. 炮二平五　马 8 进 7　　2. 马二进三　车 9 平 8

3. 车一平二　马 2 进 3　　4. 兵七进一　卒 7 进 1

5. 车二进六　炮 8 平 9　　6. 车二平三　炮 9 退 1

7. 马八进七　车 1 进 1　　8. 兵五进一　炮 9 平 7

9. 车三平四　马 7 进 8　　10. 兵五进一　卒 7 进 1

11. 兵五平四　象 7 进 5　　12. 兵四平三　马 8 进 7

13. 马三进五　车 1 平 4　　14. 兵三进一　卒 7 平 6

15. 车四退二(图 55)　……

如图 55 形势,黑方主要有三种着法:(一)车 8 进 8;(二)炮 2 进 4;(三)马 7
退 8。分述如下:

第一种着法：车 8 进 8

15. ……	车 8 进 8
16. 炮五平三	车 4 进 5
17. 仕六进五	卒 5 进 1
18. 车四进四	卒 5 进 1
19. 车四平三	卒 5 进 1
20. 兵三平四	马 7 退 5

双方对攻。

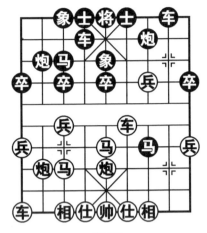

图 55

第二种着法：炮 2 进 4

15. ……	炮 2 进 4
16. 炮五平三	……

红如改走兵三进一，黑则马 7 退 8，车四平二，炮 7 进 8，仕四进五，马 8 退 7，车二进五，马 7 退 8，黑大有攻势。

16. ……	车 4 进 5	17. 兵三进一	炮 2 平 5
18. 车四退一	炮 7 平 5	19. 车四平三	象 5 退 7
20. 马七进五	车 4 平 5	21. 车三平五	炮 5 进 5

黑优，结果战和。（选自 2008 年"惠州华轩杯"全国象棋甲级联赛浙江波尔轴承于幼华—广东惠州华轩许银川实战对局）

第三种着法：马 7 退 8

15. ……	马 7 退 8	16. 车四平二	马 8 退 9

退马正着，黑如改走炮 7 进 8，红则仕四进五，马 8 退 9，兵三平二，炮 7 平 9，兵二进一！车 4 平 7，马五进三，红先。

17. 兵三平二	马 9 进 7	18. 车二退四	车 4 进 5
19. 车九进一	炮 2 进 4	20. 马五进四	士 6 进 5

双方对攻。

第 56 局　黑补左士

1. 炮二平五	马 8 进 7	2. 马二进三	车 9 平 8
3. 车一平二	马 2 进 3	4. 兵七进一	卒 7 进 1
5. 车二进六	炮 8 平 9	6. 车二平三	炮 9 退 1
7. 马八进七	车 1 进 1	8. 兵五进一	炮 9 平 7
9. 车三平四	马 7 进 8	10. 兵五进一	卒 7 进 1
11. 兵五平四	士 6 进 5	12. 兵四平三	马 8 进 7

13. 马三进五　车 1 平 4　　　　**14.** 车四平三　炮 7 进 1(图 56)

如图 56 形势,红方主要有三种着法:
(一)炮八平九;(二)马五进三;(三)马五
进四。分述如下:

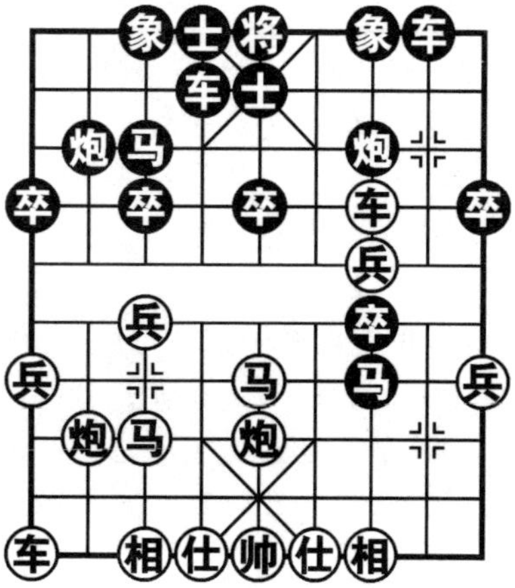

第一种着法:炮八平九

15. 炮八平九　车 4 进 5

16. 车九平八　炮 7 平 5

17. 马五进三　马 7 退 5

18. 仕六进五　车 4 平 3

19. 车八进二　卒 3 进 1

20. 炮九退一　炮 2 进 1

21. 车三进一　炮 2 平 3

22. 炮九平七　车 3 平 7

23. 马七进五　炮 3 进 2

24. 马五进七　卒 3 进 1　　　**25.** 炮七进六　……

红可改走兵三平四。

25. ……　　　　　　　车 7 退 1

黑优,结果黑胜。(选自 1992 年全国象棋个人赛大连苗永鹏—火车头宋国
强实战对局)

图 56

第二种着法:马五进三

15. 马五进三　车 4 进 5　　　**16.** 炮八平九　马 7 退 5

17. 车九平八　炮 7 平 5　　　**18.** 车八进六　车 4 进 1

19. 马三退五　……

红如改走车八退四,黑则车 4 平 5,仕四进五(红如仕六进五,则马 5 进 4,帅
五平六,炮 5 平 4,马七进六,马 4 进 2,帅六平五,车 5 平 2,黑净多车炮胜定),马
5 进 4,帅五平四,车 5 平 7,相七进五,炮 5 进 5,马三退四,炮 2 平 4(黑也可改走
车 8 进 9),车三平四,车 8 进 6,黑胜势。

19. ……　　　　　　　车 4 平 3　　　**20.** 炮五进二　车 3 退 1

21. 马五退六　车 3 进 3　　　**22.** 炮五进三　炮 2 平 5

23. 炮九平五　炮 5 平 4　　　**24.** 马六进八　炮 4 进 1

25. 马八退七　炮 4 平 2　　　**26.** 兵三平四　象 3 进 5

黑略先。

第三种着法:马五进四

15. 马五进四　炮 7 进 2　　**16.** 车三退一　……

红如改走马四退三,黑则象 7 进 5,仕四进五,卒 7 进 1,炮五进五,炮 2 平 5,车三退一,车 4 进 5,黑优。

16. ……　　马 7 退 5　　**17.** 炮五进四　马 3 进 5

18. 车三退一　炮 2 进 3!　　**19.** 车三进二　炮 2 退 2

20. 马四进二　……

红长捉无根子犯规,只好变着。

20. ……　　后马进 4　　**21.** 马二进三　将 5 平 6

22. 车三退五　马 4 进 3　　**23.** 车三平四　马 5 退 6

24. 相七进五　车 8 进 1　　**25.** 马三退四　车 8 平 6

黑大优。

第 3 节　红其他局型

第 57 局　红急平车

1. 炮二平五　马 8 进 7　　**2.** 马二进三　车 9 平 8

3. 车一平二　马 2 进 3　　**4.** 兵七进一　卒 7 进 1

5. 车二进六　炮 8 平 9　　**6.** 车二平三　炮 9 退 1

7. 马八进七　车 1 进 1　　**8.** 兵五进一　炮 9 平 7

9. 车三平四　马 7 进 8　　**10.** 车四平三　炮 2 进 1(图 57)

此着黑另有两种应着:

(1)炮 7 平 5,炮八平九,炮 2 进 4,车九平八,炮 2 平 3,仕六进五,车 1 平 4,车八进七,车 8 进 2,炮九进四,车 4 进 5,兵三进一,马 8 进 7,炮九平五,炮 5 进 4,前炮退一,红优,结果红胜。(选自 2012 年江苏扬州"龙坤杯"象棋公开赛浙江陈寒峰—上海谢靖实战对局)

(2)卒 7 进 1,兵五进一(红应改走车三退二,黑如接走马 8 退 7,车三平四,象 7 进 5,炮八平九,马 7 进 8,车四平三,炮 2 进 2,兵五进一,红仍占先),马 8 进 6,兵五平四,炮 7 平 5,车九进一,马 6 进 4,炮五进六,士 4 进 5,炮八平九,卒 7 平 6,马三退五,车 1 平 4,马五进六,车 4 进 5,车九平八,炮 2 进 4,黑优,结果黑胜。(选自 1978 年全国象棋个人赛广东李广流—上海胡荣华实战对局)

此外,黑此着也可改走马 8 退 7,红若接走车三平四,则马 7 进 8,车四平三……形成红方"长闲"对黑方"一捉一闲"的局面,双方均为"允许着法",红方要想赢棋,必须变着。2011 年全国象棋甲级联赛补充细则规定:每局棋在 25 回合以内,原则上双方均不得提和,待判局面符合不变作和的条件时,如双方未走满 25 回合,红方必须变着。本局如果在这样的规定下进行比赛,红方必须变着,不变判负。

如图 57 形势,红方主要有七种着法:(一)车三平四;(二)车三退一;(三)炮八平九;(四)炮八进三;(五)马三进五;(六)马七进六;(七)兵五进一。分述如下:

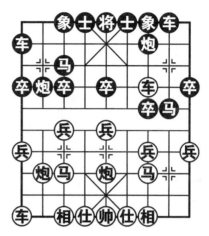

图 57

第一种着法:车三平四

11. 车三平四　　卒 7 进 1
12. 车四进一　　卒 7 进 1
13. 车四平七　　卒 7 进 1
14. 相三进一　　马 8 进 6
15. 车七平八　　马 6 进 8
16. 车九进一　　……

红如改走仕六进五,黑则马 8 进 7,帅五平六,车 1 平 4,炮五平六,车 4 进 2!炮八进二(红如炮八退一,则炮 7 平 4,炮八平六,炮 4 进 6,炮六进五,炮 2 平 4,马七进六,前炮平 9,仕五进六,炮 9 进 2,帅六进一,马 7 退 5,车八平四,马 5 进 6,帅六平五,车 8 进 8,车四退六,炮 9 退 1,黑胜定),炮 7 平 4,马七进六,炮 4 进 4,炮八平六,车 4 进 2,车八退一,卒 7 平 6,黑大优。

16. ……　　　马 8 进 7　　17. 车九平四　　车 1 平 6
18. 帅五进一　　车 6 进 7　　19. 帅五平四　　卒 7 平 6
20. 帅四进一　　炮 7 平 6
黑大有攻势。

第二种着法:车三退一

11. 车三退一　　象 7 进 5　　12. 车三退一　　马 8 退 6
13. 车三进三　　车 1 平 6　　14. 车九进一　　……

红如改走炮八平九,黑则炮 7 退 1,车九平八,马 6 退 7,车三进一,车 6 平 7,车八进六,车 7 进 5,黑优。

14. ……　　　马 6 进 5　　15. 马三进五　　……

红如改走马七进五,黑则炮 7 进 5,相三进一,马 5 退 7,马五进三,炮 2 进 2,炮八平七,车 8 进 6,兵七进一,车 6 进 4,黑大优。

15. ……   卒5进1   16. 马七进六   车8进3
黑反先。

第三种着法:炮八平九

11. 炮八平九   卒3进1   12. 车三退一   象7进5
13. 车三退一   马8退6   14. 车三进三   卒3进1
15. 车九平八   车1平2
黑反先。

第四种着法:炮八进三

11. 炮八进三   卒3进1   12. 车三退一   马3进2
13. 炮五进四   炮2退1   14. 车三平七   马2进3
黑多子大优。

第五种着法:马三进五

11. 马三进五   象7进5   12. 车三平一   马8进7
13. 炮五平三   卒3进1   14. 车一进一   马7退5
15. 炮三进六   车1平7   16. 兵七进一   马5退3
黑优。

第六种着法:马七进六

11. 马七进六   卒3进1
进卒,挑起激烈对攻。黑如需平稳局面,也可改走车1平4或象7进5。
12. 马六进五   炮2平7   13. 马五进七   士6进5
14. 马七进九   后炮平1   15. 兵七进一   马8进7
16. 兵五进一   马7退5   17. 仕四进五   象7进5
18. 兵七平六   炮7进4   19. 炮八平三   车8进9
20. 炮三平四   马5进6   21. 仕五进四   车8平7
22. 帅五进一   车7退3
黑反先。

第七种着法:兵五进一

11. 兵五进一   象7进5
红方又有以下两种变着:
(1)兵五平六
12. 兵五平六   卒3进1   13. 兵六进一   马3进4
14. 兵七进一   ……

红如改走兵三进一,黑则卒 7 进 1,车三退二,炮 7 进 6,车三退二,卒 3 进 1,黑优。

14. ……　　　马 4 进 6　　　**15.** 车三退一　　车 1 平 5

16. 车三退一　……

红如改走兵七进一,黑则象 5 进 7,炮五进六,炮 2 进 1,马七进六,炮 2 平 1,车九平八,士 6 进 5,黑得子大优。

16. ……　　　马 6 进 4　　　**17.** 车九进一　　马 4 进 6

18. 车九平四　马 6 退 7

黑胜定。

(2) 车九进一

12. 车九进一　卒 3 进 1　　**13.** 炮五进四　　马 3 进 5

14. 车三平五　炮 2 进 1　　**15.** 车九平六　……

红如改走兵七进一,黑则炮 2 平 5,车五退一,炮 7 平 5,炮八进三,马 8 进 7,马七进五,炮 5 进 3,炮八平五,士 6 进 5,双方对攻。

15. ……　　　车 1 平 3　　　**16.** 车五平六　　士 6 进 5

17. 兵五进一　卒 3 进 1　　**18.** 兵五进一　　象 3 进 5

19. 后车进四　炮 2 平 3　　**20.** 炮八进七　　车 3 退 1

21. 后车平七　车 3 平 2　　**22.** 车七退一　　马 8 进 7

双方对攻。

第 58 局　红 急 退 车

1. 炮二平五　马 8 进 7　　　**2.** 马二进三　　车 9 平 8

3. 车一平二　马 2 进 3　　　**4.** 兵七进一　　卒 7 进 1

5. 车二进六　炮 8 平 9　　　**6.** 车二平三　　炮 9 退 1

7. 马八进七　车 1 进 1　　　**8.** 兵五进一　　炮 9 平 7

9. 车三平四　马 7 进 8(图 58)

如图 58 形势,红方主要有三种着法:(一)车四退一;(二)车四退二;(三)车四退四。分述如下:

第一种着法:车四退一

10. 车四退一　象 7 进 5　　**11.** 兵五进一　　马 8 进 7

12. 车四退二　卒 5 进 1　　**13.** 马七进五　　车 1 平 4

14. 炮五进三　士 4 进 5　　**15.** 车四进三　　炮 2 进 4

16. 车四平七　炮 2 平 3　　**17.** 车七平三　　车 4 进 5

18. 炮八进一　炮 3 平 5　　**19.** 炮八平五　　炮 7 退 1

20. 兵七进一　　车 8 进 5

黑优。

第二种着法：车四退二

10. 车四退二　　马 8 进 7

1994 年全国象棋团体赛农协郑乃东—湖北柳大华实战对局时黑方此着选择车 1 平 4，以下是：车九进一，马 8 进 7，车四退一，士 4 进 5，兵五进一，卒 5 进 1，马三进五，象 7 进 5，炮五进三，车 8 进 3，炮五平六，炮 2 进 4，车四进一，马 7 退 5，相三进一，马 5 进 3，车九平五，车 8 平 5，炮六平八，前马退 5（改走炮 2 平 5 更好），

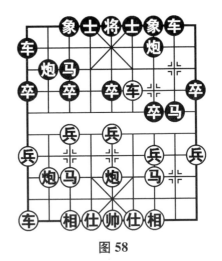

图 58

前炮退一，炮 2 平 3，相七进九，马 5 退 6，前炮进二，卒 3 进 1，前炮平四，车 4 进 5，马五退三，车 5 平 2，黑可得回一子占优。

11. 兵五进一　　……

红另有以下两种应法：

①车四退一，马 7 退 8，炮五进一，卒 7 进 1，黑优。

②马七进五，车 1 平 4，炮八平七，车 4 进 5，兵七进一，炮 2 进 4，兵七进一，马 7 进 5，相三进五，马 3 退 5，黑优。

11. ……	马 7 进 5	**12.** 炮八平五	炮 2 退 1
13. 兵五进一	炮 2 平 5	**14.** 马七进五	车 8 进 6
15. 马五进六	马 3 进 5	**16.** 车四进二	象 7 进 5
17. 车四平三	炮 7 平 6		

黑反先。

第三种着法：车四退四

10. 车四退四	车 1 平 4	**11.** 兵五进一	炮 7 平 5
12. 兵五进一	马 3 进 5	**13.** 炮八进四	炮 2 平 5
14. 仕四进五	马 8 进 7	**15.** 炮八平五	后炮进 2

黑优，结果黑胜。（选自 2009 年广州市象棋甲组联赛赖颖—张俊杰实战对局）

第 59 局　红进中马

1. 炮二平五	马 8 进 7	**2.** 马二进三	车 9 平 8

3. 车一平二　马 2 进 3　　**4.** 兵七进一　卒 7 进 1

5. 车二进六　炮 8 平 9　　**6.** 车二平三　炮 9 退 1

7. 马八进七　车 1 进 1　　**8.** 兵五进一　炮 9 平 7

9. 车三平四　马 7 进 8　　**10.** 马三进五　卒 7 进 1

11. 车四平三　卒 7 平 6 (图 59)

如图 59 形势,红方主要有两种着法:
(一)炮五平三;(二)兵五进一。分述如下:

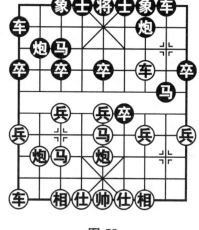

图 59

第一种着法:炮五平三

12. 炮五平三　炮 7 平 5

13. 仕六进五　炮 5 进 4

14. 炮八进二　象 7 进 5

15. 炮三平五　炮 2 进 1

16. 炮八平五　卒 6 平 5

17. 马五进三　马 8 进 6

18. 车三进一　炮 2 进 1

19. 马三进四　车 1 平 6

20. 马四退五　炮 2 平 7

21. 相三进一　炮 7 平 8

22. 车三退三　炮 8 进 5　　**23.** 相一退三　炮 8 平 9

24. 炮五平四　车 8 进 9!

1987 年"金菱杯"中国象棋大师邀请赛北京傅光明—河北黄勇实战对局黑此着走马 6 进 7(因前面剔除 4 个回合循环着法,故本着在原谱中为第 28 回合着法),结果红胜。

25. 相七进五　马 6 进 5!　　**26.** 相三进五　卒 5 进 1
黑优。

第二种着法:兵五进一

12. 兵五进一　马 8 退 9　　**13.** 车三退一　象 3 进 5

14. 车三进二　马 3 退 5　　**15.** 车三进一　马 9 退 7

16. 兵五进一　车 8 进 4　　**17.** 车九进一　卒 6 进 1

18. 车九平四　卒 6 平 5　　**19.** 马七进五　马 5 进 3

20. 兵五平六　士 4 进 5　　**21.** 车四进七　车 1 平 4

22. 兵六平七　马 3 进 5　　**23.** 车四平三　车 4 进 5

黑多子大优,结果黑胜。(选自 2008 年广西北流市"永顺名门杯"象棋公开

赛广西陈湖海—广西秦劲松实战对局)

第60局　红平边炮

1. 炮二平五	马8进7	2. 马二进三	车9平8
3. 车一平二	马2进3	4. 兵七进一	卒7进1
5. 车二进六	炮8平9	6. 车二平三	炮9退1
7. 马八进七	车1进1	8. 兵五进一	炮9平7
9. 车三平四	马7进8	10. 炮八平九	卒7进1(图60)

如图60形势,红方主要有三种着法:(一)车四平一;(二)车四平三;(三)车四退一。分述如下:

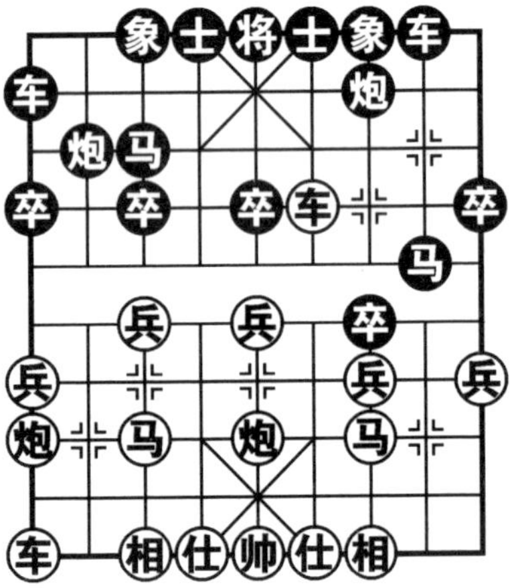

第一种着法:车四平一

11. 车四平一　卒7进1
12. 马三退五　车1平6
13. 兵五进一　士6进5
黑明显占优。

图60

第二种着法:车四平三

11. 车四平三	马8进6		
12. 车三退二	马6进7		
13. 车九平八	车1平6		
14. 仕六进五	马7退9	15. 车三进四	车6平7
16. 车八进七	车7平3		

黑也可改走车7进1。

黑得子占优,结果黑胜。(选自2012年古交市第2届"西曲社区杯"象棋棋王赛陶毅—葛永强实战对局)

第三种着法:车四退一

11. 车四退一	卒7进1	12. 马三退五	炮2进4
13. 车九平八	车1平2	14. 马七进五	象7进5

黑优。

第61局　红缓平车　黑冲卒攻法(1)

1. 炮二平五	马8进7	2. 马二进三	车9平8
3. 车一平二	马2进3	4. 兵七进一	卒7进1

5. 车二进六	炮 8 平 9	**6.** 车二平三	炮 9 退 1
7. 马八进七	车 1 进 1	**8.** 兵五进一	炮 9 平 7
9. 车三平四	马 7 进 8	**10.** 兵五进一	卒 7 进 1
11. 车四平三	卒 7 进 1	**12.** 兵五平四	象 7 进 5(图 61)

如图 61 形势,红方主要有两种着法:
(一)兵四平三;(二)马三进五。分述如下:

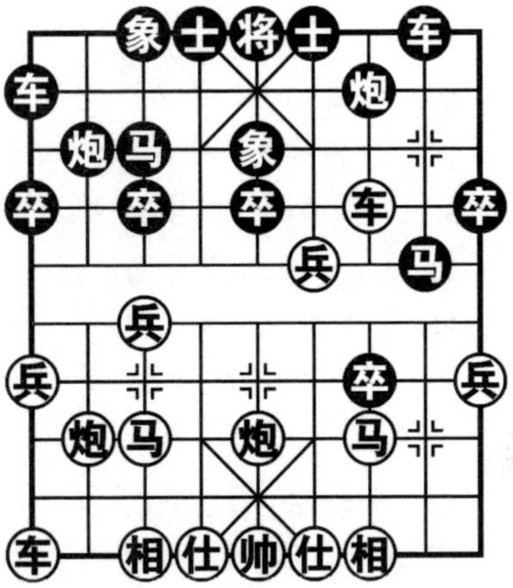

第一种着法:兵四平三

13. 兵四平三	马 8 退 9
14. 车三平一	卒 7 进 1
15. 车一进一	卒 7 平 6
16. 炮五进一	炮 7 进 8
17. 仕四进五	炮 7 平 9

黑胜定。

第二种着法:马三进五

13. 马三进五 车 1 平 4

红方又有以下三种变着:

(1)炮八进一

14. 炮八进一	车 8 平 7	**15.** 仕四进五	车 4 进 5
16. 炮八进一	卒 7 平 6	**17.** 兵四平三	马 8 退 9
18. 车三平一	炮 7 进 8	**19.** 车一进一	卒 6 平 5

黑胜势。

(2)炮八进四

14. 炮八进四	卒 7 平 6	**15.** 炮八平五	马 3 进 5
16. 炮五进四	炮 7 平 5	**17.** 车九平八	炮 2 平 1
18. 炮五进二	士 6 进 5	**19.** 马五退四	卒 6 进 1

黑明显占优。

(3)炮八平九

14. 炮八平九	卒 7 平 6	**15.** 车九平八	炮 2 平 1
16. 车八进七	………		

红如改走马五进六,黑则车 8 平 7,车三平二,车 4 进 3,车二退一,卒 6 进 1,
黑优。

16. ……	卒 6 平 5	**17.** 马七进五	车 8 平 7
18. 仕四进五	车 4 进 5	**19.** 马五进三	车 4 平 7

图 61

20. 相三进一　　炮7进1

黑优。

第62局　　红缓平车　黑冲卒攻法（2）

1. 炮二平五　　马8进7	**2.** 马二进三　　车9平8
3. 车一平二　　马2进3	**4.** 兵七进一　　卒7进1
5. 车二进六　　炮8平9	**6.** 车二平三　　炮9退1
7. 马八进七　　车1进1	**8.** 兵五进一　　炮9平7
9. 车三平四　　马7进8	**10.** 兵五进一　　卒7进1
11. 车四平三　　卒7进1	**12.** 兵五进一　　炮7平5
13. 马三进五　　马8进6	**14.** 车三退三　　马6进4（图62）

如图62形势，红方主要有两种着法：
（一）车三退二；（二）车九进一。分述如下：

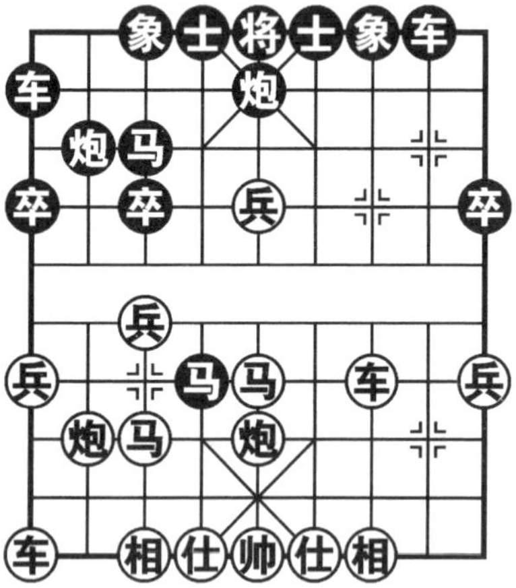

第一种着法：车三退二

15. 车三退二　　马4进2

16. 炮五平八　　马3进5

17. 相七进五　　车8进6

黑优。

第二种着法：车九进一

15. 车九进一　　马4进2

16. 炮五平八　　马3进5

17. 相七进五　　炮2平5

黑优。

图62

第63局　　红缓平车　黑冲卒攻法（3）

1. 炮二平五　　马8进7	**2.** 马二进三　　车9平8
3. 车一平二　　马2进3	**4.** 兵七进一　　卒7进1
5. 车二进六　　炮8平9	**6.** 车二平三　　炮9退1
7. 马八进七　　车1进1	**8.** 兵五进一　　炮9平7
9. 车三平四　　马7进8	**10.** 兵五进一　　卒7进1
11. 车四平三　　卒7进1	**12.** 马三进五　　马8退7
13. 车三平四　　卒7平6	**14.** 车四退三　　炮7进8（图63）

如图63形势，红方主要有两种着法：（一）仕四进五；（二）帅五进一。分述

如下:

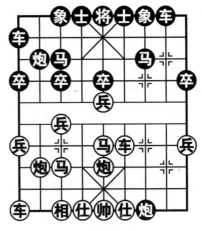

第一种着法:仕四进五

15. 仕四进五　　炮 7 平 9

以下红又有两种变着:

①帅五平四

16. 帅五平四　　车 8 进 9

17. 帅四进一　　车 1 平 8

18. 马五进六　　前车退 1

19. 帅四退一　　前车平 7

20. 炮五平二　　……

红如改走兵五进一,黑则士 4 进 5,兵

五平四,马 3 进 5,炮五平二,马 5 进 4,车

图 63

四平六,马 7 进 6,马六退四,炮 2 平 4,车六平七,马 4 进 3,车七退一,车 7 进 1,
帅四进一,炮 4 进 6,仕五进四,车 7 退 1,帅四退一,车 8 进 6,下一步车八进二
杀,黑胜。

20. ……　　　炮 2 退 1　　21. 马六进七　　炮 2 平 6

22. 车四平六　　士 6 进 5　　23. 前马退五　　炮 6 进 2

黑五子归边胜势。

②仕五进六

16. 仕五进六　　车 8 进 9　　17. 帅五进一　　车 8 退 1

18. 帅五退一　　车 1 平 8　　19. 马五进六　　士 6 进 5

20. 马六进七　　前车平 7　　21. 仕六进五　　车 8 进 8

22. 车四退三　　车 7 平 6　　23. 帅五平六　　车 8 平 6

24. 帅六进一　　炮 2 进 4

下一步炮二平四杀,黑胜。

第二种着法:帅五进一

15. 帅五进一　　车 8 进 8　　16. 车四退二　　车 8 平 6

17. 帅五平四　　象 7 进 5　　18. 马五进六　　卒 5 进 1

19. 马六进七　　车 1 平 3　　20. 前马退五　　马 7 进 8

黑虽少子但有攻势优。

第 64 局　红缓平车　黑跃马攻法

1. 炮二平五　　马 8 进 7　　2. 马二进三　　车 9 平 8

3. 车一平二　　马 2 进 3　　　　**4.** 兵七进一　　卒 7 进 1

5. 车二进六　　炮 8 平 9　　　　**6.** 车二平三　　炮 9 退 1

7. 马八进七　　车 1 进 1　　　　**8.** 兵五进一　　炮 9 平 7

9. 车三平四　　马 7 进 8　　　　**10.** 兵五进一　　卒 7 进 1

11. 车四平三　　马 8 进 6(图 64)

如图 64 形势,红方主要有三种着法:
(一)车三退二;(二)兵五进一;(三)兵五
平四。分述如下:

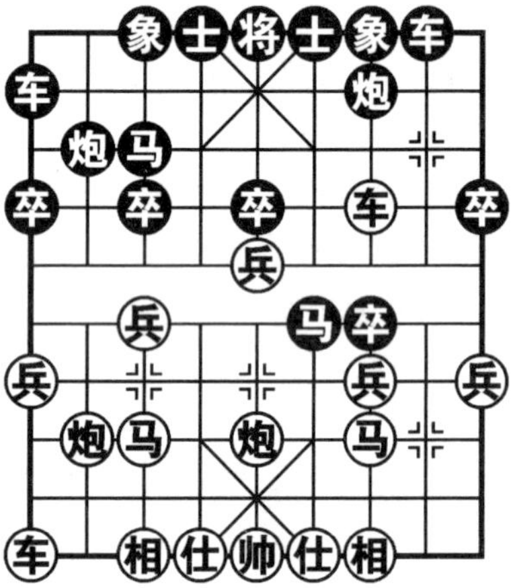

第一种着法:车三退二

12. 车三退二　　马 6 进 4

13. 兵五进一　　炮 7 平 5

14. 车九进一　　马 4 进 6

15. 车九平四　　马 6 退 7

16. 兵三进一　　马 3 进 5

17. 车四进五　　炮 2 平 5
黑多子优。

图 64

第二种着法:兵五进一

12. 兵五进一　　炮 7 平 5　　　　**13.** 车三平四　　马 3 进 5

14. 兵三进一　　……

红如改走马三进五,黑则炮 2 平 5,炮八退一,车 1 平 4,炮八平五,车 4 进 6,
黑优。

14. ……　　　　马 6 进 7　　　　**15.** 马七进六　　马 7 退 6

16. 马六进五　　……

红如改走车四退二,黑则炮 5 进 6,马六进五,炮 5 退 3,黑优。

16. ……　　　　马 6 退 5　　　　**17.** 炮八进四　　……

红如改走炮五进六,黑则炮 2 平 5,炮八平五,马 5 进 4,仕六进五,士 6 进 5,
黑多子大优。

17. ……　　　　卒 3 进 1　　　　**18.** 兵七进一　　炮 2 平 5
黑多子优。

第三种着法:兵五平四

12. 兵五平四　　象 7 进 5
黑也可改走炮 7 平 5。

13. 马七进五　　卒 7 进 1　　　　**14.** 车三退三　　车 8 进 8

15. 炮八平七　马6进4　　　**16.** 炮五平六　炮2进5

双方对攻。

第 4 节　黑平中炮局型

第 65 局　红连环中马

1. 炮二平五　马8进7　　　**2.** 马二进三　车9平8

3. 车一平二　马2进3　　　**4.** 兵七进一　卒7进1

5. 车二进六　炮8平9　　　**6.** 车二平三　炮9退1

7. 马八进七　车1进1　　　**8.** 兵五进一　炮9平7

9. 车三平四　马7进8　　　**10.** 兵五进一　炮7平5

11. 兵五平四　卒7进1　　　**12.** 兵四平三　马8进7

13. 马三进五　……

2012年辽宁省第2届全民健身运动会"体彩杯"象棋赛,葫芦岛张立新一大连腾飞实战对局时红方此着选择车四退三,以下是:象7进5,炮八进二,炮5平7,炮八平三,炮7进4,车四平三,炮7平5,仕六进五,车8平7,兵三进一,炮2退1,兵三进一,马3退5,车三进一,卒5进1,车九平八,车7进2,马三进五,车7进3,马五进三,马5进7,车八进五,卒3进1,兵七进一,炮2平7,兵七进一,车1平6,车八平五,车6进4,相三进一,炮7平5,车五平六,前炮平7,相一进三,车6平3,马七退六,和棋。

13. ……　　　　车1平4(图65)

如图65形势,红方主要有三种着法:(一)炮八平九;(二)车九进一;(三)马五进三。分述如下:

第一种着法:炮八平九

14. 炮八平九　车4进5

15. 车九平八　炮2进4

16. 马五进三　车8进5

红方又有以下两种变着:

(1)炮五进六

17. 炮五进六　车8平7

18. 炮五平七　车7平3

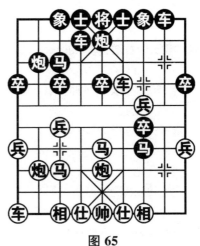

图 65

19. 车四平五　　马 3 进 5　　　　**20.** 炮七退四　　象 7 进 5

21. 兵三进一　　卒 3 进 1　　　　**22.** 炮七平二　　马 5 进 6

23. 相七进五　　马 6 进 8　　　　**24.** 车八进一　　车 4 平 3

25. 车八平七　　马 7 退 5

黑优。

(2)车四退二

17. 车四退二　　象 7 进 5　　　　**18.** 兵三进一　　炮 5 平 2

19. 马七进八　　车 4 进 2　　　　**20.** 仕四进五　　……

红如改走仕六进五,黑则卒 5 进 1,兵七进一,卒 5 进 1,车四退一,车 8 平 7,兵七进一,卒 5 进 1,车四平五,马 7 进 5,车五退一,车 7 进 4,下一步有后炮平 5 或前炮平 8 的攻着,黑胜势。

20. ……　　　　　前炮平 9　　　　**21.** 马八退七　　炮 9 进 3

22. 仕五退四　　车 4 平 7　　　　**23.** 马七退五　　车 8 进 4

24. 马三进二　　车 7 平 6　　　　**25.** 马二进三　　炮 2 平 6

黑胜定。

第二种着法:车九进一

14. 车九进一　　车 4 进 5　　　　**15.** 马五进三　　车 4 平 3

16. 车九平七　　炮 2 进 3　　　　**17.** 兵七进一　　卒 3 进 1

18. 兵三平四　　炮 2 平 5　　　　**19.** 仕六进五　　象 7 进 5

20. 马三进二　　车 8 进 2　　　　**21.** 炮八进六　　后炮平 7

22. 车四平三　　车 8 进 1　　　　**23.** 车三进二　　马 7 退 6

黑优。

第三种着法:马五进三

14. 马五进三　　车 8 进 5

红方又有以下两种变着:

(1)马七进五

15. 马七进五　　车 4 进 5　　　　**16.** 炮八进二　　车 8 进 3

17. 车四退三　　马 7 进 6　　　　**18.** 仕四进五　　炮 5 进 5

19. 帅五平四　　车 8 平 7　　　　**20.** 相三进一　　士 4 进 5

21. 车九进二　　……

红如改走车四退二,黑则车 7 平 6,帅四进一,炮 5 平 7,黑优。

21. ……　　　　　车 4 平 2　　　　**22.** 车四退二　　车 7 平 6

23. 帅四进一　　炮 5 平 7

黑优。

(2)炮八进二

15. 炮八进二　马7退5　　　16. 炮八平五　炮5进4

17. 马三退五　车4进5

黑优。

第66局　红 起 横 车

1. 炮二平五　马8进7　　　2. 马二进三　车9平8

3. 车一平二　马2进3　　　4. 兵七进一　卒7进1

5. 车二进六　炮8平9　　　6. 车二平三　炮9退1

7. 马八进七　车1进1　　　8. 兵五进一　炮9平7

9. 车三平四　马7进8　　　10. 兵五进一　炮7平5

11. 兵五平四　卒7进1　　　12. 兵四平三　马8进7

13. 车九进一　车1平4　　　14. 车九平四　象7进5

15. 后车进二　车4进3　　　16. 兵三进一　卒3进1(图66)

如图66形势,红方主要有三种着法:
(一)兵七进一;(二)马三进五;(三)马七
进五。分述如下:

第一种着法:兵七进一

17. 兵七进一　车4平3

18. 马七进六　车3进5

19. 仕四进五　炮5平4

20. 帅五平四　士4进5

黑应改走炮4进8。

21. 马六进五　马3进5

22. 前车平五　炮4进7

23. 车五平四　炮4退8

24. 兵三进一　车3退2

25. 炮八进一　炮2平7

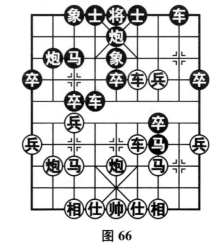

图 66

黑优,结果黑胜。(选自2004年全国象棋团体赛重庆吕道民—浙江熊学元
实战对局)

第二种着法:马三进五

17. 马三进五　车4进2　　　18. 兵七进一　象5进3

19. 炮八进四　　象 3 退 5　　　　**20.** 炮五平三　　……

红如改走炮八平七,黑则车 4 平 3,炮七平八,卒 5 进 1,黑优。

20. ……　　　　卒 5 进 1　　　　**21.** 炮三进二　　卒 5 进 1

黑优。

第三种着法:马七进五

17. 马七进五　　车 4 进 2　　　　**18.** 兵七进一　　象 5 进 3

19. 炮八平七　　象 3 退 1　　　　**20.** 仕四进五　　炮 2 进 4

21. 帅五平四　　炮 5 进 5　　　　**22.** 前车进一　　象 3 进 5

黑优。

第3章 动车、过河炮类

第1节 红平车局型

第67局 红退车河口 黑飞象(1)

1. 炮二平五	马8进7	**2.** 马二进三	车9平8
3. 车一平二	马2进3	**4.** 兵七进一	卒7进1
5. 车二进六	炮8平9	**6.** 车二平三	炮9退1
7. 马八进七	车1进1	**8.** 车三平四	马7进8

黑另有以下三种应着:

(1)象7进5,炮八平九,炮2进4,车九平八,炮2平3,兵五进一,马7进8,车四平一,马8进7,仕六进五,炮9平7,车一平三,马7退6,相三进一,车1平6,马七进五,马6进5,车八进三,马5进7,炮九平三,炮3平8,车三进二,炮8进3,相一退三,车6进7,黑大优,结果黑胜。(选自2011年"工商银行杯"广东省象棋锦标赛汕头市金砂小学林佳—省棋队李禹实战对局)

(2)车8进6,马七进六,车8平7,马六进七,车1平4,仕四进五,车4进2,炮八平七,炮9平3,马七进九,象3进1,炮七进五,车7进1,黑得子大优,结果黑胜。(选自2008年第1届世界智力运动会日本熊野和伸—俄罗斯左仁·丹尼尔快棋对局)

(3)车1平4,炮八平九,炮2进4,兵三进一,马3退5,车四退二(红可改走车四进一,局面立刻占优),卒7进1,车四平三,炮2平3,车三平二,车8进5,马三进二,车4进4,马二退三,炮9平7,至此,黑布局占优,后来黑因劣着致负。(选自2009年"恒丰杯"第11届世界象棋锦标赛芬兰邓明高—日本松野阳一郎实战对局)

9. 车四退二　象7进5　　**10.** 炮八平九　炮2进2(图67)

如图67形势,红方主要有两种着法:(一)兵七进一;(二)车九平八。分述如下:

第一种着法:兵七进一

11. 兵七进一　卒 3 进 1
12. 马七进八　卒 7 进 1
13. 车四平三　马 8 进 9
14. 车三平六　车 1 平 6
15. 炮五平七　卒 3 进 1
16. 车六平七　马 3 进 4
17. 车七平六　马 4 进 2
18. 车六平八　炮 2 平 7
19. 相七进五　车 8 进 7
20. 车八进二　车 6 进 7
21. 车九平八　炮 7 进 3
22. 炮七平三　马 9 进 7
23. 仕六进五　炮 9 平 7
24. 前车平五　马 7 进 6!
25. 车五平三　车 8 平 5
26. 车八进一　车 5 平 1

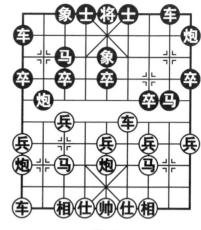

图 67

黑胜。(选自 2005 年全国象棋团体赛北京史思璇—江苏张国风实战对局)

第二种着法:车九平八

11. 车九平八　卒 7 进 1
12. 车四平三　炮 2 平 7
红方又有以下三种变着:

(1)车八进七

13. 车八进七　炮 9 平 7
14. 车八平七　……
红另有以下两种着法:

(1)车三平二,前炮进 3,马七退五(红如车八平七,则前炮平 3,炮五平二,炮 7 进 1 打死车,黑胜定),前炮平 1,相七进九,炮 7 进 1,炮五平二,车 1 平 6,炮二进三,车 8 进 3,黑优。

(2)车三进一,象 5 退 7,车八平七,象 7 退 5,炮五进四,士 6 进 5,兵三进一,马 8 进 9,黑优。

14. ……　后炮进 4
15. 兵三进一　炮 7 进 3
16. 炮五进四　士 6 进 5
17. 炮九平三　马 8 进 6
18. 炮三平五　车 1 平 4
双方对攻。

(2)马七退五

13. 马七退五　车 1 平 6
14. 车八进七　炮 7 退 2
15. 炮九平七　车 6 进 3

黑子力畅通占优。

(3)马七进六

13. 马七进六! 炮9平7	14. 车三平二　　前炮进3
15. 炮九平三　炮7进6	16. 车二退二　车1平4
17. 马六进七　车4进2	18. 兵七进一　马8退7
19. 车二平三　车8进4	20. 车八进五　马7进6
21. 车三退一　马6进4	22. 车三平六　马4退2
23. 车六进五　车8平3	24. 炮五进四　士6进5
25. 炮五平二　车3平7	

红略先。

第68局　红退车河口　黑飞象(2)

1. 炮二平五　马8进7	2. 马二进三　车9平8
3. 车一平二　马2进3	4. 兵七进一　卒7进1
5. 车二进六　炮8平9	6. 车二平三　炮9退1
7. 马八进七　车1进1	8. 车三平四　马7进8
9. 车四退二　象7进5	10. 车四平二　炮2进2(图68)

如图68形势,红方主要有三种着法:
(一)车九进一;(二)炮八平九;(三)兵七
进一。分述如下:

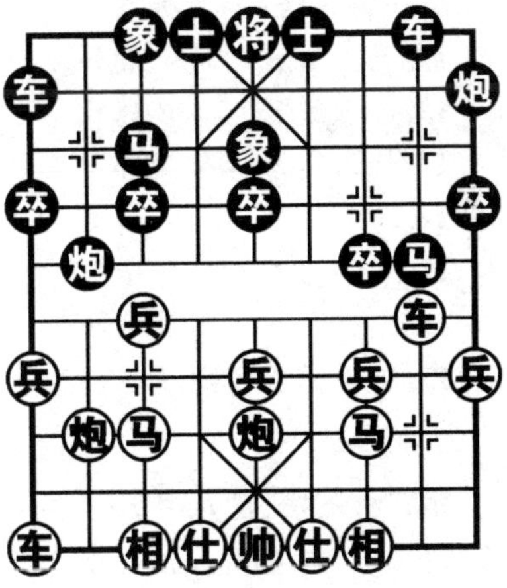

第一种着法:车九进一

11. 车九进一　车1平6
12. 车九平六　炮9平8
13. 车二平六　马8进7
14. 炮五进四　士6进5
15. 炮五退一　车6进3
16. 兵五进一　卒7进1
17. 前车进一　炮2退3
18. 马七进五　炮8进4

黑优。

第二种着法:炮八平九

11. 炮八平九　炮9平8	12. 车二平六　马8进7
13. 车九平八　车1平2	14. 车六平二　车8平7

图68

15. 相三进一　炮8平7
黑优。

16. 炮五退一　炮2进4

第三种着法:兵七进一

11. 兵七进一　卒3进1

12. 马七进六　卒3进1

13. 马六进五　马3进5

14. 炮五进四　炮9平5

15. 炮八平五　车1平3
黑优。

第69局　红退车河口　黑飞象(3)

1. 炮二平五　马8进7

2. 马二进三　车9平8

3. 车一平二　马2进3

4. 兵七进一　卒7进1

5. 车二进六　炮8平9

6. 车二平三　炮9退1

7. 马八进七　车1进1

8. 车三平四　马7进8

9. 车四退二　象7进5

10. 炮八进四　马8进7(图69)

如图69形势,红方主要有两种着法:
(一)马七进六;(二)炮八平五。分述如下:

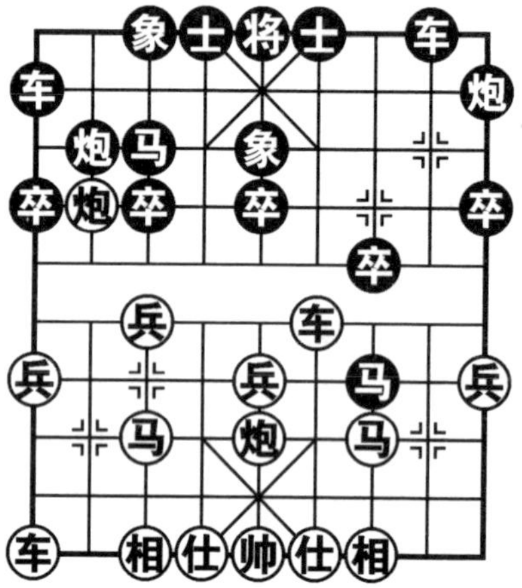

第一种着法:马七进六

11. 马七进六　马7进5

12. 相七进五　车8进6

13. 炮八退三　车8进1

14. 马三退五　炮2退1

15. 马五进七　炮2平7

16. 车九平八　车1平6

17. 车四进四　炮9平6
黑略优。

第二种着法:炮八平五

11. 炮八平五　马3进5

12. 炮五进四　炮9平5

13. 炮五进二　士6进5

14. 车九平八　炮2平1

15. 兵五进一　车8进7

16. 马七进五　车1平4

17. 车八进三　车4进4

18. 仕六进五　车4平5

19. 车四平五　马7退5

20. 相七进五　车8退1

21. 车八平六　车8平6

22. 车六进一　马5退6
黑优。

图69

第70局　红退车河口　黑右炮过河

1. 炮二平五	马8进7	**2.** 马二进三	车9平8
3. 车一平二	马2进3	**4.** 兵七进一	卒7进1
5. 车二进六	炮8平9	**6.** 车二平三	炮9退1
7. 马八进七	车1进1	**8.** 车三平四	马7进8
9. 车四退二	炮2进4(图70)		

如图70形势,红方主要有四种着法:
(一)车九进一;(二)马七进六;(三)炮五平六;(四)兵五进一。分述如下:

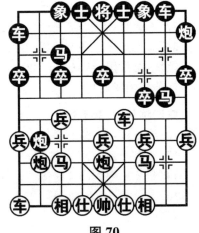

图 70

第一种着法:车九进一

10. 车九进一　炮2平3
11. 相七进九　象7进5
黑也可改走炮3平7。

12. 车九平二　……

红如改走兵五进一,黑则卒7进1,车四平三,马8进9,马三进一,炮9进5,车九平一,车1平2,黑优。

12. ……	炮3平7	**13.** 车二退一	马8退7
14. 车二进九	马7退8	**15.** 相三进一	车1平6
16. 车四进四	马8进6		

黑略先。

第二种着法:马七进六

10. 马七进六	炮2平7	**11.** 相三进一	车1平2
12. 炮八平七	马8进9	**13.** 车九进一	……

红如改走马三进一,黑则炮9进5,兵七进一,象3进5,兵七进一,炮9平5,仕四进五,车8进9,车四退四,车8平6,帅五平四,车2平6,炮五平四,车6进4,黑优。

13. ……	马9进7	**14.** 炮七平三	象7进5
15. 车四退一	炮7平8	**16.** 车九平二	车2平8
17. 马六进五	马3进5	**18.** 炮五进四	士6进5
19. 车二进一	前车进2	**20.** 炮五退一	卒7进1

黑略先。

第三种着法:炮五平六

10. 炮五平六	炮2平7	**11.** 相七进五	车1平7
12. 炮八进二	卒7进1	**13.** 车四平三	车7进4
14. 炮八平三	马8进6	**15.** 车九平八	象7进5
16. 车八进六	马3退5	**17.** 车八平七	马5进7
18. 车七平六	士6进5	**19.** 车六退二	马7进8
20. 兵五进一	车8平6	**21.** 马七进八	马8进9
22. 车六退一	马6进7	**23.** 炮三退二	炮7进3
24. 相五退三	马9进7		

黑优,结果黑胜。(选自2000年"翔龙杯"女子象棋大师快棋赛上海单霞丽—江苏张国凤对局)

第四种着法:兵五进一

10. 兵五进一	炮9平5	**11.** 车九进一	车1平4
12. 车九平四	象7进5	**13.** 后车进二	炮2平7
14. 相三进一	车4进3	**15.** 前车平二	卒7进1
16. 车二平三	卒3进1		

双方对攻。

第71局　红退车河口　黑马踩三兵

1. 炮二平五	马8进7	**2.** 马二进三	车9平8
3. 车一平二	马2进3	**4.** 兵七进一	卒7进1
5. 车二进六	炮8平9	**6.** 车二平三	炮9退1
7. 马八进七	车1进1	**8.** 车三平四	马7进8
9. 车四退二	马8进7(图71)		

如图71形势,红方主要有四种着法:(一)车九进一;(二)炮五平四;(三)炮五平六;(四)炮八平九。分述如下:

第一种着法:车九进一

10. 车九进一	车1平7	**11.** 炮八进二	卒7进1
12. 车四平三	车7进1!	**13.** 车九平四	炮9平7

黑优。

第二种着法:炮五平四

10. 炮五平四	车8进8	**11.** 炮八平九	炮2退2
12. 车九进一	车8平1		

13. 马七退九　车 1 平 2

黑略优。

第三种着法：炮五平六

10. 炮五平六　炮 9 平 7

11. 车九进一　象 7 进 5

12. 相七进五　炮 2 平 1

13. 马七进八　车 1 平 4

双方对攻。

第四种着法：炮八平九

10. 炮八平九　车 1 平 7

11. 车九平八　卒 7 进 1

12. 车四进二　炮 9 进 1

13. 马七进六　马 7 进 5

14. 相七进五　车 8 进 4

双方对攻。

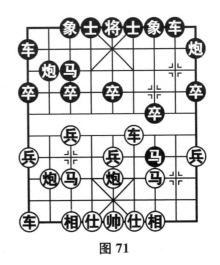

图 71

第 72 局　红其他攻法

1. 炮二平五　马 8 进 7　　2. 马二进三　车 9 平 8

3. 车一平二　马 2 进 3　　4. 兵七进一　卒 7 进 1

5. 车二进六　炮 8 平 9

6. 车二平三　炮 9 退 1

7. 马八进七　车 1 进 1

8. 车三平四　马 7 进 8(图 72)

如图 72 形势，红方主要有三种着法：(一)马七进六；(二)炮八进四；(三)炮八平九。分述如下：

第一种着法：马七进六

9. 马七进六　卒 7 进 1

10. 车四平三　卒 7 进 1

11. 马三退五　……

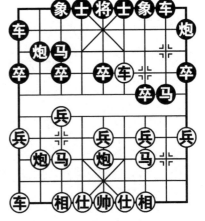

图 72

红如改走马六进五，黑则马 3 进 5，炮五进四，马 8 进 6，车三平四，马 6 退 5，车四平五，炮 2 平 5，马三退五，炮 9 平 5，车五平七,后炮进5,黑大优。

11.……   象7进5   **12.** 马五进七   炮9进5

13. 车九进一   车1平6   **14.** 车三平一   卒7进1

15. 车九平二   炮9平7   **16.** 车一退六   士6进5

17. 仕四进五   炮2进4   **18.** 炮五平六   炮2平3

19. 相七进五   炮7平8   **20.** 炮八进一   马8进6

21. 车一进五   炮8进1

黑优,结果黑胜。(选自1981年第1届亚洲城市名手邀请赛曼谷刘伯良—常熟言穆江实战对局)

第二种着法:炮八进四

9. 炮八进四   卒7进1   **10.** 车四退一   马8退7

11. 车四平六   卒7进1   **12.** 马三退五   车1平6

13. 兵七进一   卒3进1   **14.** 车六平七   车6进1

黑明显占优。

第三种着法:炮八平九

9. 炮八平九   卒7进1   **10.** 车四退一   卒7进1

11. 车九平八   炮9进1   **12.** 马三退五   炮2退1

13. 马七进六   炮2平7   **14.** 相三进一   ……

红如改走马六进五,黑则马3进5,炮五进四,马8退7,车四进一,马7进5,车四平五,炮9平5,黑优。

14.……   马8退7   **15.** 车四退一   车8进4

黑略先。

第2节　红退车局型

第73局　黑弃3卒攻法

1. 炮二平五   马8进7   **2.** 马二进三   车9平8

3. 车一平二   马2进3   **4.** 兵七进一   卒7进1

5. 车二进六   炮8平9   **6.** 车二平三   炮9退1

7. 马八进七   车1进1   **8.** 车三退一   炮9平7

黑另有几种实战着法如下:

(1)车8进4,兵三进一,炮9平7,车三平二,马7进8,马七进六,车1平4,

兵三进一,车 4 进 4,兵三平二,炮 7 进 8,仕四进五,炮 2 进 2,炮八平七,车 4 平 3,车九平八,卒 3 进 1,仕五进六,象 7 进 5,黑反先,后黑因劣着致负。(选自 2012 年第 5 届"杨官璘杯"全国象棋公开赛中华台北许明龙—加拿大郑世豪实战对局)

(2)车 8 进 8,兵五进一,炮 9 平 7,车三平六,炮 7 进 5,马三进五,车 1 平 6,仕六进五,车 8 平 7,相三进一,炮 7 平 8,炮五平三,士 6 进 5(黑应改走炮 8 进 3,相一退三,象 7 进 9,相七进五,车 6 进 7,黑大优),相七进五,炮 8 进 3,相五退三,车 7 平 8,车六平三,马 7 退 9,车九平六,象 3 进 5,车三进一,炮 2 进 2,兵五进一,红优,结果红胜。(选自 2011 年第 1 届武汉市"江城浪子杯"全国象棋公开赛武汉龙飞—荆门张际平实战对局)

(3)车 8 进 8,兵五进一,炮 9 平 7,车三平六,象 7 进 5,车六退二,马 7 进 8,马七进五,车 1 平 6,炮五平七,车 8 平 2,车九进二,车 6 进 5,相三进五,炮 2 进 2,兵九进一,炮 2 平 7,双方对攻,结果黑胜。(选自 2013 年"碧桂园杯"第 13 届世界象棋锦标赛柬埔寨甘德彬—中华台北林添汉实战对局)

(4)车 1 平 6,车三平八,炮 2 平 5,炮五平八,车 8 进 6,车九进一,车 8 平 7,车九平二,炮 9 平 7,马三退五,士 6 进 5,车二进八,马 7 退 9(黑应改走车 7 进 3!),结果战和。(选自 2008 年第 20 届"棋友杯"全国象棋大奖赛山西王晓波—辽宁王成港实战对局)

(5)车 1 平 4,车三平八,炮 2 平 5,炮五平八,车 8 进 6,车八进二,炮 9 进 1,兵三进一,车 8 平 7,马七退五,车 4 进 7,相三进一,车 7 平 8(黑应改走马 3 退 5 再炮 9 进 4),炮八进一,车 8 退 2,马五进四,车 8 平 4,仕四进五,卒 3 进 1,双方对攻,结果红胜。[选自 2015 年"张瑞图·八仙杯"第 5 届晋江(国际)象棋个人公开赛福建黄诗怀—福建刘武鸣实战对局]。

9. 车三平八　　炮 2 进 5

10. 炮五平八　　卒 3 进 1(图 73)

如图 73 形势,红方主要有三种着法:(一)车八平七;(二)车八进二;(三)车八退一。分述如下:

第一种着法:车八平七

11. 车八平七　　车 1 平 3

红方又有以下两种变着:

(1)马七进六

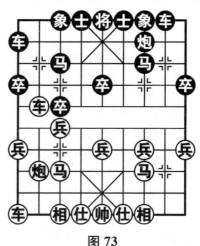

图 73

12. 马七进六　象3进5　　　**13.** 车七进一　炮7进5

14. 相七进五　炮7退3　　　**15.** 兵七进一　炮7平3

16. 兵七进一　车3平4　　　**17.** 马六进八　马3退1

黑得子大优,结果黑胜。(选自1997年全国象棋团体赛农协郑乃东—云南郑新年实战对局)

(2)兵三进一

12. 兵三进一　象7进5　　　**13.** 车七进一　马7进6

14. 兵三进一　象5进7　　　**15.** 车七退一　马6退7

16. 车七进一　象7退5　　　**17.** 马七退五　马7进6

18. 炮八平七　炮7进1　　　**19.** 车九进二　马6进4

20. 车七平六　马4进3　　　**21.** 车九平七　车8进8

黑优。

第二种着法:车八进二

11. 车八进二　车1进1　　　**12.** 车八平九　象3进1

13. 兵七进一　象1进3　　　**14.** 车九进一　马7进6

15. 车九平四　车8进4　　　**16.** 车四进三　士4进5

黑略先。

第三种着法:车八退一

11. 车八退一　车8进4　　　**12.** 车九进一　车1平3

13. 车九平六　象7进5　　　**14.** 仕四进五　士6进5

黑优。

第74局　黑弃中卒攻法

1. 炮二平五　马8进7　　　**2.** 马二进三　车9平8

3. 车一平二　马2进3　　　**4.** 兵七进一　卒7进1

5. 车二进六　炮8平9　　　**6.** 车二平三　炮9退1

7. 马八进七　车1进1　　　**8.** 车三退一　炮9平7

9. 车三平八　炮2进5　　　**10.** 炮五平八　卒5进1(图74)

如图74形势,红方主要有三种着法:(一)车八平五;(二)车九进一;(三)马七进六。分述如下:

第一种着法:车八平五

11. 车八平五　马7进5　　　**12.** 车五平四　车8进5

13. 兵五进一　车8平5　　　**14.** 相七进五　炮7进6

15. 炮八进二　　马 5 退 7

16. 车四退三　　车 5 平 3

17. 车九平七　　炮 7 进 1

18. 车七进一　　车 1 平 2

黑优。

第二种着法：车九进一

11. 车九进一　　车 1 平 4

12. 车九平四　　马 7 进 5

13. 车四进五　　……

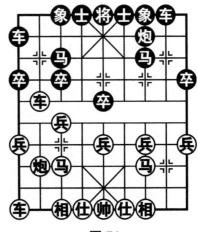

图 74

红如改走车四进三，黑则卒 3 进 1，车八退一，卒 5 进 1，车四平五，炮 7 平 5，车五平三，马 5 进 4，马七退五，马 4 进 3，捉车叫杀，黑必得其一胜定。

13. ……　　　　车 8 进 8　　　**14.** 仕六进五　　车 4 进 7

15. 相七进九　　车 8 平 7　　　**16.** 车四平三　　炮 7 平 8

17. 车三平二　　炮 8 平 7　　　**18.** 车二平三　　炮 7 平 8

19. 兵三进一　　卒 3 进 1

黑优。

第三种着法：马七进六

11. 马七进六　　马 7 进 8　　　**12.** 相七进五　　马 8 进 6

13. 马三退五　　象 7 进 5　　　**14.** 兵三进一　　……

红如改走马五进七，黑则卒 3 进 1，车八进二，卒 3 进 1，车八平七，卒 3 平 4，马七进六，马 6 进 8，车九进一，马 8 进 7，车九平四，车 1 平 6，车七退六，车 8 进 3，炮八退一，车 8 平 6，黑优。

14. ……　　　　马 6 进 4　　　**15.** 炮八平六　　……

红如改走车九平七，黑则卒 5 进 1，兵五进一，车 1 平 4，马六进七，车 8 进 3，兵七进一，车 8 进 5，黑大优。

15. ……　　　　车 8 进 8　　　**16.** 马五进七　　卒 5 进 1！

17. 兵五进一　　炮 7 进 8！　　**18.** 仕四进五　　炮 7 平 9

黑胜定。

第 75 局　　黑跃马攻法

1. 炮二平五　　马 8 进 7　　　**2.** 马二进三　　车 9 平 8

3. 车一平二　马2进3　　　4. 兵七进一　卒7进1

5. 车二进六　炮8平9　　　6. 车二平三　炮9退1

7. 马八进七　车1进1　　　8. 车三退一　炮9平7

9. 车三平八　炮2进5　　　10. 炮五平八　马7进8(图75)

如图75形势,红方主要有三种着法:
(一)车九进一;(二)车八平三;(三)兵三
进一。分述如下:

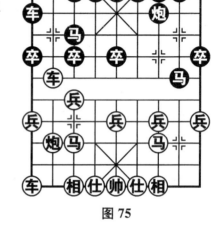

图75

第一种着法:车九进一

11. 车九进一　马8进6

12. 马三退一　车1平4

13. 车九平四　马6进8

14. 车八平四　士4进5

15. 马七进八　车4进6

16. 炮八平七　象7进5

17. 仕四进五　车4退2

18. 炮七平二　马8退9

19. 炮二平三　炮7进6　　　20. 马一进三　车8进7

黑优,结果黑胜。(选自2010年党斐1对8车轮战与新加坡刘明辉实战对
局)

第二种着法:车八平三

11. 车八平三　象7进5　　　12. 车三退一　炮7进5

13. 相七进五　车8平7　　　14. 车三平二　车7进4

15. 车九平八　车1平6

黑反先。

第三种着法:兵三进一

11. 兵三进一　马8进6　　　12. 车八进二　马6进4

13. 车九进一　马4进2　　　14. 马三退一　马2进3

15. 车九平七　车1平3　　　16. 相三进五　炮7进1

17. 车八退一　车3平6　　　18. 相五退七　车8进9

19. 仕六进五　车8退1

黑得子大优。

第 76 局　黑骑河车攻法

1. 炮二平五	马 8 进 7	**2.** 马二进三	车 9 平 8
3. 车一平二	马 2 进 3	**4.** 兵七进一	卒 7 进 1
5. 车二进六	炮 8 平 9	**6.** 车二平三	炮 9 退 1
7. 马八进七	车 1 进 1	**8.** 车三退一	炮 9 平 7
9. 车三平八	炮 2 进 5	**10.** 炮五平八	车 8 进 5(图 76)

如图 76 形势,红方主要有三种着法:
(一)车八进二;(二)车八退一;(三)相七
进五。分述如下:

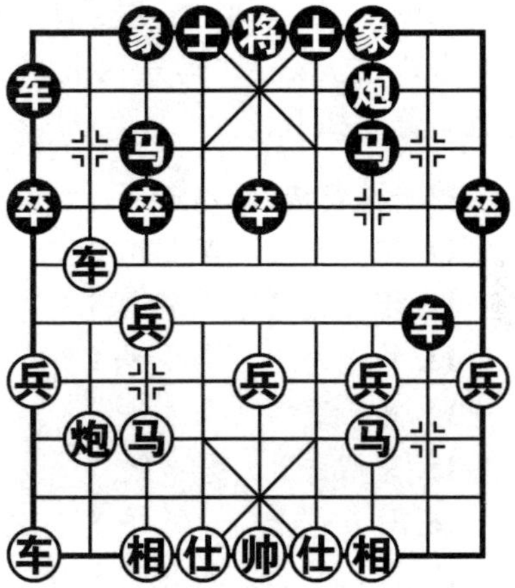

图 76

第一种着法:车八进二

11. 车八进二	车 8 平 3		
12. 车八平七	马 7 退 5		
13. 车七平四	车 3 进 2		
14. 车九进一	马 5 进 4		
15. 车九平四	士 4 进 5		
16. 炮八进七	象 3 进 5		
17. 前车平三	车 1 平 2		
18. 炮八平九	马 4 进 3		
19. 仕四进五	车 3 平 7	**20.** 车三进一	车 7 进 2
21. 车四退一	车 7 平 6	**22.** 帅五平四	车 2 进 5

黑大优。

第二种着法:车八退一

11. 车八退一	马 7 进 8	**12.** 车九进一	马 8 进 6
13. 马三退一	马 6 进 4	**14.** 车八退一	马 4 进 2
15. 车八退一	车 8 平 3		

黑优。

第三种着法:相七进五

11. 相七进五	马 7 进 8	**12.** 马三退一	车 1 平 4
13. 仕六进五	马 8 进 6	**14.** 炮八退一	象 7 进 5

黑略先。

第77局　红退车吃炮

1. 炮二平五	马8进7		**2.** 马二进三	车9平8
3. 车一平二	马2进3		**4.** 兵七进一	卒7进1
5. 车二进六	炮8平9		**6.** 车二平三	炮9退1
7. 马八进七	车1进1		**8.** 车三退一	炮9平7
9. 车三平八	炮2进5		**10.** 车八退三	马7进8(图77)

如图77形势,红方主要有三种着法:
(一)车八进五;(二)马三退五;(三)马七退五。分述如下:

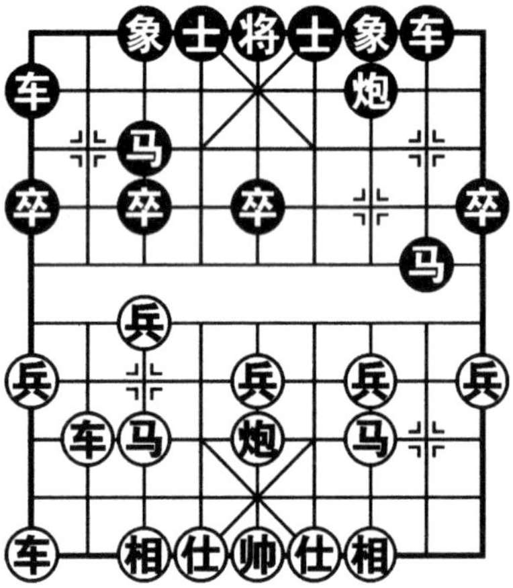

图 77

第一种着法:车八进五

11. 车八进五	车8进2
12. 炮五进四	炮7进6
13. 马七进六	车1平4
14. 马六进四	车4平6
15. 马四进五	马3进5
16. 马五进七	车6平3
17. 车八平二	马8进7
18. 车九进二	马5进6
19. 车二退三	马7退8

黑多子优。

第二种着法:马三退五

11. 马三退五	车1平6		**12.** 炮五平三	马8进9
13. 马七进六	车6进7!		**14.** 炮三进六	马9进8
15. 马五进六	车6进1		**16.** 帅五进一	马8退6

黑有强烈攻势。

第三种着法:马七退五

11. 马七退五	马8进6		**12.** 炮五平七	马6进8
13. 炮七退一	车1平4		**14.** 马五进四	车4进7
15. 炮七进五	车4平6		**16.** 炮七进三	士4进5
17. 炮七平九	车6退2		**18.** 车九进一	车8进2
19. 车九平六	车8平6		**20.** 兵七进一	前车平7
21. 兵七进一	车7平6			

黑胜势。

第78局　红平车六路　黑跃马攻法

1. 炮二平五	马 8 进 7	2. 马二进三	车 9 平 8
3. 车一平二	马 2 进 3	4. 兵七进一	卒 7 进 1
5. 车二进六	炮 8 平 9	6. 车二平三	炮 9 退 1
7. 马八进七	车 1 进 1	8. 车三退一	炮 9 平 7
9. 车三平六	马 7 进 8(图 78)		

如图 78 形势,红方主要有两种着法:
(一)车六平三;(二)马七进六。分述如下:

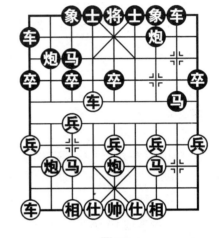

图 78

第一种着法:车六平三

10. 车六平三	象 7 进 5
11. 车三退一	炮 2 进 2
12. 兵七进一	卒 3 进 1
13. 马七进六	马 8 退 6

红方又有以下两种变着:

(1)车三平四

14. 车三平四	马 3 进 4
15. 车四进一	炮 2 平 1
16. 炮八平九	……

红如改走车九平八,黑则炮 7 平 6,车四平三,马 4 进 6,马六进八,卒 3 进 1,车三进二,后马进 8,车三退三,卒 3 平 2,黑优。

16. ……	车 1 平 4	17. 炮九进三	卒 1 进 1
18. 炮五进四	士 6 进 5	19. 炮五退一	车 4 进 2
20. 车四平三	卒 3 进 1	21. 马六退七	卒 3 进 1
22. 马七退五	马 4 进 2		

黑优。

(2)车三进二

14. 车三进二	卒 3 进 1	15. 马六进七	……

红如改走马六进五,黑则马 3 进 4,车九进一,炮 2 退 1,炮八平七,士 4 进 5,车九平六,车 8 进 4,黑先。

15. ……	车 1 平 6	16. 车九进一	车 8 进 4
17. 车九平四	车 8 平 3	18. 马七进五	象 3 进 5
19. 车四进五	车 6 进 2	20. 车三平四	卒 3 进 1

21. 车四平三　炮7平5

黑虽少象,但右翼四子归边有攻势。

第二种着法:马七进六

10. 马七进六　马8进6　　　　**11.** 车六平三　车1平4

12. 马六进七　马6进8　　　　**13.** 车三平四　车4进6

14. 炮八平九　炮7进6

黑优。

第79局　红平车六路　黑巡河车攻法

1. 炮二平五　马8进7　　　　**2.** 马二进三　车9平8

3. 车一平二　马2进3　　　　**4.** 兵七进一　卒7进1

5. 车二进六　炮8平9　　　　**6.** 车二平三　炮9退1

7. 马八进七　车1进1　　　　**8.** 车三退一　炮9平7

9. 车三平六　车8进4(图79)

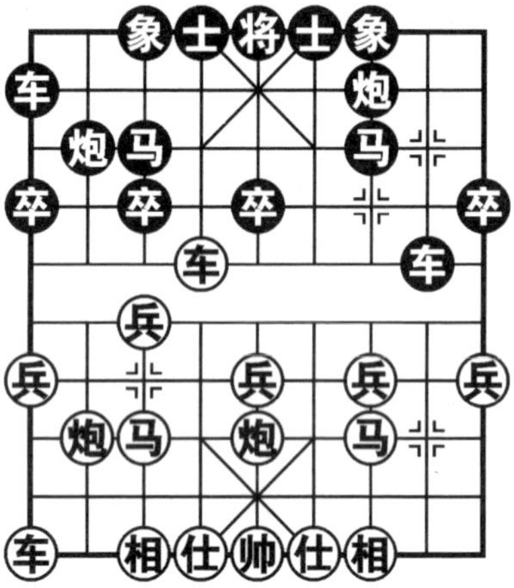

如图79形势,红方主要有三种着法:
(一)车六平二;(二)车六进一;(三)车六
退一。分述如下:

第一种着法:车六平二

10. 车六平二　马7进8

11. 马三退一　象7进5

12. 炮八平九　炮2进4

13. 车九平八　炮2平3

14. 仕六进五　马8进9

15. 炮五平六　车1平6

16. 相七进五　车6进3

黑优。

图79

第二种着法:车六进一

10. 车六进一　马7退5　　　　**11.** 车六平七　炮7进6

12. 炮五进四　马3进5　　　　**13.** 炮八平三　前马进6

黑优。

第三种着法:车六退一

10. 车六退一　卒3进1　　　　**11.** 车九进一　车1平6

12. 车九平六　车6进1　　　　**13.** 兵七进一　车8平3

14. 后车进一　马7进6　　**15.** 前车平三　车6平7
黑大优。

第3节　红横车局型

第80局　红左马盘河

1. 炮二平五　马8进7　　**2.** 马二进三　车9平8

3. 车一平二　马2进3　　**4.** 兵七进一　卒7进1

5. 车二进六　炮8平9　　**6.** 车二平三　炮9退1

7. 马八进七　车1进1　　**8.** 车九进一　车1平6

黑如改走车1平4,可参见本节第84局;黑又如改走炮9平7,可参见本节第85、86局。

9. 马七进六　炮9平7

2012年,晋江市第3届"张瑞图杯"象棋个人公开赛安徽丁邦和—福建林文汉对局时黑此着选择士6进5,以下是马六进五,马7进5,炮五进四,马3进5,车三平五,炮9平7,相三进五,车8进2,车五平七,车6进5,车七进三,卒7进1,兵三进一,炮7进6,炮八平三,车8进5(黑此着应改走将5平6),炮三退二,炮2进7(黑此着仍应改走将5平6),仕四进五,车8平5,炮三平四,车5平3,车七平八,炮2平4,仕五退六,红得子优,结果红胜。

10. 马六进五　马7进5　　**11.** 炮五进四　……

2011年江门雷虎彪—广州张俊杰对局时红选择兵五进一,以下是车6平4,兵五进一,炮7平5,兵五进一,炮2进1,车九平四,炮5进6,相七进五,车4进6,黑大优,红认负。

11. ……　　马3进5

12. 车三平五　炮2平5(图80)

如图80形势,红方主要有两种着法:
(一)相七进五;(二)相三进五。分述如下:

第一种着法:相七进五

13. 相七进五　炮7进5

14. 车九平六　车6平2

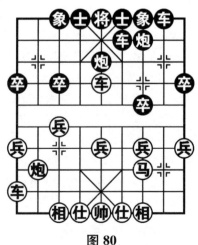

图80

2014 年,苏浙皖三省十一县区"百岁杯"中国象棋邀请赛溧阳市狄平川—宜兴市伍之昂实战对局时黑方此着选择士 6 进 5,以下是:兵七进一,炮 7 进 3,相五退三,车 6 进 6,炮八平五,车 6 平 7,兵七进一,车 7 进 2,仕六进五,车 7 退 2,车六进一,车 8 进 5,帅五平六,车 7 退 2,车五平三,象 7 进 9,炮五进五,象 3 进 5,车三平一,象 9 退 7,帅六平五,双方对攻,结果红胜。

15. 炮八平七	车 2 进 6	16. 炮七进四	车 8 进 7
17. 马三退五	车 8 平 6	18. 车六进七	炮 7 平 1
19. 马五进七	炮 1 进 3	20. 仕六进五	车 6 退 3

双方对攻。

第二种着法:相三进五

13. 相三进五	炮 7 进 5	14. 车五平七	车 6 平 2
15. 炮八平七	车 2 进 6	16. 车九进一	炮 5 进 5
17. 车九平八	炮 5 平 2	18. 马三退五	炮 2 退 5
19. 车七平九	炮 2 平 5	20. 炮七平五	炮 5 进 5
21. 相七进五	车 8 进 7		

黑优。

第 81 局　红退车杀卒(1)

1. 炮二平五	马 8 进 7	2. 马二进三	车 9 平 8
3. 车一平二	马 2 进 3	4. 兵七进一	卒 7 进 1
5. 车二进六	炮 8 平 9	6. 车二平三	炮 9 退 1
7. 马八进七	车 1 进 1	8. 车九进一	车 1 平 6
9. 车三退一	炮 9 平 7		

2013 年,第 2 届甘肃陇南两当"果老杯"全国业余象棋邀请赛甘肃棋院涂建—四川曾军实战对局时黑方此着选择车 8 进 4,以下是兵三进一,炮 9 平 7,车三平二,马 7 进 8,马七进六,车 6 平 4,车九平二,车 4 进 4,车二进四,象 7 进 5,炮五平四,车 4 平 7,相三进五,车 7 进 2,炮四进五,车 7 退 1,炮四平七,车 7 平 5,黑多卒占优,结果黑胜。

10. 车三平八	炮 2 进 5	11. 炮五平八	车 8 进 4(图 81)

如图 81 形势,红方主要有四种着法:(一)车八平二;(二)车八退一;(三)车八进一;(四)车八进二。分述如下:

第一种着法:车八平二

12. 车八平二	马 7 进 8	13. 炮八平九	……

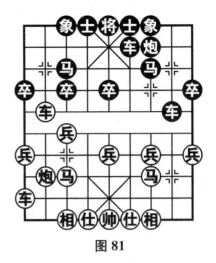

红如改走兵三进一,黑则车 6 平 2,炮八平九,车 2 进 6,马七退五,象 7 进 5,黑优。

13. ……　　　车 6 进 3

14. 兵三进一　象 7 进 5

15. 车九平二　卒 3 进 1

黑先。

第二种着法:车八退一

12. 车八退一　卒 3 进 1

13. 车九平六　车 6 进 1

14. 车六进一　马 3 进 4

15. 兵七进一　马 4 进 6

16. 仕四进五　……

图 81

红方有以下两种变着:

①车六平四,车 8 平 6,车八平五,马 6 进 7,车四进三,后马进 6,炮八平三,炮 7 进 6,黑得子优。

②兵七进一,车 8 进 4,车八平六,士 6 进 5,后车退一,车 8 退 1,后车平四,马 7 进 8,黑优。

16. ……　　　车 8 平 3　　　17. 炮八退一　象 3 进 5

18. 车八平六　士 6 进 5　　　19. 炮八进六

黑足可抗衡。

第三种着法:车八进一

12. 车八进一　马 7 退 5　　　13. 车八平七　……

红如改走车九平七,黑则卒 3 进 1,马七退五,马 3 进 4,兵七进一,马 4 进 6,黑优。

13. ……　　　车 8 平 2　　　14. 车九进一　车 6 进 7

15. 仕六进五　车 2 进 2

黑优。

第四种着法:车八进二

12. 车八进二　马 7 退 5　　　13. 车九平六　……

2006 年,第 14 届亚洲象棋锦标赛日本曾根敏彦—菲律宾蔡培青实战对局时红选择炮八平九,以下是车 6 进 4(黑可改走炮 7 进 1 逐车,等红退车后,再以炮换马,然后进车捉双,黑可得子),车八退三,炮 7 进 6,炮九平三,车 6 进 2 捉双,黑大优。

13.……　　　卒3进1

2013年,中国仪征海峡两岸象棋邀请赛中华台北罗子弘—仪征程志伟实战对局时黑方此着选择车6进3,以下是:车六进一,车6平4,车六进三,车8平4,兵三进一,卒3进1,车八退三,卒3进1,车八平七,马3进2,炮八平九,马5进3,马七退五(劣着,红应改走车七平四,尚无大碍),炮7平3,车七平八,车4进4,车八退四,马2进4,马三进四,马4进3,捉车叫杀,黑胜。

14.兵七进一　　　……

红如改走车六进三,黑则炮7进1,车六进一,车6进7,兵五进一,象7进5,车六进一,车8平4,车六退三,马3进4,车八退三,马4进6,马七进五,车6平7,红要丢子。

14.……　　　车8平3　　　15.车六进一　　　车6进3

16.马七进六　　　车6平7

黑略先。

第82局　红退车杀卒(2)

1.炮二平五　　　马8进7　　　2.马二进三　　　车9平8

3.车一平二　　　马2进3　　　4.兵七进一　　　卒7进1

5.车二进六　　　炮8平9　　　6.车二平三　　　炮9退1

7.马八进七　　　车1进1　　　8.车九进一　　　车1平6

9.车三退一　　　炮9平7　　　10.车三平六　　　马7进8(图82)

黑也可改走车6进4。

如图82形势,红方主要有两种着法:
(一)车六平三;(二)马七进六。分述如下:

第一种着法:车六平三

11.车六平三　　　象3进5

12.车三退一　　　炮2进2

13.兵七进一　　　卒3进1

14.马七进六　　　炮7进5

15.相三进一　　　车6进4

16.车九平二　　　车6平7

17.相一进三　　　炮7平1

双方对攻。

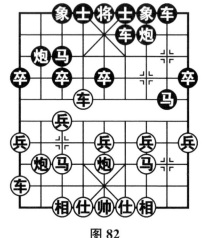

图82

第二种着法:马七进六

11. 马七进六	马8进6	12. 车六平三	车6平4
13. 马六进七	马6进7	14. 炮八平三	炮2进7
15. 仕四进五	车8进9	16. 炮三平四	车8平7
17. 炮四退二	炮7平5		

黑优。

第83局 红退车杀卒(3)

1. 炮二平五	马8进7	2. 马二进三	车9平8
3. 车一平二	马2进3	4. 兵七进一	卒7进1
5. 车二进六	炮8平9	6. 车二平三	炮9退1
7. 马八进七	车1进1	8. 车九进一	车1平6
9. 车三退一	车6进1(图83)		

如图83形势,红方主要有三种着法:
(一)车九平六;(二)炮八平九;(三)马七
进六。分述如下:

第一种着法:车九平六

10. 车九平六	卒3进1
11. 车三平七	炮9平3
12. 车七平三	炮3平7
13. 车三平七	炮2进4

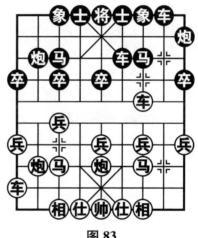

图 83

2012年湖北"松滋浣水杯"象棋赛肖
云章—田太虎对局时黑方此着选择马7进
6,以下马七进六,马6进7,车七平三,马7
进5,车三进三,马5退3,车六进二,前马
进2,兵七进一,红大优,结果红胜。

14. 车七进一	炮2平3	15. 车七平八	炮3进3
16. 仕六进五	车8进8		

黑优。

第二种着法:炮八平九

10. 炮八平九   炮2平1

红方又有以下两种变着:

(1)车三平八

11. 车三平八　车 8 进 4　　**12.** 车八平二　马 7 进 8

13. 兵三进一　马 8 进 6　　**14.** 马七进六　炮 9 平 7

15. 马三退一　马 6 退 4　　**16.** 炮五平三　车 6 进 3

17. 炮三进六　车 6 平 4　　**18.** 相三进五　炮 1 进 4

19. 炮九平六　炮 1 平 9

双方对攻,后红因劣着致负。(选自 2007 年全国职工中国象棋赛江苏章磊—安徽张元启实战对局)

(2)马七进六

11. 马七进六　炮 9 平 7　　**12.** 车三平八　士 6 进 5

13. 车八进二　炮 1 进 4　　**14.** 车九平六　炮 1 平 7

15. 相三进一　车 8 进 4

黑应改走车 6 平 4,红如接走兵七进一,则卒 3 进 1,炮九平七(红如车八平七,则车 4 平 3,炮九平七,车 3 退 1,黑优),卒 3 进 1,黑优。

16. 马六进五　马 3 进 5　　**17.** 车八平四　士 5 进 6

18. 炮五进四　车 8 平 6　　**19.** 车六进三　车 6 退 1

20. 仕四进五

红优,结果红胜。(选自 2010 年第 4 届"杨官璘杯"全国象棋公开赛加拿大多伦多宋德柔—缅甸黄必富实战对局)

第三种着法:马七进六

10. 马七进六　象 7 进 5　　**11.** 车三平八　炮 2 进 5

12. 车八退三　车 8 进 6　　**13.** 兵三进一　车 8 平 7

14. 车九平六　炮 9 平 7　　**15.** 马六进五　马 3 进 5

16. 炮五进四　士 6 进 5

黑优。

第 84 局　黑平车 4 路攻法

1. 炮二平五　马 8 进 7　　**2.** 马二进三　车 9 平 8

3. 车一平二　马 2 进 3　　**4.** 兵七进一　卒 7 进 1

5. 车二进六　炮 8 平 9　　**6.** 车二平三　炮 9 退 1

7. 马八进七　车 1 进 1　　**8.** 车九进一　车 1 平 4(图 84)

如图 84 形势,红方主要有四种着法:(一)车九平四;(二)车三退一;(三)炮八平九;(四)兵五进一。分述如下:

第一种着法：车九平四

9. 车九平四　　炮 9 平 5

2008 年迎奥运内蒙古"万力杯"象棋大奖赛陕西李东林—呼和浩特宁少华实战对局时黑方选择士 4 进 5，以下是车四进七，车 4 进 1，车四平三，车 8 进 8，仕六进五，车 4 进 6，炮五平六，车 4 平 3，马七进六，车 3 进 1，炮六退二，车 8 平 6，兵五进一，卒 3 进 1（黑可改走车 6 退 3），兵七进一，车 3 退 5，马六退八，车 3 进 2，炮八进五，红得子大优，结果红胜。

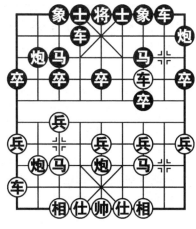

图 84

10. 炮八平九	车 4 进 1		
11. 车四平八	炮 5 平 7		
12. 车三平四	车 4 平 6	13. 车四进一	炮 2 平 6
14. 马七进六	象 7 进 5	15. 马六进五	马 3 进 5
16. 炮五进四	士 6 进 5	17. 车八平四	炮 6 进 2
18. 炮五平九	车 8 进 6	19. 相七进五	车 8 平 7
20. 车四平二	卒 7 进 1		

双方对攻。

第二种着法：车三退一

9. 车三退一	炮 9 平 7	10. 车三平八	炮 2 进 5
11. 炮五平八	卒 5 进 1	12. 相七进五	马 7 进 5
13. 马七进八	卒 3 进 1	14. 车八进二	卒 3 进 1
15. 马八进九	炮 7 进 1	16. 马九进七	炮 7 平 2
17. 马七退五	车 4 进 2		

黑优。

第三种着法：炮八平九

9. 炮八平九　　炮 2 进 4

红应改走车三进一吃马。

10. ……	车 8 进 2	11. 车九平四	士 4 进 5
12. 车四进七	车 4 进 1	13. 兵三进一	车 8 进 6
14. 仕六进五	炮 2 退 5	15. 车四退四	炮 9 平 7
16. 车三平四	车 4 进 6	17. 仕五退六	……

红应改走兵三进一,黑如接走车 4 平 3,则马七进八,车 3 进 1,仕五退六,马 7 退 9,炮九平七,象 7 进 5,炮五平六,双方对攻。

17. ……	炮 7 进 3	**18.** 后车平三	炮 7 进 3
19. 车三退二	马 7 进 8	**20.** 车四退一	炮 2 进 5
21. 炮五平四	象 3 进 5	**22.** 仕六进五	车 4 平 3
23. 相七进五	炮 2 进 3		

黑优,结果黑胜。(选自 1991 年全国象棋个人赛四川曾东平—湖南罗忠才实战对局)

第四种着法:兵五进一

9. 兵五进一	炮 9 平 7	**10.** 车三平四	炮 7 平 5
11. 车九平四	车 8 进 6	**12.** 马七进五	车 4 进 5

双方对攻。

第 85 局　　黑平炮打车攻法(1)

1. 炮二平五	马 8 进 7	**2.** 马二进三	车 9 平 8
3. 车一平二	马 2 进 3	**4.** 兵七进一	卒 7 进 1
5. 车二进六	炮 8 平 9	**6.** 车二平三	炮 9 退 1
7. 马八进七	车 1 进 1	**8.** 车九进一	炮 9 平 7
9. 车三平四	马 7 进 8	**10.** 车九平二	卒 7 进 1
11. 车四退一	卒 7 进 1(图 85)		

黑如改走卒 7 平 8,红则兵七进一! 炮 7 进 6,兵七进一,马 8 退 7,车四退三, 炮 7 平 5,炮八平五,马 3 退 5,车二平八, 炮 2 平 4,马七进六,红少子有攻势。

如图 85 形势,红方主要有四种着法: (一)车二进四;(二)马三退五;(三)马七 进六,(四)兵七进一。分述如下:

第一种着法:车二进四

12. 车二进四	车 8 进 4		
13. 车四平二	卒 7 进 1		

黑如改走炮 7 进 6,红则兵七进一,炮 7 平 3,兵七进一,马 3 退 5,车二平七, 红优。

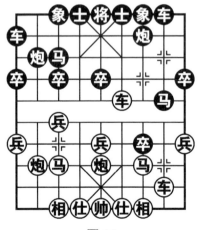

图 85

14. 马七退五　象 7 进 5　　　　**15.** 炮八平三　车 1 平 6
16. 炮三平一　车 6 进 2　　　　**17.** 炮五平七！
红先。

第二种着法：马三退五

12. 马三退五　马 8 退 9　　　　**13.** 车二进八　马 9 退 8
14. 马七进六　马 8 进 7　　　　**15.** 车四退一　象 7 进 5
16. 马五进七　马 7 进 8　　　　**17.** 车四平三　车 1 平 6
黑略先。

第三种着法：马七进六

12. 马七进六　卒 7 进 1　　　　**13.** 车四平二　炮 7 进 8
14. 仕四进五　车 8 进 4　　　　**15.** 车二进四　卒 7 进 1
16. 兵七进一　卒 3 进 1　　　　**17.** 车二平七　炮 7 平 9
18. 车七进二　车 1 平 8
黑大优。

第四种着法：兵七进一

12. 兵七进一　卒 7 进 1　　　　**13.** 车二进四　炮 7 进 8
14. 仕四进五　车 8 进 4　　　　**15.** 车四平二　卒 3 进 1
16. 车二平七　车 1 平 8　　　　**17.** 车七进二　炮 7 平 9
18. 仕五进六　车 8 进 8　　　　**19.** 帅五进一　车 8 退 1
20. 帅五退一　卒 7 进 1　　　　**21.** 仕六进五　车 8 进 1
22. 仕五退四　车 8 退 7
叫将抽车，黑胜定。

第 86 局　　黑平炮打车攻法（2）

1. 炮二平五　马 8 进 7　　　　**2.** 马二进三　车 9 平 8
3. 车一平二　马 2 进 3　　　　**4.** 兵七进一　卒 7 进 1
5. 车二进六　炮 8 平 9　　　　**6.** 车二平三　炮 9 退 1
7. 马八进七　车 1 进 1　　　　**8.** 车九进一　炮 9 平 7
9. 车三平四　马 7 进 8（图 86）

如图 86 形势，红方除上局车九平二外，另有三种着法：（一）车九平四；（二）车四平三；（三）车四退二。分述如下：

第一种着法：车九平四

10. 车九平四　象 7 进 5　　　　**11.** 前车平三　……

红如改走前车退二,黑则马 8 进 7,后车进二,车 1 平 4,炮五退一,车 4 进 7,黑先。

11. …… 炮 2 进 1

12. 马七进六 卒 3 进 1

13. 炮五进四 马 3 进 5

14. 车三平五 卒 3 进 1

15. 车五平八 卒 3 平 4

16. 相七进五 马 8 进 7

黑优。

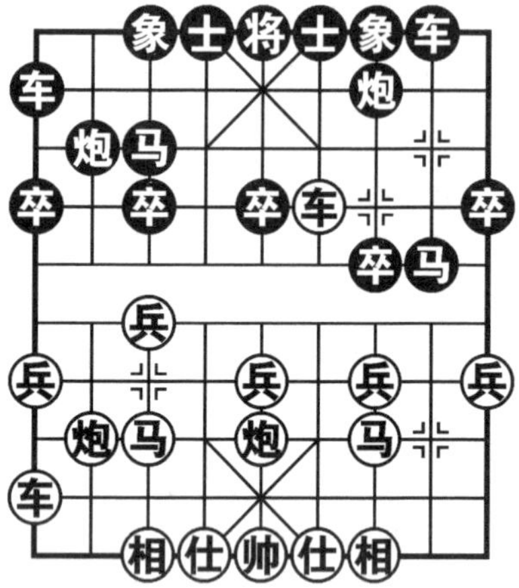

第二种着法:车四平三

10. 车四平三 象 7 进 5

11. 炮八进一 车 1 平 6   **12.** 车九平二 炮 2 进 1

13. 马七进六 卒 3 进 1   **14.** 炮五进四 马 3 进 5

15. 车三平五 卒 3 进 1   **16.** 车五平八 卒 3 平 4

黑优。

第三种着法:车四退二

10. 车四退二 马 8 进 7   **11.** 炮五平六 象 7 进 5

12. 相三进五 炮 2 进 4

黑足可抗衡。

图 86

第 4 节 红过河炮局型

第 87 局 黑左肋车应法

1. 炮二平五 马 8 进 7   **2.** 马二进三 车 9 平 8

3. 车一平二 马 2 进 3   **4.** 兵七进一 卒 7 进 1

5. 车二进六 炮 8 平 9   **6.** 车二平三 炮 9 退 1

7. 马八进七 车 1 进 1   **8.** 炮八进四 车 1 平 6

黑如改走车 1 平 4,请参见本节第 88 局介绍。

9. 马七进六 车 6 进 6(图 87)

如图 87 形势,红方主要有两种着法:(一)马六进五;(二)炮八退四。分述如下:

第一种着法：马六进五

10. 马六进五　马 7 进 5

11. 炮八平五　马 3 进 5

12. 炮五进四　车 6 平 7

13. 车九平八　车 8 进 2

14. 车八进五　车 8 平 6

黑也可改走车 7 进 2,车八平四(红如炮五退二,则车 8 平 6,仕六进五,车 7 退 3,车三进二,车 7 平 5,车八平五,士 4 进 5,车三平一,车 6 平 4,相七进五,象 7 进 5,黑大优),车 7 退 3,兵五进一,炮 9 进 5,车三平一,车 8 进 3,兵五进一,炮 2 进 4,车四进三,炮 2 平 5,黑胜定。

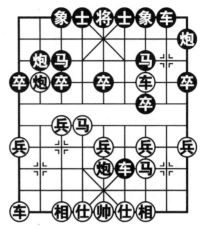

图 87

15. 相七进五　炮 9 进 5	**16.** 车八平六　车 7 平 6
17. 仕六进五　前车退 4	**18.** 车三平四　车 6 进 1
19. 炮五退二　炮 9 平 5	**20.** 车六退二　炮 5 平 6
21. 帅五平六　炮 2 进 1	**22.** 车六进六　将 5 进 1
23. 车六平七　车 6 平 4	

红认负。(选自 2011 年重庆棋友会所庆五一象棋个人赛沙区张俭—广东黎德志实战对局)

第二种着法：炮八退四

| **10.** 炮八退四　车 6 退 2 | **11.** 炮八进二　车 6 进 3 |
| **12.** 仕六进五　士 6 进 5 | **13.** 炮五平七　…… |

红如改走车三退一,黑则炮 9 平 7,车三平六,象 7 进 5,炮八退三,车 6 退 3,炮八平七,车 8 进 4,车六进一,炮 2 进 1,车六平七,车 6 平 4,车七平八,马 3 进 4,黑优。

13. ……　　　炮 9 平 7	**14.** 炮七进四　士 5 退 6
15. 车三平二　车 8 进 3	**16.** 炮七平二　车 6 退 5
17. 炮二退六　象 3 进 5	**18.** 相七进五　马 3 进 4

黑优。

第 88 局　黑右肋车应法

| **1.** 炮二平五　马 8 进 7 | **2.** 马二进三　车 9 平 8 |
| **3.** 车一平二　马 2 进 3 | **4.** 兵七进一　卒 7 进 1 |

5. 车二进六　　炮 8 平 9　　　6. 车二平三　　炮 9 退 1

7. 马八进七　　车 1 进 1　　　8. 炮八进四　　车 1 平 4 (图 88)

如图 88 形势,红方主要有三种着法:
(一)炮八平五;(二)兵七进一;(三)兵五
进一。分述如下:

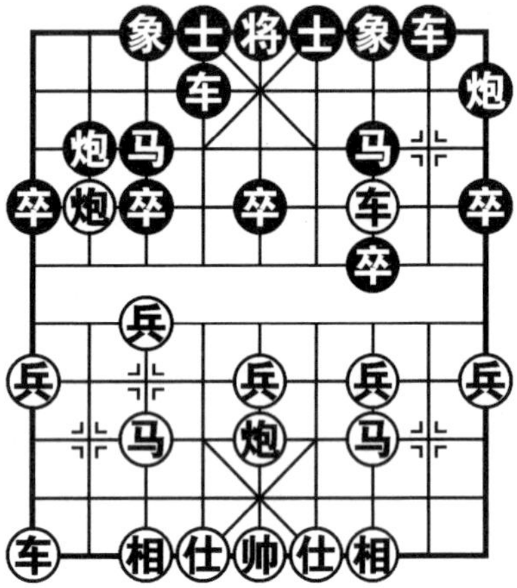

第一种着法:炮八平五

9. 炮八平五　　马 7 进 5

10. 车九平八　　炮 2 平 1

11. 炮五进四　　马 3 进 5

12. 车三平五　　炮 1 平 5

13. 相七进五　　车 8 进 7

14. 马三退五　　车 4 进 6

黑优。

图 88

第二种着法:兵七进一

9. 兵七进一　　车 4 进 6　　　10. 兵七进一　　车 4 平 3

11. 兵七进一　　车 3 退 5　　　12. 相七进九　　炮 9 平 7

13. 车三平四　　车 8 进 6　　　14. 车四进二　　炮 7 平 9

15. 车九平七　　车 3 进 7　　　16. 相九退七　　车 8 平 7

17. 炮八退四　　士 4 进 5

黑优。

第三种着法:兵五进一

9. 兵五进一　　车 4 进 6　　　10. 车九进二　　炮 9 平 7

11. 车三平四　　炮 7 平 5　　　12. 炮八退五　　车 4 进 1

13. 炮八进二　　车 4 退 2

黑优,结果战和。(选自 2010 年首届中国·邳州海峡两岸中国象棋公开赛
河北白天晓—辽宁孙思阳实战对局)

第4章 车换马炮

第1节 黑双车并线局型

第89局 红七路兑车

1. 炮二平五　马8进7　　**2.** 马二进三　车9平8

3. 车一平二　马2进3　　**4.** 兵七进一　卒7进1

5. 车二进六　炮8平9　　**6.** 车二平三　炮9退1

7. 马八进七　车1进1　　**8.** 炮八平九　车1平6

黑另有三种实战应着如下：

(1)马3退5,车九平八(红可改走车三退一),炮9平7,炮五进四,马7进5,车八进七,后马进7,车三平四,车1进1,车八进二,炮7平5,仕四进五,车8进5,马七进八,车8平6,车四退二,马5进6,双方对攻,结果战和。(选自2013年重庆棋友会所象棋赛曾军—张朝忠实战对局)

(2)炮9平7,车三平四,马7进8,车九平八,炮7进1,车四退二,车1平4,马七进六,车8进1,马六进五,车4平2,马五进三,士4进5,车四进五杀,红胜。(选自2013年广东省首届"四季茶香杯"象棋青少年精英赛方力驰—张翀实战对局)

(3)炮9平7,车三平四,马7进8,车四退四,象7进5,车九平八,炮2平1,马七进六,马8进7,炮五平七,士6进5(黑应改走车8进5),马六进七,炮7进1,车八进七,炮1进4,车八退四(红可改走马七退六),炮1退1,炮九进一,红先,结果黑胜。(选自2012年第5届"杨官璘杯"象棋公开赛中国香港蓝政鸿—文莱庄力铭实战对局)

9. 车九平八　炮9平7　　**10.** 车八进七　炮7进2

11. 车八平七　炮7进3　　**12.** 相三进一　车8进1

13. 车七进二　车6平3　　**14.** 车七退一　车8平3(图89)

如图89形势,红方主要有两种着法:(一)马七进六;(二)兵五进一。分述如下:

第一种着法：马七进六

15. 马七进六　　卒 3 进 1

16. 马六进五　　……

红如改走兵七进一，黑则车 3 进 3（吃卒），马六进五，马 7 进 5，炮五进四，车 3 进 5，黑优。

16. ……　　　　马 7 进 5

红方又有以下两种变着：

（1）炮五进四

17. 炮五进四　　卒 3 进 1

18. 炮九平五　　炮 7 平 1

19. 马三进四　　……

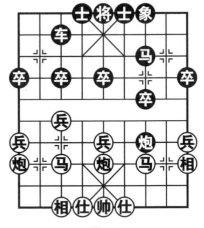

图 89

红如改走马三进二，黑则卒 3 平 4，马二进一，车 3 进 8，黑大优。

19. …… 卒 3 平 4		**20.** 马四进六　车 3 进 8	
21. 马六进五　士 4 进 5		**22.** 马五进三　将 5 平 4	
23. 后炮平六　炮 1 平 4		**24.** 仕四进五　车 3 退 6	
25. 炮五平四　车 3 平 5		**26.** 炮六进二　炮 4 平 3	
27. 仕五退四　炮 3 退 5			

黑胜势。

（2）兵五进一

17. 兵五进一　卒 3 进 1		**18.** 兵五进一　卒 3 平 4	
19. 兵五进一　士 4 进 5		**20.** 炮九进四　车 3 进 8	
21. 兵五平四　卒 4 平 5		**22.** 炮九平五　将 5 平 4	
23. 后炮平六　车 3 退 3		**24.** 兵九进一　车 3 平 6	

黑大优。

第二种着法：兵五进一

15. 兵五进一　士 4 进 5		**16.** 马七进六　卒 3 进 1	
17. 马六进五　卒 3 进 1		**18.** 马五退三　卒 3 进 1	
19. 炮九平六　车 3 进 1		**20.** 炮六退一　车 3 平 4	
21. 炮六平九　象 7 进 5			

黑大优。

第90局 红八路兑车

1. 炮二平五	马8进7	2. 马二进三	车9平8
3. 车一平二	马2进3	4. 兵七进一	卒7进1
5. 车二进六	炮8平9	6. 车二平三	炮9退1
7. 马八进七	车1进1	8. 炮八平九	车1平6
9. 车九平八	炮9平7	10. 车八进七	炮7进2
11. 车八平七	炮7进3	12. 相三进一	车8进1
13. 车七进二	车6平3	14. 车七平八	车3平2
15. 车八退一	车8平2(图90)		

如图90形势,红方主要有两种着法:
(一)炮九进四;(二)马七进六。分述如下:

第一种着法:炮九进四

16. 炮九进四　车2进3

17. 兵五进一　……

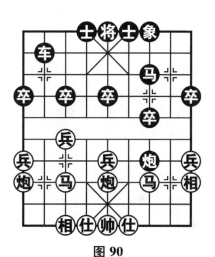

图 90

红如改走炮九平五,黑则马7进5,炮五进四,卒3进1,兵七进一,车2平3,马三退五,车3平5,马七进六,车5进2,马六进四,车5退3,马四退三,车5进3,马三进一,象7进9,黑大优。

17. ……	炮7平3		
18. 相七进九	车2退1		
19. 炮九退二	士4进5	20. 马三进四	象7进5
21. 仕四进五	车2平5	22. 炮五平三	马7进6
23. 炮三平二	炮3平2	24. 马四退五	炮2平8

黑优。

第二种着法:马七进六

16. 马七进六	车2进4	17. 马六进五	马7进5
18. 炮五进四	车2进2	19. 马三退五	车2平9

黑大优。

第91局 红九路兑车

1. 炮二平五	马8进7	2. 马二进三	车9平8

3. 车一平二	马2进3	4. 兵七进一	卒7进1
5. 车二进六	炮8平9	6. 车二平三	炮9退1
7. 马八进七	车1进1	8. 炮八平九	车1平6
9. 车九平八	炮9平7	10. 车八进七	炮7进2
11. 车八平七	炮7进3	12. 相三进一	车8进1
13. 车七进二	车6平3	14. 车七平九	车3平1
15. 车九退一	车8平1	16. 马七进六	……

红如改走兵五进一,黑则士4进5,马七进六,车1平4,马六进七,车4平3,兵七进一,炮7平3,炮九进四,炮3退3,炮九平五,马7进5,炮五进四,将5平4,兵七进一,车3进2,兵五进一,车3进6,仕四进五,车3退5,黑优。

16. …… 　　　车1平4(图91)

如图91形势,红方主要有两种着法:
(一)马六进七;(二)马六进五。分述如下:

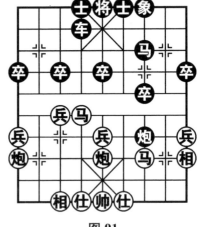

图 91

第一种着法:马六进七

17. 马六进七	车4进7		
18. 炮九进四	卒7进1		
19. 相一进三	车4平7		
20. 炮五平八	车7退1		
21. 相三退五	车7进1		
22. 炮八进七	将5进1		
23. 炮九进二	车7平4		
24. 兵七进一	马7进6		
25. 炮八退一	将5退1		
26. 炮九进一	将5进1		
27. 炮九退一	将5退1	28. 马七进九	士4进5
29. 炮九进一	士5进6	30. 兵七进一	炮7退4
31. 马九进八	将5进1	32. 炮九退一	将5退1
33. 炮八退二	马6进4	34. 兵七进一	马4进5
35. 仕四进五	马5进7	36. 帅五平四	车4退4
37. 帅四进一	车4平6	38. 仕五进四	炮7平8!
39. 仕六进五	炮8进3!	40. 仕五进六	炮8进3
41. 帅四退一	车6进3		

绝杀,黑胜。(选自2005年全国象棋团体赛天津刘德钟—山东张志国实战对局并添加续着)

第二种着法：马六进五

17. 马六进五　马 7 进 5

红方又有以下两种变着：

(1)炮五进四

18. 炮五进四　车 4 进 6　　**19.** 马三退二　炮 7 平 1

20. 炮五平九　车 4 平 3　　**21.** 前炮平一　车 3 进 2

黑大优。

(2)炮九进四

18. 炮九进四　卒 3 进 1　　**19.** 兵七进一　士 4 进 5

20. 炮五进四　将 5 平 4　　**21.** 炮九平一　车 4 进 8

22. 帅五进一　车 4 平 3

黑胜定。

第92局　红不兑车

1. 炮二平五　马 8 进 7　　**2.** 马二进三　车 9 平 8

3. 车一平二　马 2 进 3　　**4.** 兵七进一　卒 7 进 1

5. 车二进六　炮 8 平 9　　**6.** 车二平三　炮 9 退 1

7. 马八进七　车 1 进 1　　**8.** 炮八平九　车 1 平 6

9. 车九平八　炮 9 平 7　　**10.** 车八进七　炮 7 进 2

11. 车八平七　炮 7 进 3　　**12.** 相三进一　车 8 进 1

13. 车七进二　车 6 平 3　　**14.** 车七平九　车 3 平 1

15. 车九平八　车 8 平 2

16. 车八平七　车 2 平 3

17. 车七平八　车 1 平 2

18. 车八平九　卒 3 进 1(图 92)

如图 92 形势，红方主要有三种着法：
(一)兵七进一；(二)兵五进一；(三)马七
进六。分述如下：

第一种着法：兵七进一

19. 兵七进一　车 3 进 3

20. 马三退五　车 2 平 4

21. 车九退三　车 4 进 7

22. 炮五进四　车 3 进 3

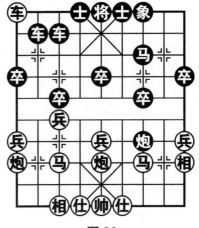

图 92

23. 炮五退二	车 3 平 4	**24.** 炮九退二	将 5 进 1
25. 马五进四	炮 7 平 5	**26.** 马四进五	马 7 进 5
27. 车九平五	将 5 平 4	**28.** 马五进七	将 4 进 1
29. 车五平四	前车平 8	**30.** 车四进一	象 7 进 5
31. 炮五平九	车 4 平 5	**32.** 仕四进五	车 5 进 1
33. 帅五平四	车 8 进 1	**34.** 相一退三	车 8 平 7

绝杀,黑胜。

第二种着法:兵五进一

19. 兵五进一	卒 3 进 1	**20.** 兵五进一	士 6 进 5
21. 马七进五	······		

红可改走兵五进一,黑则卒 3 进 1,兵五平四,将 5 平 6,马七进五,卒 3 平 4,炮五进六,车 3 平 5,车九平六,车 5 退 1,炮九平四,马 7 进 6,车六退四,车 5 进 6,仕四进五,车 5 平 6,车六平五,红优。

21. ······	卒 3 平 4	**22.** 车九退三	车 3 进 8
23. 炮五平七	车 2 进 8	**24.** 仕四进五	卒 4 进 1
25. 炮七进四	车 2 退 2		

黑大优,结果黑胜。(选自 2000 年"棋友杯"大连张俊恒—沈阳金松实战对局)

第三种着法:马七进六

19. 马七进六	车 2 进 2	**20.** 炮九进四	车 2 进 4
21. 兵七进一	车 3 进 3	**22.** 炮九平七	车 3 平 4
23. 炮七退四	车 2 退 2	**24.** 炮七进七	将 5 进 1
25. 马六退七	车 2 平 3	**26.** 马三退五	车 4 进 4
27. 炮五平三	车 3 进 2	**28.** 炮三退一	车 3 平 9
29. 炮三平六	车 9 平 5		

下一步炮 7 进 3 杀,黑胜。

第 93 局　红其他攻法

1. 炮二平五	马 8 进 7	**2.** 马二进三	车 9 平 8
3. 车一平二	马 2 进 3	**4.** 兵七进一	卒 7 进 1
5. 车二进六	炮 8 平 9	**6.** 车二平三	炮 9 退 1
7. 马八进七	车 1 进 1	**8.** 炮八平九	车 1 平 6
9. 车九平八	炮 9 平 7	**10.** 车八进七	炮 7 进 2

11. 车八平七　炮7进3　　**12.** 相三进一　车8进1（图93）

如图93形势,红方主要有五种着法:
(一)马七进六;(二)马七进八;(三)炮九
进四;(四)兵五进一;(五)仕四进五。分
述如下:

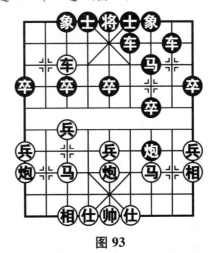

图93

第一种着法:马七进六

13. 马七进六　车6平3

2013年河南省南阳市首届"格林国际
酒店杯"象棋公开赛穆峰—张延东实战对
局时黑方此着选择车6平4,以下是:马六
进五,马7进5,炮五进四,车4进6,炮五
退二,车8平4,仕四进五,前车平7,车七
退一,车4进5(黑可改走车7平9),黑仍
占优,后黑以劣着致负。

14. 车七平八　……

红如改走车七退一,黑则车3进2,马六进七,车8进4,马七进六,士6进5,
马六退五,车8平3,马五退三,车3进4,炮九平六,象7进5,前马退五,炮7平
8(黑改走炮7平1更好),黑优,结果黑胜。(选自2015年"柳林杯"山西省象棋
锦标赛晋中张建利—临汾周小平实战对局)

14. ……　　　象7进5　　**15.** 马六进五　车3平2
16. 车八平七　车8平3　　**17.** 车七平六　士6进5
18. 车六退三　卒3进1　　**19.** 兵七进一　马7进5
20. 炮五进四　车3进3　　**21.** 车六平二　车3平6
黑优。

第二种着法:马七进八

13. 马七进八　车6平2　　**14.** 马八进九　车2进2
15. 车七进二　车8进4　　**16.** 车七退一　车8平3
17. 马九进八　车3进4　　**18.** 炮九平六　炮7平1
19. 车七平三　车2退1
黑大优。

第三种着法:炮九进四

13. 炮九进四　车6进6　　**14.** 车七进二　……

红如改走马七退五,黑则车8平4,炮九平五,马7进5,炮五进四,车4进2,

炮五退二,车6平4,马五进七,前车平3,相七进五,炮7平1,黑胜势。

14. …… 车6平7 **15.** 炮九进三 炮7平8

16. 车七退三 士4进5 **17.** 车七进三 士5退4

18. 马七退五 炮8进3 **19.** 马五退三 车8进7

黑胜定。

第四种着法:兵五进一

13. 兵五进一 车6平3 **14.** 车七平八 车3平2

15. 车八平七 象7进5

黑方如有战略和棋需要,可长兑车,双方不变作和棋。红如兑车,则黑以有车对无车占优。

2010年徐州市象棋周赛鲁天—吴庆德实战对局时黑方此着选择车8平3,以下是:车七平六,车3平4,车六平七,车2进7,马七进五,马7进6,兵五进一,马6进5,马三进五,车4进6,炮九退二,车2平4(黑应改走车2进1),相一退三,前车平7,相三进一,车7平8(黑可改走车7平3),红优,结果红胜。

16. 炮九进四 士6进5 **17.** 炮五进四 马7进5

18. 炮九平五 车8进2 **19.** 马七进六 车2进6

黑大优。

第五种着法:仕四进五

13. 仕四进五 车6平3 **14.** 车七平六 卒3进1

15. 兵七进一 车3进3 **16.** 马七进六 士6进5

17. 车六退一 车3进5 **18.** 马六进五 马7进5

19. 炮五进四 象7进5 **20.** 炮九进四 车8进2

21. 兵五进一 车3退2 **22.** 马三进五 车8进6

23. 仕五退四 车3平9 **24.** 马五退四 炮7进2!

进炮妙着,黑伏有车8平6,帅五平四,车9进2的杀着。

25. 马四进三 车9平6

黑胜定。

第2节 黑横车塞相眼局型

第94局 红平车吃马

1. 炮二平五 马8进7 **2.** 马二进三 车9平8

3. 车一平二	马 2 进 3	4. 兵七进一	卒 7 进 1
5. 车二进六	炮 8 平 9	6. 车二平三	炮 9 退 1
7. 马八进七	车 1 进 1	8. 炮八平九	车 1 平 6
9. 车九平八	炮 9 平 7	10. 车八进七	炮 7 进 2
11. 车八平七	车 6 进 7	12. 车七平三	炮 7 进 3(图 94)

如图 94 形势,红方主要有两种着法:
(一)车三平七;(二)相三进一。分述如下:

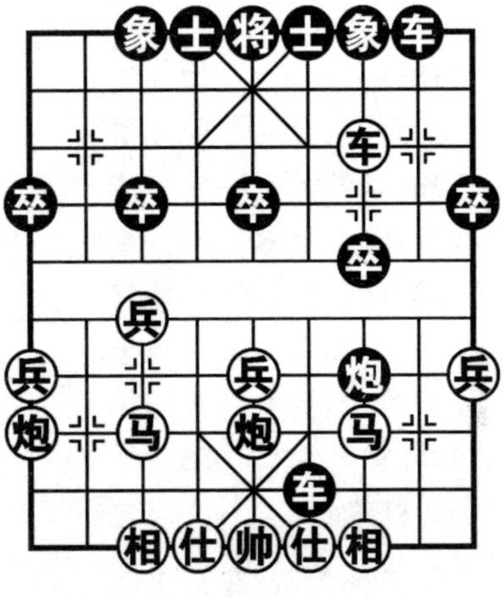

第一种着法:车三平七

13. 车三平七	炮 7 进 3
14. 仕四进五	炮 7 平 9
15. 马三进二	车 8 进 5
16. 炮五平二	车 6 平 7
17. 车七平四	车 7 进 1
18. 仕五退四	车 7 退 2
19. 仕四进五	车 7 平 3

黑胜定。

第二种着法:相三进一

13. 相三进一	炮 7 退 4	14. 炮五进四	炮 7 进 5
15. 炮九平三	车 6 退 1	16. 马七退五	将 5 进 1
17. 炮三进一	车 8 进 6		

黑胜定。

图 94

第 95 局　红车吃底象(1)

1. 炮二平五	马 8 进 7	2. 马二进三	车 9 平 8
3. 车一平二	马 2 进 3	4. 兵七进一	卒 7 进 1
5. 车二进六	炮 8 平 9	6. 车二平三	炮 9 退 1
7. 马八进七	车 1 进 1	8. 炮八平九	车 1 平 6
9. 车九平八	炮 9 平 7	10. 车八进七	炮 7 进 2
11. 车八平七	车 6 进 7	12. 车七进二	卒 7 进 1
13. 车七退二	卒 7 进 1	14. 车七平三	炮 7 进 4
15. 车三退四	炮 7 平 3	16. 炮五进四	车 8 进 8(图 95)

如图 95 形势,红方主要有六种着法:(一)车三退一;(二)车三进二;(三)车
三进四;(四)车三进五;(五)车三进六;(六)仕六进五。分述如下:

第一种着法:车三退一

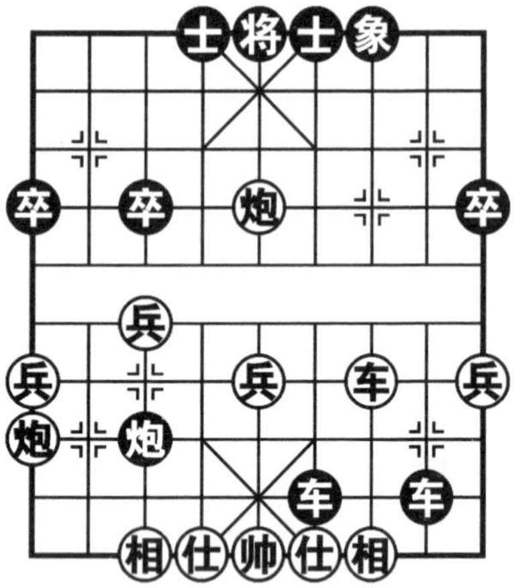

17. 车三退一　　车 6 平 3

18. 炮九进四　 ……

红如改走车三进五,黑则车 8 平 4,炮九进四,炮 3 进 2,仕六进五,炮 3 平 1,黑胜定。

18. …… 炮 3 进 2

19. 仕六进五　　炮 3 平 2

20. 车三进六　　车 3 进 1

21. 仕五退六　　车 3 退 4

22. 仕六进五　　车 3 进 4

23. 仕五退六　　车 3 退 3

24. 仕六进五　　车 8 退 2

25. 炮九进三　　炮 2 退 9

26. 兵五进一　　车 3 平 1

黑胜势。

图 95

第二种着法:车三进二

17. 车三进二　　车 8 平 7　　　　**18.** 车三平五　　车 7 进 1

19. 仕六进五　　炮 3 平 9　　　　**20.** 帅五平六　　车 6 平 5

21. 车五平四　　车 5 退 2　　　　**22.** 炮九平五　　炮 9 进 2

23. 后炮退二　　车 5 进 3!

黑此着也可改走车 7 退 4。

24. 帅六平五　　车 7 退 5　　　　**25.** 仕四进五　　车 7 平 6

黑得车胜定。

第三种着法:车三进四

17. 车三进四　　车 8 平 7　　　　**18.** 炮五平三　　炮 3 平 7

19. 炮九平五　　士 6 进 5　　　　**20.** 车三平二　 ……

红如改走炮三平九,黑则炮 7 进 2,仕四进五,将 5 平 6,叫杀捉车,黑胜定。

20. …… 将 5 平 6　　　　**21.** 仕六进五　　车 6 退 5

22. 炮三进二　　炮 7 进 2　　　　**23.** 炮三退八　　车 7 进 1

24. 炮五平九　　卒 3 进 1　　　　**25.** 兵七进一　　车 7 退 5

黑优。

第四种着法:车三进五

17. 车三进五　　车 8 平 7　　　　**18.** 车三平六　　车 7 进 1

19. 仕六进五　车7退5　　**20.** 炮九进四　车7平1

21. 炮九平八　车1平2　　**22.** 炮八平九　炮3平9

23. 帅五平六　车2平1　　**24.** 炮九平八　车1平2

25. 炮八平九　车2平1

红方"一杀一捉"犯规,由红方变着,不变判负。

第五种着法:车三进六

17. 车三进六　车8平7　　**18.** 车三平二　车6平3

19. 相七进五　车7平4　　**20.** 炮九进四　炮3平2

21. 炮九进三　将5进1　　**22.** 车二退一　将5进1

23. 车二平八　车3进1　　**24.** 士四进五　炮2进2

25. 帅五平四　车3平4　　**26.** 帅四进一　前车平7

黑胜定。

第六种着法:仕六进五

17. 仕六进五　车8平7　　**18.** 车三平二　车7进1

黑优。

第96局　红车吃底象(2)

1. 炮二平五　马8进7　　**2.** 马二进三　车9平8

3. 车一平二　马2进3　　**4.** 兵七进一　卒7进1

5. 车二进六　炮8平9　　**6.** 车二平三　炮9退1

7. 马八进七　车1进1

8. 炮八平九　车1平6

9. 车九平八　炮9平7

10. 车八进七　炮7进2

11. 车八平七　车6进7

12. 车七进二　卒7进1

13. 车七退二　卒7进1

14. 马三退一　车6平8(图96)

黑也可改走车8进8。

如图96形势,红方主要有两种着法:

(一)马七退五;(二)仕四进五。分述如下:

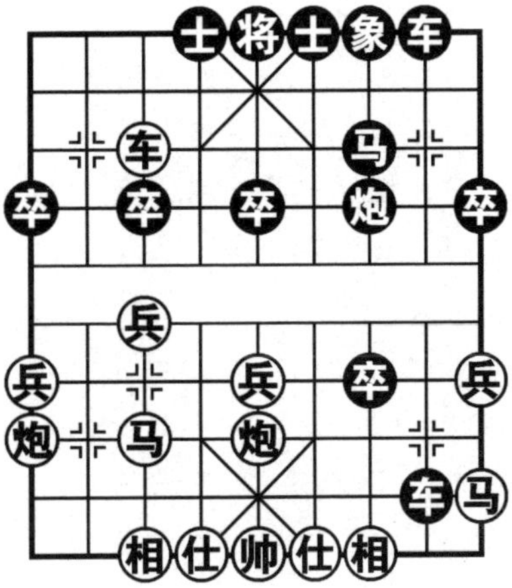

图96

第一种着法:马七退五

15. 马七退五　后车进2　　**16.** 炮九退一　马7退8

17. 车七进一　炮7进6
19. 车七退二　马8进7
黑优。

18. 马五退三　前车平1

第二种着法:仕四进五

15. 仕四进五　前车平9
17. 车三退四　炮7平9
黑胜势。

16. 车七平三　炮7进6

第97局　红车吃底象(3)

1. 炮二平五　马8进7
3. 车一平二　马2进3
5. 车二进六　炮8平9
7. 马八进七　车1进1
9. 车九平八　炮9平7
11. 车八平七　车6进7

2. 马二进三　车9平8
4. 兵七进一　卒7进1
6. 车二平三　炮9退1
8. 炮八平九　车1平6
10. 车八进七　炮7进2
12. 车七进二　卒7进1(图97)

如图97形势,红方主要有五种着法:
(一)仕四进五;(二)相三进一;(三)兵五
进一;(四)马七进六;(五)炮九进四。分
述如下:

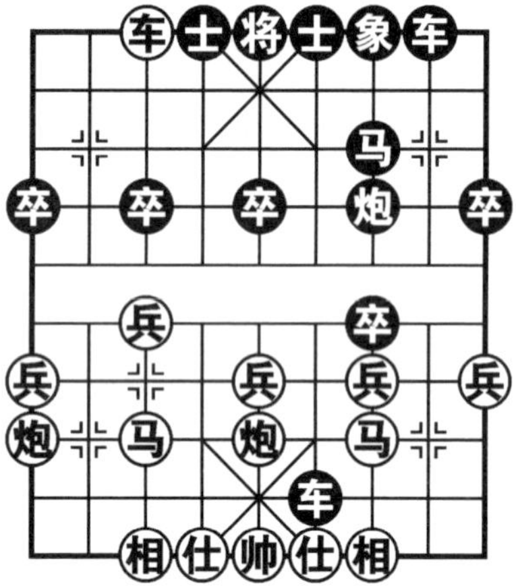

图97

第一种着法:仕四进五

13. 仕四进五　卒7进1
14. 炮九退一　车6退3
15. 马三退一　车8进9
16. 炮五平四　炮7进6
17. 马一退三　车8平7
18. 炮四退二　车7退2
19. 炮四进二　车6平8
黑优。

第二种着法:相三进一

13. 相三进一　卒7进1
15. 炮九平三　卒7进1
17. 马六进五　马7进5
19. 炮五平八　车8退2

14. 马七进六　炮7进4
16. 仕六进五　车8进5
18. 车七退三　车6退5

黑净多一车胜定。

第三种着法:兵五进一

13. 兵五进一　卒 7 进 1　　　**14.** 兵五进一　卒 7 进 1

15. 兵五进一　……

红如改走兵五平四,黑则士 6 进 5,兵四平三,炮 7 平 6,兵三进一,车 8 进 9,兵三平四,车 6 进 1!帅五平四,车 8 平 7,帅四进一,卒 7 平 6!帅四平五,车 7 退 1,帅五退一,卒 6 进 1,下一步车 7 进 1 杀,黑胜。

15. ……　　士 6 进 5　　　**16.** 兵五平四　将 5 平 6!

17. 炮五平四　卒 7 平 6　　　**18.** 兵四平三　车 6 进 1!

19. 帅五平四　卒 6 进 1　　　**20.** 帅四平五　车 8 进 9

21. 仕六进五　车 8 平 7　　　**22.** 仕五退四　车 7 平 6

绝杀,黑胜。

第四种着法:马七进六

13. 马七进六　卒 7 进 1　　　**14.** 马六进五　……

红如改走炮五平六,黑则卒 7 进 1,车七平六,将 5 进 1,相三进一,炮 7 平 8,仕四进五,炮 8 进 6,炮九退一,车 6 退 3,仕五进四,炮 8 平 4,帅五平六,车 8 进 9,帅六进一,车 8 平 3,黑胜势。

14. ……　　马 7 进 5　　　**15.** 炮五进四　卒 7 进 1

16. 相三进一　炮 7 平 8　　　**17.** 仕六进五　炮 8 进 6

18. 相一退三　卒 7 进 1　　　**19.** 炮九退一　车 6 退 2

20. 炮九平三　车 6 平 5　　　**21.** 车七退三　车 8 进 8

黑胜定。

第五种着法:炮九进四

13. 炮九进四　卒 7 进 1　　　**14.** 炮九进三　卒 7 进 1

15. 车七退三　将 5 进 1　　　**16.** 车七进二　将 5 进 1

17. 相三进一　炮 7 平 6　　　**18.** 仕六进五　……

红另有两种应着:

(1)车七退一,将 5 退 1,车七平三,车 8 进 9,仕六进五,炮 6 进 6,相七进九,炮 6 平 7!车三退五,炮 7 退 1,仕五退四,车 8 平 6 杀,黑胜。

(2)车七退一,将 5 退 1,车七平四,卒 7 进 1,仕六进五,炮 6 进 6!黑胜势。

18. ……　　炮 6 进 6!　　　**19.** 帅五平六　车 8 进 9

20. 帅六进一　……

红如改走相七进九,黑则车 6 平 5!马七退五,炮 6 退 1,黑胜。

20. …… 卒7平6   21. 相一进三   卒6平5

22. 相三退五   车6平7   23. 马七进六   炮6退1

24. 仕五进四   车7进1

黑胜势。

第98局 红进中兵

1. 炮二平五   马8进7   2. 马二进三   车9平8

3. 车一平二   马2进3   4. 兵七进一   卒7进1

5. 车二进六   炮8平9   6. 车二平三   炮9退1

7. 马八进七   车1进1   8. 炮八平九   车1平6

9. 车九平八   炮9平7   10. 车八进七   炮7进2

11. 车八平七   车6进7   12. 兵五进一   象7进5(图98)

如图98形势,红方主要有四种着法:
(一)马三进五;(二)马七进五;(三)炮九
进四;(四)兵五进一。分述如下:

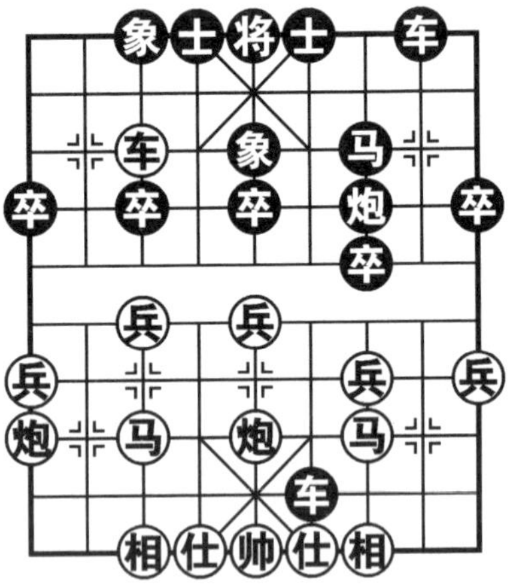

第一种着法:马三进五

13. 马三进五   士6进5

14. 炮五平四   车6平2

15. 炮九进四   车8平6

16. 仕六进五   车2退5

17. 炮九进三   炮7进3

下一步有车6进6的攻着,黑优。

图98

第二种着法:马七进五

13. 马七进五   炮7进3

14. 相三进一   车6退2   15. 马五退七   车6平3

16. 马七退五   士6进5   17. 炮九进四   车8平6

18. 炮九平五   车6进7

黑优。

第三种着法:炮九进四

13. 炮九进四   士6进5   14. 炮九进三   炮7进3

15. 相三进一   车6平7   16. 马三进五   车8平6

17. 车七平五   车6进6   18. 车五平七   车7平8

19. 炮五平三   炮7平5   20. 马七进五   车6平5

21. 炮三平五　车8平4　　**22.** 相一退三　车5平1

黑优。

第四种着法:兵五进一

13. 兵五进一　卒5进1　　**14.** 车七退一　……

红如改走车七进二,黑则炮7进3,相三进一,炮7平5,炮五进三,象5退3,马七进五,车6退6,炮九平五,将5进1,黑优。

14. ……　　　　炮7进3　　**15.** 马三进五　士6进5

16. 炮九进四　车8平6　　**17.** 仕六进五　前车平7

18. 相三进一　炮7平8　　**19.** 车七平二　车6平8

黑优。

第99局 红跃里马

1. 炮二平五　马8进7　　**2.** 马二进三　车9平8

3. 车一平二　马2进3　　**4.** 兵七进一　卒7进1

5. 车二进六　炮8平9　　**6.** 车二平三　炮9退1

7. 马八进七　车1进1　　**8.** 炮八平九　车1平6

9. 车九平八　炮9平7　　**10.** 车八进七　炮7进2

11. 车八平七　车6进7　　**12.** 马七进六　象7进5

13. 马六进五　马7进5　　**14.** 炮五进四　士6进5(图99)

如图99形势,红方主要有三种着法:(一)车七进二;(二)相七进五;(三)兵五进一。分述如下:

第一种着法:车七进二

15. 车七进二　卒7进1

16. 炮九进四　将5平6

17. 车七平八　卒7进1

18. 炮五进二　……

红如改走炮九进三,黑则将6进1,炮五平六,卒7进1,炮六进二,将6进1,炮九退二,士5进4,仕四进五,车8进9,黑胜。

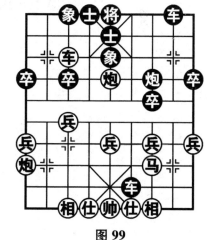

图99

18. ……　　　　卒7进1　　**19.** 车八平六　将6进1

20. 炮九进二　将6进1!　　**21.** 车六平二　炮7进6

22. 仕四进五　　车6进1

绝杀,黑胜。

第二种着法:相七进五

15. 相七进五　　炮7进3　　　**16.** 仕四进五　　……

红如改走相三进一,黑则车6平2,相一退三,车2退1,炮五平九,炮7平1,黑优。

16. ……　　　　车8进7　　　**17.** 车七退一　　炮7进3

18. 炮九退一　　车6退5　　　**19.** 相五退三　　车8平7

20. 仕五退四　　将5平6　　　**21.** 仕六进五　　车7平3

22. 炮九平六　　车3退1　　　**23.** 兵五进一　　车3平5

黑优。

第三种着法:兵五进一

15. 兵五进一　　车6退3　　　**16.** 兵五进一　　卒7进1

17. 马三进五　　卒7进1　　　**18.** 相七进五　　车8进4

19. 马五进四　　炮7进1　　　**20.** 马四进三　　炮7进5

21. 相五退三　　车8平5　　　**22.** 仕六进五　　车6退3

23. 炮九进四　　车6平7

黑得回一子占优。

第100局　红跃外马

1. 炮二平五　　马8进7

2. 马二进三　　车9平8

3. 车一平二　　马2进3

4. 兵七进一　　卒7进1

5. 车二进六　　炮8平9

6. 车二平三　　炮9退1

7. 马八进七　　车1进1

8. 炮八平九　　车1平6

9. 车九平八　　炮9平7

10. 车八进七　　炮7进2

11. 车八平七　　车6进7

12. 马七进八　　象7进5

13. 马八进七　　士6进5(图100)

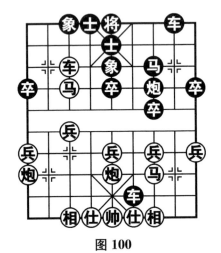

图100

如图 100 形势,红方主要有五种着法:(一)马七进五;(二)炮五平六;(三)兵五进一;(四)仕四进五;(五)仕六进五。分述如下:

第一种着法:马七进五

14. 马七进五　象 3 进 5　　**15.** 车七平五　炮 7 进 3

16. 相三进一　将 5 平 6　　**17.** 仕四进五　……

红如改走仕六进五,黑则车 6 退 6,车五退一,车 6 进 7,仕五退四,马 7 进 5,炮五进四,车 8 进 3,黑大优。

17. ……　　　车 6 退 6　　**18.** 车五退一　车 6 进 4

19. 车五退二　炮 7 平 5　　**20.** 车五退一　车 6 平 5

21. 马三进五　车 8 进 9　　**22.** 仕五退四　车 8 平 6

23. 帅五进一　车 6 退 3　　**24.** 马五进六　马 7 进 8

黑胜势。

第二种着法:炮五平六

14. 炮五平六　炮 7 进 3　　**15.** 相三进一　车 8 进 5

16. 相七进五　车 6 平 1

黑优。

第三种着法:兵五进一

14. 兵五进一　炮 7 进 3　　**15.** 相三进一　炮 7 平 3

16. 仕六进五　车 8 进 6

黑优。

第四种着法:仕四进五

14. 仕四进五　炮 7 平 3　　**15.** 车七退一　车 6 平 7

16. 相三进一　马 7 进 6

黑优。

第五种着法:仕六进五

14. 仕六进五　车 8 进 8　　**15.** 炮九退一　炮 7 进 3

16. 马三退一　车 6 平 7　　**17.** 炮五平三　车 7 退 1

18. 相七进五　车 7 平 8　　**19.** 炮九平二　车 8 进 1

捉死马,黑胜定。

第 101 局　红 卸 中 炮

1. 炮二平五　马 8 进 7　　**2.** 马二进三　车 9 平 8

3. 车一平二　马2进3　　**4.** 兵七进一　卒7进1

5. 车二进六　炮8平9　　**6.** 车二平三　炮9退1

7. 马八进七　车1进1　　**8.** 炮八平九　车1平6

9. 车九平八　炮9平7　　**10.** 车八进七　炮7进2

11. 车八平七　车6进7　　**12.** 炮五平六　炮7进3

13. 相三进一　车6平3(图101)

如图101形势,红方主要有两种着法:
(一)马七进六;(二)马三退五。分述如下:

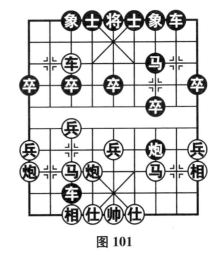

图 101

第一种着法:马七进六

14. 马七进六　车3退3

15. 马六退五　马7进6

16. 车七进二　车3进2

17. 炮六进五　车3进2

18. 马五进三　马6进7

19. 炮九平六　士6进5

20. 前炮平九　马7进5

21. 炮九进二　马5进7

22. 帅五进一　车3平2

黑优。

第二种着法:马三退五

14. 马三退五　象7进5　　**15.** 车七退一　车8进8

16. 车七平六　车8平6　　**17.** 马七进六　车3平4

18. 车六进三　将5进1　　**19.** 车六退一　将5退1

20. 马六进七　炮7平8!　　**21.** 炮六平二　车4退7

22. 马七进六　将5进1

黑胜定。

第102局　红炮击边卒

1. 炮二平五　马8进7　　**2.** 马二进三　车9平8

3. 车一平二　马2进3　　**4.** 兵七进一　卒7进1

5. 车二进六　炮8平9　　**6.** 车二平三　炮9退1

7. 马八进七　车1进1　　**8.** 炮八平九　车1平6

9. 车九平八　炮9平7　　**10.** 车八进七　炮7进2

11. 车八平七　车6进7　**12.** 炮九进四　炮7进3

13. 相三进一　车6退1

黑如想求稳也可改走象7进5。

14. 炮九平五　……

红如改走马七退五,黑则象7进5,炮九进三,士6进5,车七平五,车8进8,车五平七,将5平6,车七进二,车8平7,下一步车6进2杀,黑胜。

14. ……　马7进5　**15.** 炮五进四　车8进3

16. 马七进六　车8平6(图102)

如图102形势,红方主要有两种着法:
(一)车七平五;(二)炮五退一。分述如下:

第一种着法:车七平五

17. 车七平五　士4进5

18. 车五平二　象7进5

19. 车二退五　炮7平1

20. 仕四进五　前车平2

21. 相一退三　车6进5

黑大优。

第二种着法:炮五退一

17. 炮五退一　前车平7

18. 马六进七　车6进3

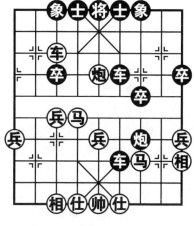

图 102

19. 相七进五　车7平9　**20.** 兵五进一　车6进2

21. 马七进五　士6进5　**22.** 马五退四　将5平6

23. 马四退三　车6进1　**24.** 帅五进一　车9进1

黑胜。

第3节　黑直车塞相眼局型

第103局　红卸中炮飞左相(1)

1. 炮二平五　马8进7　**2.** 马二进三　车9平8

3. 车一平二　马2进3　**4.** 兵七进一　卒7进1

5. 车二进六　炮8平9　**6.** 车二平三　炮9退1

7. 马八进七　车1进1　**8.** 炮八平九　车1平6

9. 车九平八　　炮9平7　　10. 车八进七　　炮7进2

11. 车八平七　　车8进8　　12. 炮五平六　　炮7进3

13. 相七进五　　车8平6　　14. 相三进一　　……

红如改走仕四进五,黑则炮7进3,仕五进四,炮7平9,仕六进五,后车平8,帅五平六,车6进1,帅六进一,车6平3,黑胜定。

14. ……　　　　前车平3　　15. 马七进六　　车6进4(图103)

如图103形势,红方主要有两种着法:
(一)车七平六;(二)炮六进一。分述如下:

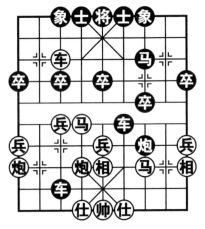

图 103

第一种着法:车七平六

16. 车七平六　　士6进5

17. 车六退二　　……

红另有两种着法:

(1)车六平三,车6平4,车三退二,车4进2,车三进四,士5退6,车三退六,车4平5,仕四进五,车5平1,黑胜势。

(2)车六进一,车3退2,马六进七,车6退3,炮六进三,车3进1,炮六平七,车3平5,仕六进五,象3进1,马七进九,将5平6,炮七进四,将6进1,炮九平六,车5平7,黑大优。

17. ……　　　　象7进5　　18. 炮九平七　　卒5进1

19. 炮七进四　　车3平4　　20. 仕六进五　　卒5进1

21. 炮七平三　　……

红如改走兵五进一,黑则车6平5,兵七进一,马7进5,马六进八,车5平4,车六平四,马5进3,黑优。

21. ……　　　　车6进1　　22. 炮三退三　　车6平7

23. 兵五进一　　车7平3

红必丢炮,黑胜。(选自2008浙江省"温岭中学杯"象棋棋王赛浙江高文散—浙江赵鑫鑫实战对局)

第二种着法:炮六进一

16. 炮六进一　　马7进8

黑也可改走车6平4吃马,以下红若接走炮六平三,则车3退1,黑亦优。

红方又有以下五种变着:

(1)车七平六

17. 车七平六　士 6 进 5　　**18.** 车六进一　炮 7 平 4

19. 马三进四　……

红如改走马六进五,黑则车 6 退 2,车六退五,马 8 进 7,相一退三,车 6 平 5,黑多子优。

19. ……　炮 4 退 5　　**20.** 马四进二　炮 4 平 2

21. 炮九平八　炮 2 进 4　　**22.** 马六进七　车 3 退 1

23. 马七退八　车 3 平 2　　**24.** 马八进七　车 2 平 5

25. 仕四进五　车 5 退 1

黑大优。

(2)马六进五

17. 马六进五　车 6 退 2　　**18.** 马五进六　炮 7 平 4

19. 马六退四　将 5 进 1　　**20.** 炮九进四　卒 3 进 1

21. 炮九进二　马 8 进 7　　**22.** 相一退三　车 3 平 6

23. 马四进三　马 7 进 5　　**24.** 仕六进五　后车平 2!

25. 帅五平六　车 2 进 6　　**26.** 帅六进一　马 5 退 3

27. 帅六进一　车 2 退 2

绝杀,黑胜。

(3)炮六平三

17. 炮六平三　马 8 进 7　　**18.** 马六进五　马 7 进 9

19. 仕六进五　车 3 平 4

黑胜定。

(4)炮九平六

17. 炮九平六　车 3 退 2　　**18.** 马六进五　……

红如改走前炮平三,黑则马 8 进 7,马六进五,车 6 退 2,马五进六,士 6 进 5,相一退三,车 3 平 4 提双,黑优。

18. ……　车 6 退 2　　**19.** 前炮进二　车 3 平 4

20. 前炮平二　……

红如改走前炮平五,黑则象 7 进 5,车七退一,士 6 进 5,仕六进五,马 8 退 7,黑大优。

20. ……　车 4 进 1　　**21.** 车七退一　车 4 平 5

黑胜势。

(5)炮九进四

17. 炮九进四　车 6 平 4　　**18.** 炮六平三　马 8 进 7

19. 炮九平五　车 4 退 2　　**20.** 炮五退一　马 7 进 9

黑胜定。

第104局　红卸中炮飞左相(2)

1. 炮二平五	马8进7	2. 马二进三	车9平8
3. 车一平二	马2进3	4. 兵七进一	卒7进1
5. 车二进六	炮8平9	6. 车二平三	炮9退1
7. 马八进七	车1进1	8. 炮八平九	车1平6
9. 车九平八	炮9平7	10. 车八进七	炮7进2
11. 车八平七	车8进8	12. 炮五平六	炮7进3
13. 相七进五	车8平6	14. 相三进一	前车平3
15. 马七进八	车6平2	16. 炮六进二	马7进6(图104)

如图104形势,红方主要有三种着法:
(一)马八进七;(二)炮九平八;(三)炮六平五。分述如下:

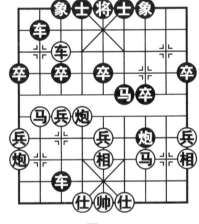

图104

第一种着法:马八进七

17. 马八进七	马6进4
18. 马七退六	车2进6
19. 炮九进四	车3平4
20. 马六进五	炮7平1

黑胜定。

第二种着法:炮九平八

17. 炮九平八	马6进4
18. 炮八进六	马4进5
19. 仕四进五	车3退3

黑得回一子大优。

20. 车七平四	车3平2

第三种着法:炮六平五

17. 炮六平五	象7进5

红方又有三种变着:

(1)车七退一

18. 车七退一	马6进4	19. 车七平六	车2进4
20. 车六退二	卒5进1	21. 炮五平二	车2进2
22. 炮九进四	车2平5		

黑胜定。

(2)炮九平八

18. 炮九平八	车2进4!	19. 炮五平八	车3退1
20. 前炮进二	车3平5	21. 马三退五	车5平2
22. 炮八平五	士6进5	23. 车七退一	车2退1
24. 马五进三	马6进4	25. 车七平九	马4进6
26. 仕四进五	马6进7	27. 帅五平四	车2退2
28. 帅四进一	车2平6	29. 仕五进四	炮7平6
30. 帅四平五	炮6平8	31. 帅五平四	炮8进2
32. 帅四退一	车6进3		

绝杀,黑胜。

(3)炮九进四

18. 炮九进四	卒5进1	19. 炮五平二	车2平8
20. 炮二平四	车3平7	21. 马三退五	车7平6
22. 炮四平六	车8进8		

黑胜。

第105局　红卸中炮飞左相(3)

1. 炮二平五	马8进7	2. 马二进三	车9平8
3. 车一平二	马2进3	4. 兵七进一	卒7进1
5. 车二进六	炮8平9	6. 车二平三	炮9退1
7. 马八进七	车1进1	8. 炮八平九	车1平6
9. 车九平八	炮9平7		
10. 车八进七	炮7进2		
11. 车八平七	车8进8		
12. 炮五平六	炮7进3		
13. 相七进五	车8平3		
14. 马七进六	车6进4(图105)		

如图105形势,红方主要有四种着法:
(一)车七平三;(二)车七平六;(三)马六
进七;(四)炮六进一。分述如下:

第一种着法:车七平三

15. 车七平三	车6平4
16. 车三退二	车4进2

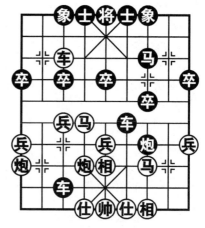

图105

17. 车三退二　车4平1　　**18.** 仕四进五　……

红如改走车三进三,黑则车3平6,车三平五,象7进5,马三进二,车1平5,仕六进五,车5平1,车五平七,车1进2,仕五退六,车1退3,黑大优。

18. ……　车3平4　　**19.** 车三进三　车4退5

20. 车三平一　车1退1

红很难守和。

第二种着法:车七平六

15. 车七平六　士6进5　　**16.** 车六进一　车6进3

17. 相三进一　车6平4　　**18.** 仕四进五　炮7平1

19. 马六进七　车3退1　　**20.** 炮九退二　炮1平3

21. 马七退六　车3进2　　**22.** 炮九进二　炮3进2

23. 炮九平七　车3平2　　**24.** 帅五平四　象3进1

黑优。

第三种着法:马六进七

15. 马六进七　车3退1

红方又有以下三种变着:

(1)车七平三

16. 车七平三　车6进4　　**17.** 帅五平四　炮7退4

18. 仕六进五　车3平1

黑大优。

(2)炮六进一

16. 炮六进一　炮7进3　　**17.** 相五退三　……

红如改走仕四进五,黑则车6平3,相五退三,后车退2,黑大优。

17. ……　车6平3　　**18.** 车七平三　后车退2

19. 车三退二　象3进5　　**20.** 车三进一　前车平1

黑优。

(3)仕四进五

16. 仕四进五　车3平1　　**17.** 车七平三　车6进4

18. 帅五平四　炮7退4　　**19.** 马三进四　象7进5

有车对无车,黑优。

第四种着法:炮六进一

15. 炮六进一　炮7进3

此时,黑也可改走马7进8。

16. 相五退三　车6平4　17. 车七平三　车4进1

18. 车三退二　车3平7　19. 炮九平五　车7进1

黑优。

第106局　红卸中炮飞左相(4)

1. 炮二平五　马8进7　2. 马二进三　车9平8

3. 车一平二　马2进3　4. 兵七进一　卒7进1

5. 车二进六　炮8平9　6. 车二平三　炮9退1

7. 马八进七　车1进1　8. 炮八平九　车1平6

9. 车九平八　炮9平7　10. 车八进七　炮7进2

11. 车八平七　车8进8　12. 炮五平六　炮7进3

13. 相七进五　车8平3　14. 马七进八　车6平2

15. 炮六进二　马7进6　16. 炮九平八　车2平8

17. 炮六平五　象7进5(图106)

如图106形势,红方主要有三种着法:
(一)车七退一;(二)马八进七;(三)炮八
平七。分述如下:

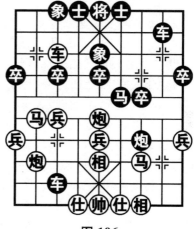

图106

第一种着法:车七退一

18. 车七退一　卒5进1

19. 炮五平六　车3平4

20. 车七平四　车4退3

21. 车四退一　车4进2

22. 炮八平七　车8平2

23. 仕四进五　车4退4

24. 马八进七　车2进6

25. 炮七退二　炮7进3

26. 相五退三　车2平7

黑优。

第二种着法:马八进七

18. 马八进七　炮7平1　19. 炮八平九　车3退1

20. 炮九退二　车8进6　21. 马三进四　车8平6

22. 马四进二　车3退1　23. 仕四进五　炮1平5

黑大优。

第三种着法:炮八平七

18. 炮八平七　炮7平1　　　19. 炮七进四　炮1进3

20. 相五退七　车3平4　　　21. 马八退七　士4进5

22. 仕四进五　……

红如改走相三进五,黑则马6进4,以下马七退八,卒5进1,黑胜定。

22. ……　　　　卒7进1　　　23. 炮七平八　车8进6

24. 炮八进三　士5退4　　　25. 车七进二　车8平7

黑大优。

第107局　　红卸中炮飞右相(1)

1. 炮二平五　马8进7　　　2. 马二进三　车9平8

3. 车一平二　马2进3　　　4. 兵七进一　卒7进1

5. 车二进六　炮8平9　　　6. 车二平三　炮9退1

7. 马八进七　车1进1　　　8. 炮八平九　车1平6

9. 车九平八　炮9平7　　　10. 车八进七　炮7进2

11. 车八平七　车8进8　　　12. 炮五平六　炮7进3

13. 相三进五　车8平7(图107)

黑方另有其他实战应着如下:

(1)车6平4,仕四进五,车4进5,炮九退一,车8退7,车七进二,车4平3,马七退八,车3进2,炮九进五,车3平2,炮九进三,车8平1,炮六平九,车1进5,前炮平六,象7进5,炮六退一,将5进1,车七退一,将5退1,炮六平二,车1进1,车七平三,车1退3,炮二进一,象5退7,炮二平一,马7进8,车三平四,车2进1,黑优,结果黑胜。(选自2001年全国象棋团体赛广州张俊杰—四川吴优实战对局。)

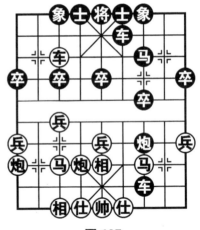

图107

(2)车6平4,仕六进五,马7退5,车七平四,马5进7,炮九进四,士6进5,车四退四,车8退2,兵五进一,车4进3,炮六进一,卒7进1,炮六进一,车4平6,炮九平五,象7进5,车四进二,马7进6,黑优,结果战和。(选自2013年"碧桂园杯"第13届世界象棋锦标赛东马詹国武—中华台北林添汉实战对局)

如图107形势,红方主要有四种着法:(一)仕四进五;(二)车七进二;(三)马

七进六;(四)仕六进五(参见本节第108局介绍)。现将前三种着法分述如下:

第一种着法:仕四进五

14. 仕四进五　　车6进7

红方又有以下三种变着:

(1)炮九退一

15. 炮九退一　　车7进1　　　**16.** 马三退四　　……

红如改走仕五退四,黑则车7平6!马三退四,炮7进3杀,黑胜。

16. ……　　　　车7平8!　　　**17.** 炮九平四　　炮7进3

绝杀,黑胜。

(2)炮六进一

15. 炮六进一　　车7退1　　　**16.** 仕五退四　　车7平6!

17. 仕四进五　　后车平8　　　**18.** 仕五退四　　车8进2

19. 仕六进五　　炮7进3

绝杀,黑胜。(选自2004年全国象棋团体赛南方棋院陈幸琳—成都郭瑞霞实战对局并添加续着)

(3)车七平三

15. 车七平三　　车7进1　　　**16.** 马三退四　　炮7退4

17. 炮九退一　　车7平6　　　**18.** 仕五退四　　车6平3

捉双,黑多子胜定。

第二种着法:车七进二

14. 车七进二　　炮7平8　　　**15.** 仕四进五　　炮8进3

16. 仕五进四　　车7退1　　　**17.** 马七进六　　车7进2

18. 帅五进一　　车7退1　　　**19.** 帅五退一　　士6进5

20. 炮九进四　　车6平8　　　**21.** 仕六进五　　炮8平9

22. 炮九进三　　车8进8　　　**23.** 仕五退四　　将5平6

24. 车七退二　　将6进1　　　**25.** 炮九退一　　将6退1

26. 炮六平八　　车7平5!　　　**27.** 仕四退五　　车8平6

绝杀,黑胜。

第三种着法:马七进六

14. 马七进六　　车6进7　　　**15.** 仕六进五　　炮7平8

16. 帅五平六　　象7进5　　　**17.** 车七退一　　马7进6

18. 马六进四　　炮8进3　　　**19.** 帅六进一　　车6退4

20. 兵七进一　　车6进5　　　**21.** 炮九退二　　车6平3

22. 炮九平二　　车3平8　　　　**23.** 车七平五　　车8平3

24. 兵七进一　　卒7进1　　　　**25.** 车五平三　　卒7平6

黑胜定。

第108局　　红卸中炮飞右相(2)

1. 炮二平五　　马8进7　　　　**2.** 马二进三　　车9平8

3. 车一平二　　马2进3　　　　**4.** 兵七进一　　卒7进1

5. 车二进六　　炮8平9　　　　**6.** 车二平三　　炮9退1

7. 马八进七　　车1进1　　　　**8.** 炮八平九　　车1平6

9. 车九平八　　炮9平7　　　　**10.** 车八进七　　炮7进2

11. 车八平七　　车8进8　　　　**12.** 炮五平六　　炮7进3

13. 相三进五　　车8平7　　　　**14.** 仕六进五　　炮7平8(图108)

1998年沈阳"商业城杯"亚洲象棋冠军赛沈阳队金松—中国队赵国荣实战对局时黑此着选择车6进7,以下是:帅五平六,炮7平8,车七平三,炮8进3,帅六进一,象7进5,马七进六,炮8平7,炮九进四,炮7退2,炮九平五,士4进5,炮六平三,车7退1,车三退一(此着应改走炮五平二,红可占优)? 车7退1,结果双方战和。

如图108形势,红方主要有三种着法:(一)车七平三;(二)马七进六;(三)相五退三。分述如下:

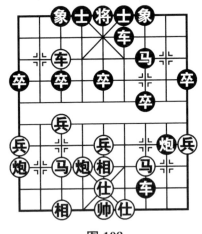

图 108

第一种着法:车七平三

15. 车七平三　　炮8进3　　　　**16.** 相五退三　　车7退1

17. 炮六平四　　……

红如改走相七进五,黑则车7平5,炮九退二,车5平7,车三平二,车7进2,车二退七,车7平8,炮九进六,车6进4,黑大优。

17. ……　　　　车7进2　　　　**18.** 车三平二　　炮8平9

19. 车二退五　　车6进5　　　　**20.** 相七进五　　车7退2

21. 车二退二　　车6平9　　　　**22.** 马七进六　　车7平8

23. 车二平三　　炮9平8

黑优。

第二种着法:马七进六

15. 马七进六　车 6 进 7　　**16.** 帅五平六　……

黑方又有以下两种变着:

(1)炮 8 进 3

16. ……　　　　　炮 8 进 3　　**17.** 帅六进一　马 7 进 6

18. 车七进二　马 6 进 4　　**19.** 车七平六　将 5 进 1

20. 车六退五　车 6 进 1　　**21.** 炮九退二　车 6 平 3

22. 炮九平二　车 3 平 8　　**23.** 车六进二　车 8 退 6

黑优。

(2)象 7 进 5

16. ……　　　　　象 7 进 5　　**17.** 炮九进四　炮 8 进 3

18. 帅六进一　车 6 进 1　　**19.** 炮九进三　车 6 平 3

20. 炮六进七　车 3 退 1　　**21.** 帅六进一　炮 8 平 1

22. 炮九平八　车 3 平 2　　**23.** 车七平五　马 7 退 5

24. 马六进四　炮 1 平 6　　**25.** 马四进六　炮 6 退 2

26. 相五退七　炮 6 退 6　　**27.** 炮六退一　车 2 退 8

28. 炮六平四　车 7 退 1　　**29.** 炮四退六　车 2 进 1

黑胜定。

第三种着法:相五退三

15. 相五退三　炮 8 平 7

1990 年全国象棋团体赛山西张琳—安徽棋院赵冬实战对局时黑此着选择车 7 进 1,以下是:马三退一,炮 8 进 2,炮九退一,车 7 平 9,炮九平二,车 9 退 1,炮二进一,马 7 退 5,车七退一,马 5 进 6(黑改走车 6 进 2 较好),炮二平五,士 6 进 5,炮五进四,象 3 进 5,炮六进六,车 6 进 1,炮五平九,红大优,结果红胜。

红方又有以下四种变着:

(1)车七进二

16. 车七进二　车 7 退 1　　**17.** 相三进五　车 7 进 1

18. 马七进六　车 6 平 2　　**19.** 车七平六　将 5 进 1

20. 马六进七　车 2 平 3　　**21.** 兵七进一　炮 7 平 8

22. 帅五平六　车 3 进 1　　**23.** 炮九进四　炮 8 进 3

24. 相五退三　车 7 退 1　　**25.** 炮九进二　马 7 进 6

26. 相七进五　车 7 退 4　　**27.** 相五退三　车 7 进 4

28. 帅六进一　车 7 退 4

红认负。(选自 1996 年全国象棋团体赛贵州郭家兴—云南郑新年实战

对局)

(2)炮九退一

16. 炮九退一　　车7进1　　　17. 相七进五　……

红如改走马三退一,黑则车7平8,相七进五,车8退8,黑优。

17. ……　　　　车6平2　　　18. 车七进二　车2进2

19. 马七进六　士6进5

黑略先。

(3)相七进五

16. 相七进五　车7平8　　　17. 炮九退一　车8退7

18. 马七进六　车6平3　　　19. 车七平六　士6进5

20. 车六退一　车3平2　　　21. 马六进七　车2进2

22. 炮九平七　象3进5　　　23. 兵七进一　车2进5

黑优。

(4)相三进五

16. 相三进五　炮7平8　　　17. 相五退三　炮8平7

双方达到三次循环(即六个回合),任何一方均可提和,想赢的一方必须变着。

第109局　红卸中炮　黑肋车右调

1. 炮二平五　　马8进7　　　2. 马二进三　车9平8

3. 车一平二　　马2进3　　　4. 兵七进一　卒7进1

5. 车二进六　　炮8平9　　　6. 车二平三　炮9退1

7. 马八进七　　车1进1　　　8. 炮八平九　车1平6

9. 车九平八　　炮9平7　　　10. 车八进七　炮7进2

11. 车八平七　　车8进8　　　12. 炮五平六　车6平2(图109)

肋车右调是言穆江大师精心设计的着法。

如图109形势,红方主要有四种着法:(一)车七平三;(二)车七进二;(三)炮九进四;(四)相三进五。分述如下:

第一种着法:车七平三

13. 车七平三　炮7进3　　　14. 车三平四　士4进5

15. 车四退一　炮7进3　　　16. 仕四进五　炮7平9

17. 相七进五　车2平5　　　18. 帅五平四　卒3进1

19. 炮九进四　卒3进1　　　20. 相五进七　卒7进1

黑优。

第二种着法:车七进二

13. 车七进二 卒 7 进 1

2003 年"老巴夺杯"全国象棋团体赛广东欧阳婵娟—珠海冯晓曦实战对局时黑此着选择车 8 平 2,以下是:马七进六,后车退 1,车七退一,后车进 1,车七进一,后车退 1,车七退一,后车进 1,车七进一,双方不变作和。

14. 马七进六 卒 7 进 1

15. 车七平六 ⋯⋯

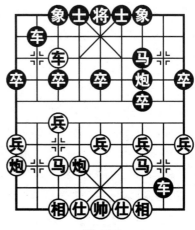

图 109

红如改走炮六进七,黑则象 7 进 5,车七平九,车 2 平 4,炮六平四,将 5 进 1,马六进四,炮 7 进 4,马四进三,炮 7 退 5,黑大优。

15. ⋯⋯	将 5 进 1	**16.** 车六退二	卒 7 进 1
17. 相三进五	象 7 进 5	**18.** 炮六平三	炮 7 平 8
19. 炮九平六	车 8 平 7	**20.** 炮三平二	车 7 退 2

黑优。

第三种着法:炮九进四

13. 炮九进四	象 7 进 5	**14.** 炮九进三	车 2 退 1
15. 炮九退一	卒 7 进 1	**16.** 炮九平六	卒 7 进 1
17. 车七平五	士 4 进 5	**18.** 车五平三	炮 7 进 4
19. 车三退四	炮 7 平 3		

黑多子大优。

第四种着法:相三进五

13. 相三进五	象 7 进 5	**14.** 仕四进五	士 6 进 5
15. 炮九进四	炮 7 平 8	**16.** 马七进六	炮 8 退 1
17. 炮九退二	车 8 平 7		

黑优。

第 110 局 红进中兵

1. 炮二平五	马 8 进 7	**2.** 马二进三	车 9 平 8
3. 车一平二	马 2 进 3	**4.** 兵七进一	卒 7 进 1

5. 车二进六　　炮8平9　　　　6. 车二平三　　炮9退1

7. 马八进七　　车1进1

8. 炮八平九　　车1平6

9. 车九平八　　炮9平7

10. 车八进七　　炮7进2

11. 车八平七　　车8进8

12. 兵五进一　　炮7进3

13. 马三进五　　车8平7(图110)

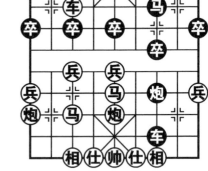

图 110

如图 110 形势,红方主要有两种着法:
(一)相三进一;(二)炮五平三。分述如下:

第一种着法:相三进一

14. 相三进一　　炮7平8

15. 炮五平二　　马7进6

16. 兵五进一　　马6进5　　　　17. 马七进五　　车7退2

18. 马五进六　　炮8退2　　　　19. 马六进八　　炮8平5

黑大优,红认负。(选自1993年全国象棋团体赛南京马龙亭—贵州周松云
实战对局)

第二种着法:炮五平三

14. 炮五平三　　车7进1　　　　15. 仕六进五　　车6进5

16. 帅五平六　　象7进5　　　　17. 车七平六　　士6进5

18. 车六退四　　马7进6

红要丢子,黑大优。

第111局　红　补　仕

1. 炮二平五　　马8进7　　　　2. 马二进三　　车9平8

3. 车一平二　　马2进3　　　　4. 兵七进一　　卒7进1

5. 车二进六　　炮8平9　　　　6. 车二平三　　炮9退1

7. 马八进七　　车1进1　　　　8. 炮八平九　　车1平6

9. 车九平八　　炮9平7　　　　10. 车八进七　　炮7进2

11. 车八平七　　车8进8　　　　12. 仕四进五(图111)　……

如图 111 形势,黑方主要有两种着法:(一)车8平7;(二)炮7进3。分述
如下:

第一种着法:车8平7

12. …… 车 8 平 7

13. 炮五平四 车 7 退 1

黑可改走炮 7 进 3,红如接走炮四退二,则车 7 进 1,黑优。

14. 车七平三 车 7 进 2

15. 炮四退二 炮 7 平 8

16. 相七进五 车 7 退 3

17. 车三平二 车 6 进 2

18. 仕五进四 车 6 平 7

19. 炮九进四 象 3 进 5

20. 仕六进五 士 4 进 5

黑应改走卒 7 进 1。

21. 马七进六 前车平 5

22. 马六进七 卒 5 进 1

23. 炮九平三 炮 8 平 3   **24. 炮三平五** 车 5 平 1

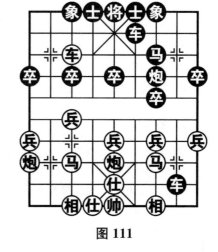

图 111

红得子大优,后红因劣着致负。(选自 2008 年第 10 届"潇河湾杯"全国象棋擂台赛山西高略—晋中张建利实战对局)

第二种着法:炮 7 进 3

12. …… 炮 7 进 3   **13. 炮九退一** 车 8 退 7

14. 相三进一 车 6 平 3

红方又有以下四种变着:

(1)车七进一

15. 车七进一 车 8 平 3   **16. 马七进六** 卒 3 进 1

17. 炮九平七 车 3 平 4   **18. 马六进五** ……

红如改走马六进七,黑则车 4 进 4,相七进九,象 3 进 5,黑大优。

18. …… 马 7 进 5   **19. 炮五进四** 卒 3 进 1

黑大优。

(2)车七平四

15. 车七平四 车 8 平 6   **16. 车四平八** 卒 3 进 1

黑如有战略和棋需要(例如:和棋就可得冠军、和棋就可出线等),可来回邀兑。

17. 马七进六 卒 3 进 1   **18. 马六进五** 马 7 进 5

19. 炮五进四 卒 3 平 4   **20. 炮五退一** 车 6 进 3

21. 炮九进一 车 6 平 5   **22. 炮九平五** 车 5 退 3

23. 炮五进六　　士6进5

黑优。

(3) 车七平六

15. 车七平六　　卒3进1　　**16.** 兵七进一　　车3进3

17. 仕五进六　　象7进5

黑优。

(4) 车七平八

15. 车七平八　　象7进5　　**16.** 马七进六　　车3平2

17. 车八平六　　……

红如改走车八平七,黑则车8平3,车七平六,士6进5,车六退一,车3平4,逼兑红车,黑大优。

17. ……　　　　车2平4　　**18.** 车六平五　　士6进5

19. 马六进五　　车4进8　　**20.** 帅五平六　　象3进5

21. 马五进三　　炮7退4

黑优。

第5章 马跃河头

第1节 一车换双局型

第112局 红七路炮飞右相(1)

1. 炮二平五　马8进7　**2.** 马二进三　车9平8

3. 车一平二　马2进3　**4.** 兵七进一　卒7进1

5. 车二进六　炮8平9　**6.** 车二平三　炮9退1

7. 马八进七　车1进1　**8.** 炮八平九　车1平6

9. 马七进六　士6进5　**10.** 车九平八　……

红如改走车三退一,详见本章第2节介绍;红又如改走马六进五,详见本章第3节介绍;红再如改走炮五平七,详见本章第4节介绍。

10. ……　　　炮9平7　**11.** 车八进七

红如改走马六进五,黑则马3进5,炮五进四,士5进4,车八进七,炮7进2,炮五退二,车6进1,黑大优。

11. ……　　　炮7进2　**12.** 车八平七　车8进8

车塞相眼,有力之着!黑另有以下三种应着:

(1)车6进4,车七平三,炮7进3,炮五进四,象7进5,相三进五,车6平4,车三退二,炮7平1,车三进一,炮1平2,仕四进五,卒1进1,炮九平七,炮2平3,炮五平一,车4进3,炮七平八,车8平7,车三平二,车4平3,马三进四,红略先,结果红胜。(选自1988年全国象棋个人赛大连陶汉明—青岛刘凤君实战对局)

(2)车6进7,车七进二,象7进5,车七退二,炮7进3,相三进一,车8进5,双方对攻。

(3)炮7进3,相三进一,车6进4,马六进七,象7进5,马七进五,象3进5,炮五平八,车8进8,仕六进五,象5退3,车七进二,车6退3,车七退四,车6平2,炮八进三,炮7平1,炮九平八,炮1退2,后炮进五,炮1平3,兵七进一,士5退6,红稍优,结果红胜。(选自1981年全国象棋个人赛黑龙江王嘉良—安徽蒋

志梁实战对局)

13. 炮五平七　……

2010年第16届亚洲象棋锦标赛菲律宾龚嘉祥—缅甸黄必富实战对局时红方此着选择仕四进五,以下炮7进3(黑应改走车6进1,车七进二,车8平7,相三进一,车6平2),炮九退一,车8退5,相三进一,车6进4,马六进七(红应改走车七平三),象7进5(黑应改走车6平3),马七进五,象3进5,炮九进五,卒5进1,炮九进三,象5退3,炮五平七,车8平1,车七平九,车6平3,炮七进七,车3退5,车九退一,红大优,结果却是黑胜。

13. ……　　　　车6进1

黑另有以下两种应着:

(1)车6进4,相三进五(红如改走车七平三,则炮7进3,车三进二,炮7退6,马三进四,炮7进9,仕四进五,炮7平9,红虽多子占优,但不易把握局势),象7进5,马六进七,炮7平8,仕六进五,车8平7,帅五平六,炮8进6,帅六进一,车6进4,马七进五,象3进5,炮九进四,车6平3,炮九进三,象5退3,车七进二,车3退1,帅六进一,车3退1,帅六退一,将5平6,车七退二,将6进1,车七平三,车3进1,帅六进一,车3退2,红认负。(选自1991年全国象棋团体赛北京高建中—成都陈鱼实战对局)

(2)炮7进3,相三进五(红如改走炮七进四,则象3进5,仕四进五,士5进4,相七进五,车6平2,双方对攻),车8平7(黑仍应改走车6进1邀兑),炮七进四,士5进4,炮七进三,士4进5,炮九进四,车7平2,炮九进三,车2退8,炮七平三,士5退4,车七平九,红大优,结果红胜。(选自2009年第14届亚洲象棋个人赛标赛新加坡黄俊阳—缅甸黄必富实战对局)

14. 车七进二　　　炮7进3

2013年“东方商业广场杯”苏浙皖三省第5届城市象棋比赛盐城队吴兆华—马鞍山一队王建鸣实战时黑方此着选择车8平4,以下马六退五,车6平2,炮九进四,车2平1,炮七平九,车4退3,兵七进一,车4平3,兵七平八,卒7进1,双方对攻,结果红胜。

15. 相三进五　　　车8平4　　　**16.** 马六进七　　　炮7平1(图112)

如图112形势,红方主要有三种着法:(一)车七平八;(二)炮七进一;(三)炮九进四。分述如下:

第一种着法:车七平八

17. 车七平八　　　炮1平3　　　**18.** 车八退九　　　马7进6

19. 炮九平八　　　……

红如改走仕六进五,黑则马6进7,相五退三,车4平3,马七退八,车3进1,

车八平七,炮 3 进 3,黑明显占优,结果黑
胜。(选自 2009 年第 1 届全国智力运动会
甘肃队焦明理－江苏队李群实战对局)

19. ……　　　　车 6 平 2

20. 相五退三　　……

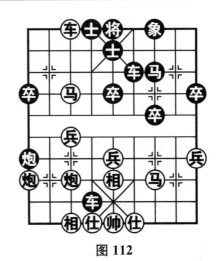

图 112

红如改走炮八平五,黑则将 5 平 6,车
八进七,马 7 进 9,马三退二,马 9 进 7,马
二进四,车 4 平 6,炮五平三,炮 3 平 9! 炮
三退五,炮 9 进 3,炮三退一,车 6 进 1,帅
五进一,车 6 退 1 杀,黑胜。

20. ……　　　　士 5 退 6

21. 仕六进五　　车 4 平 3

22. 车八进二　　车 3 进 1

23. 仕五退六　　炮 3 平 1

黑大优。

第二种着法:炮七进一

17. 炮七进一　　车 6 平 2　　18. 仕四进五　　象 7 进 5

19. 车七退一　　车 4 退 2　　20. 炮七退一　　炮 1 平 3

黑优。

第三种着法:炮九进四

17. 炮九进四　　炮 1 进 3　　18. 炮九进三　　……

红如改走仕四进五,黑则车 6 进 6,炮九进三,车 6 平 5,马三退五,车 4 进 1
杀,黑胜。

18. ……　　　　车 4 进 1　　19. 帅五进一　　车 4 平 5

20. 帅五平六　　车 6 进 6　　21. 仕四进五　　车 5 平 4

绝杀,黑胜。

第113局　红七路炮飞右相(2)

1. 炮二平五　　马 8 进 7　　2. 马二进三　　车 9 平 8

3. 车一平二　　马 2 进 3　　4. 兵七进一　　卒 7 进 1

5. 车二进六　　炮 8 平 9　　6. 车二平三　　炮 9 退 1

7. 马八进七　　车 1 进 1　　8. 炮八平九　　车 1 平 6

9. 马七进六　　士 6 进 5　　10. 车九平八　　炮 9 平 7

11. 车八进七　炮7进2　　**12.** 车八平七　车8进8

13. 炮五平七　车6进1　　**14.** 车七进二　……

红另有以下两种着法：

（1）车七进一，车6平4，马六进七，车8平3，马七退八，车3进1，仕四进五，象7进5，兵七进一，象3进1，车七平八，车3平2，兵七平六，车4平3，炮七平六，车3进3，马八进七，车2退8，马七进八，车3平2，马八退九，车2进2，黑必可得子，结果黑胜。（选自2012年"长运杯"第4届苏浙皖城市象棋赛阜阳市队武冕—无锡市队黄景峰实战对局）

（2）车七平四，士5进6，马六进五，炮7进3，相七进五，马7进6，马五退三，士4进5，兵五进一，马6进4，炮七平六，车8平6，仕四进五，炮7进3，炮九退一，车6退4，前马进四，车6退2，相五退三，车6平7，黑大优，结果黑胜。（选自2011年"跨世纪杯"第17届全国农民象棋赛黑龙江李学成—陕西高飞实战对局）

14. ……　　炮7进3　　**15.** 相三进五　车8平7(图113)

如图113形势，红方主要有三种着法：(一)车七退三；(二)仕四进五；(三)仕六进五。分述如下：

第一种着法：车七退三

16. 车七退三　炮7平8

17. 仕六进五　车6平2

18. 兵七进一　……

红另有以下两种应着：

（1）马六退四，车7平6，炮九进四，象7进5，马四进二，车6平7，炮九进三，车2退2，炮七平九，卒7进1，车七平八，车2平3，马二进三，炮8进3，相五退三，车7

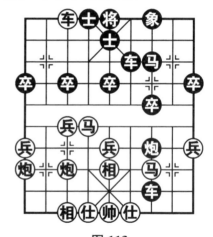

图 113

退1，相七进五，车7平5，马三进五，将5平6(黑应改走车5平7，黑大优)，车八退一，将6进1，前炮退一，将6退1，前炮进一，将6进1，前炮退一，将6退1，双方不变，和棋。（选自2007年"锦州杯"全国象棋团体赛安徽队赵寅—江苏曹雪芹酒队杨伊实战对局）

（2）马六进五，马7进5，车七平五，炮8进3，相五退三，车2进7，仕五退六，炮8平9，黑明显占优。

18. ……　　炮8退3　　**19.** 车七进二　车2进5

20. 马三进二　卒7进1　　**21.** 马二退一　车7平9

22. 兵七平八　象 7 进 5　　　**23.** 车七退一　士 5 进 4

24. 车七平六　士 4 进 5　　　**25.** 车六平五　马 7 进 6

26. 车五平二　马 6 进 4　　　**27.** 车二进二　士 5 退 6

28. 炮七进二　车 9 退 1　　　**29.** 车二退三　车 9 退 1

30. 炮九进四　车 9 平 5

黑大优,结果黑胜。(选自 2006 年全国象棋团体赛安徽余四海—福建王晓华实战对局)

第二种着法:仕四进五

16. 仕四进五　车 6 进 6　　　**17.** 相五进三　……

飞相,无奈之着,红如改走炮九退一,黑则车 7 进 1,马三退四(仕五退四,车 7 平 6,马三退四,炮 7 进 3 杀,黑胜),车 7 平 8,炮九平四,炮 7 进 3 杀,黑胜。

17. ……　　　　车 7 进 1　　　**18.** 马三退四　车 7 平 9

19. 炮七平三　卒 7 进 1　　　**20.** 炮九进四　炮 7 平 8

21. 炮九进三　士 5 进 4

黑优。

第三种着法:仕六进五

16. 仕六进五　炮 7 平 8　　　**17.** 炮九进四　……

红如改走相五退三,黑则车 7 进 1,马三退一,炮 8 进 2,炮九退一,车 7 退 4,炮九平二,车 7 平 4,黑优。

17. ……　　　　车 6 平 1　　　**18.** 炮七平九　炮 8 进 3

19. 相五退三　车 7 退 1　　　**20.** 相七进五　车 7 退 1

21. 马六进七　车 1 平 2　　　**22.** 前炮进三　车 2 进 7

23. 仕五退六　士 5 进 4　　　**24.** 车七退一　士 4 进 5

25. 马七进八　将 5 平 6　　　**26.** 车七平六　车 7 平 6

27. 马八进六　车 2 退 9　　　**28.** 仕六进五　……

红如改走马六退八叫将,黑则车 2 进 1 弃车砍马,车六平八,车 6 进 3,帅五进一,车 6 退 1,绝杀,黑胜。

28. ……　　　　炮 8 退 8!

红丢子认负。(选自 2000 年全国象棋个人赛福建王晓华—广东许银川实战对局)

第 114 局　红七路炮飞左相

1. 炮二平五　马 8 进 7　　　**2.** 马二进三　车 9 平 8

3. 车一平二	马2进3	**4.** 兵七进一	卒7进1
5. 车二进六	炮8平9	**6.** 车二平三	炮9退1
7. 马八进七	车1进1	**8.** 炮八平九	车1平6
9. 马七进六	士6进5	**10.** 车九平八	炮9平7
11. 车八进七	炮7进2	**12.** 车八平七	车8进8
13. 炮五平七	车6进1	**14.** 车七进二	炮7进3
15. 相七进五	车8平6		

2012年安徽省第3届体育大会丁如意—马维维实战对局时黑方此着选择车8平4,以下是:马六进七,车6平2(黑也可改走车4平3,红如接走炮七平八,则车6平2,炮八进二,炮7平1,马三进四,象7进5,车七退一,象5进3!黑大优),兵九进一,车2进1,兵七进一,车4平3,炮七进二,炮7进3,仕四进五,炮7平4,仕五退六,车2进4,马三进四,车3平4,相五退三,车2平1,黑大优,结果黑胜。

16. 相三进一	前车平4	**17.** 马六进七	车4平3(图114)

如图114形势,红方主要有三种着法:(一)马七退六;(二)炮七平八;(三)炮九进四。分述如下:

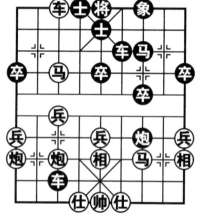

图 114

第一种着法:马七退六

18. 马七退六　马7进6!

19. 马六进四　……

红如改走炮九进四,黑则马6进4,炮九进三,车6平1,炮七平九,车1进4,相五退七,车3进1,黑胜势。

19. ……	车3退1
20. 马四退三	车3平1
21. 相一退三	卒7进1
22. 前马进五	车6进6

黑大优。

第二种着法:炮七平八

18. 炮七平八	车6平2	**19.** 炮八进二	象7进5
20. 车七退一	车3退1	**21.** 炮九进四	车3平5
22. 马三退五	炮7平1	**23.** 炮九进三	车2退2
24. 车七平九	炮1平3		

捉马叫杀,红认负。(选自 2010 年"华宇杯"浙江省首届象棋团体锦标赛舟山朱武刚—绍兴卢腾实战对局)

第三种着法:炮九进四

18. 炮九进四 车 3 退 1　　19. 炮九进三 车 3 平 5
20. 仕四进五 车 6 平 2　　21. 马七进六 车 2 平 1
22. 马三退四 车 5 平 9　　23. 炮九平八 车 1 退 2
24. 车七退四 车 1 平 2　　25. 马六进八 象 7 进 5
黑大优。

第 115 局　红六路炮飞右相

1. 炮二平五 马 8 进 7　　2. 马二进三 车 9 平 8
3. 车一平二 马 2 进 3　　4. 兵七进一 卒 7 进 1
5. 车二进六 炮 8 平 9　　6. 车二平三 炮 9 退 1
7. 马八进七 车 1 进 1　　8. 炮八平九 车 1 平 6
9. 马七进六 士 6 进 5　　10. 车九平八 炮 9 平 7
11. 车八进七 炮 7 进 2　　12. 车八平七 车 8 进 8
13. 炮五平六 炮 7 进 3　　14. 相三进五 车 6 进 1
15. 车七进二 车 8 平 7(图 115)

如图 115 形势,红方主要四种着法:
(一)车七退三;(二)炮九进四;(三)仕四进五;(四)仕六进五。分述如下:

第一种着法:车七退三

16. 车七退三 炮 7 平 8
17. 相五退三 炮 8 退 3
18. 车七平五 车 6 进 7
19. 帅五平四 车 7 进 1
20. 帅四进一 马 7 进 5
21. 马六进五 卒 7 进 1
22. 马五进六 炮 8 平 2
23. 炮九进四 士 5 进 4
黑优。

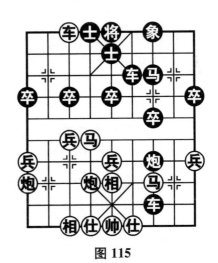

图 115

第二种着法:炮九进四

16. 炮九进四 炮 7 平 8　　17. 相五退三 车 6 平 1

18. 马六退五　车 7 平 4　　**19.** 炮六平九　象 7 进 5

20. 车七平八　卒 7 进 1

黑优。

第三种着法:仕四进五

16. 仕四进五　车 6 进 6　　**17.** 炮九退一　车 7 进 1

18. 马三退四　……

红如改走仕五退四,黑则车 7 平 6,马三退四,炮 7 进 3 杀,黑胜。

18. ……　　车 7 平 8　　**19.** 炮九平四　炮 7 进 3

绝杀,黑胜。

第四种着法:仕六进五

16. 仕六进五　炮 7 平 8　　**17.** 车七退三　……

红如改走帅五平六,黑则炮 8 进 3,相五退三,炮 8 平 6,相七进五,车 6 平 2,马六退七,象 7 进 5,车七退三,炮 6 退 6,车七进二,炮 6 平 8,黑大优。

17. ……　　车 6 平 2　　**18.** 马六退四　炮 8 进 3

19. 相五退三　炮 8 退 6　　**20.** 车七进二　车 7 平 6

黑可改走车 7 进 1,红如接走相七进五,则车 7 平 9,炮九平七,象 7 进 5,马四进二,卒 7 进 1,相五进三,马 7 进 6,车七平六,马 6 进 8,马三进二,车 9 退 3,黑优。

21. 马四进三　象 7 进 5　　**22.** 前马退二　马 7 进 8

黑可改走车 2 进 7。

23. 马二退四　车 2 进 7

双方对攻,结果黑胜。(选自 2009 年"惠州华轩杯"全国象棋甲级联赛河北申鹏—江苏王斌实战结局)

第 116 局　红六路炮飞左相

1. 炮二平五　马 8 进 7　　**2.** 马二进三　车 9 平 8

3. 车一平二　马 2 进 3　　**4.** 兵七进一　卒 7 进 1

5. 车二进六　炮 8 平 9　　**6.** 车二平三　炮 9 退 1

7. 马八进七　车 1 进 1　　**8.** 炮八平九　车 1 平 6

9. 马七进六　士 6 进 5　　**10.** 车九平八　炮 9 平 7

11. 车八进七　炮 7 进 2　　**12.** 车八平七　车 8 进 8

13. 炮五平六　炮 7 进 3　　**14.** 相七进五　车 8 平 4(图 116)

2005 全国象棋团体赛黑龙江刘沛—安徽倪敏实战对局时黑此着选择车 8

平2,以下是:仕四进五,车6进7,相三进一,象7进5,兵九进一,炮7平8(黑可改走卒5进1),炮九平七,炮8进1,马三退二,车6退3,炮六平二,车6平4,黑仍占优,结果红胜。

如图116形势,红方主要有两种着法:(一)仕四进五;(二)仕六进五。分述如下:

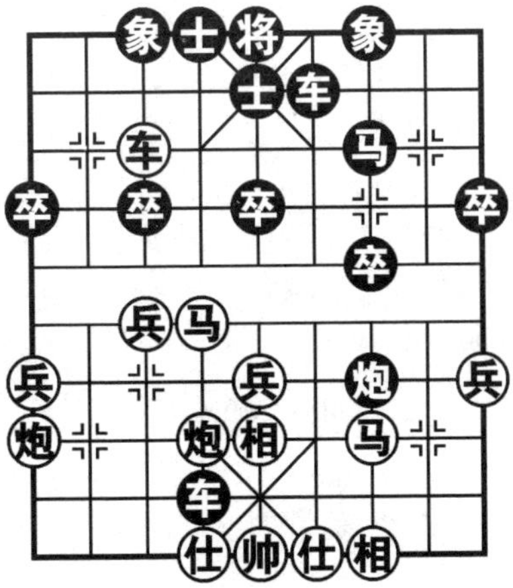

第一种着法:仕四进五

15. 仕四进五　　车6进7

16. 相三进一　　象7进5

17. 车七退一　……

红如改走兵九进一,黑则卒3进1,兵七进一,车6退3,马六进八,车6平1,炮九平七,马7进6,黑优。

17. ……　　　　卒1进1

18. 兵七进一　　车4平1

19. 炮九进三　　车1退2

20. 炮九进一　　炮7平8

21. 炮九平五　　车1平4　　　　**22.** 马六进八　　车6退5

23. 马八进七　　炮8进1　　　　**24.** 相一退三　　卒7进1

黑大优。

第二种着法:仕六进五

15. 仕六进五　　车6进4　　　　**16.** 马六退七　……

红如改走车七平三吃马,黑则车6进3伏杀兼捉车,黑胜定。

16. ……　　　　车6平3　　　　**17.** 马七退六　　象7进5

18. 炮九进四　　车3退1　　　　**19.** 兵九进一　　卒7进1

黑大优。

图 116

第117局　红　补　仕

1. 炮二平五　　马8进7　　　　**2.** 马二进三　　车9平8

3. 车一平二　　马2进3　　　　**4.** 兵七进一　　卒7进1

5. 车二进六　　炮8平9　　　　**6.** 车二平三　　炮9退1

7. 马八进七　　车1进1　　　　**8.** 炮八平九　　车1平6

9. 马七进六　　士6进5　　　　**10.** 车九平八　　炮9平7

11. 车八进七　　炮7进2　　　　**12.** 车八平七　　车8进8

13. 仕四进五　车6进1(图117)

2005年"松业杯"全国区县级象棋锦标赛北京密云魏国同—广东东莞蔡植坚实战对局时黑方此着选择炮7进3,以下是:炮九退一,车8退4,车七进二,炮7进3,车七退三,炮7平9,炮五平八,士5进4,炮八进七,士4进5,车七进三,士5退4,车七退一,士4进5,炮九进五,车8进5,仕五退四,车8平6,帅五进一,后车进7,帅五进一,后车退1,帅五退一,前车退1,帅五退一,将5平6,车七进一,将6进1,车七平三,红胜势,结果红胜。

如图117形势,红方主要有三种着法:(一)车七平四;(二)车七进二;(三)炮五进四。分述如下:

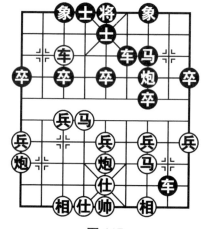

图 117

第一种着法:车七平四

14. 车七平四　士5进6

15. 炮五进四　卒7进1

16. 炮九平五　炮7进3

17. 马三退四　卒7平6

18. 前炮退一　将5平6

19. 马六进五　马7进8

20. 马五退三　象7进5

21. 马三进四　炮7退4

22. 前炮进一　士4进5　　　**23.** 前马退五　马8进7

24. 后炮平四　将6平5　　　**25.** 相三进五　车8退4

26. 兵五进一　卒6进1　　　**27.** 炮四平三　马7进9

黑胜势。(选自1990年全国象棋个人赛农协李林—江苏廖二平实战对局)

第二种着法:车七进二

14. 车七进二　车8平7　　　**15.** 相三进一　……

红如改走炮五进四,黑则象7进5,相三进五,车6进3,炮五退二,车6平5,兵五进一,象5退3,黑胜势。

15. ……　　　炮7平8　　　**16.** 炮五进四　象7进5

17. 马六退五　将5平6　　　**18.** 马五退三　……

红如改走车七退二,黑则炮8进6,仕五进四,车7退1,黑大优。

18. ……　　　象5退3

黑优。

第三种着法:炮五进四

14. 炮五进四	象7进5	**15.** 相三进五	车8平7
16. 炮五退二	炮7进3	**17.** 车七退一	将5平6
18. 车七平二	车6进6	**19.** 车二退六	车7平8
20. 车二平一	车8退5	**21.** 炮九平六	卒1进1
22. 兵七进一	象5进3	**23.** 兵一进一	象3退5
24. 兵一进一	卒9进1	**25.** 车一进三	马7进6
26. 马六退七	卒7进1	**27.** 炮六退一	车6退2
28. 车一进二	马6退7	**29.** 车一退二	车8平9
30. 炮六进二	车9进3	**31.** 马三进一	车6退2
32. 炮六平三	卒7进1	**33.** 马一进三	卒7平6

黑优,结果黑胜。(选自2009年"惠州华轩杯"全国象棋甲级联赛上海浦东花木广洋赵玮—四川双流才溢实战对局)

第 2 节　退车杀卒局型

第 118 局　红起横车(1)

1. 炮二平五	马8进7	**2.** 马二进三	车9平8
3. 车一平二	马2进3	**4.** 兵七进一	卒7进1
5. 车二进六	炮8平9	**6.** 车二平三	炮9退1
7. 马八进七	车1进1	**8.** 炮八平九	车1平6
9. 马七进六	士6进5	**10.** 车三退一	车6进1
11. 车九进一	炮2进4		

黑如改走炮2平1,则兵三进一,炮1进4,炮九平七,炮1平9,相三进一,前炮退2,兵七进一(红应改走车三平八),后炮平7(黑应改走前炮平3),兵七进一,炮7进3,兵三进一,红弃子有攻势,结果红胜。(选自2015年"天龙立醒杯"全国象棋个人赛火车头队钟少鸿—成都瀛嘉象棋队王天一实战对局)

12. 炮五平七　……

红应改走马六进五,黑如接走马3进5,则炮五进四,象7进5,车三退一,车8进6,双方对攻。

12. ……　　炮9平7

13. 车三平八	炮2平7	**14.** 相七进五	将5平6(图118)

如图118形势,红方主要有三种着法:(一)车九平一;(二)仕四进五;(三)仕

六进五。分述如下:

第一种着法:车九平一

15. 车九平一　车8进5

16. 马六进七　前炮进3

1991年全国象棋团体赛煤矿孙树成—四川李艾东实战对局时黑此着选择象7进5,以下是:炮九退一,马7进8,炮九平四,将6平5,车八进二,后炮进6,炮七平三,车6进4,车八平七,炮7平5,仕六进五,车8平3,黑优,结果黑胜。

17. 相五退三　炮7进6

18. 炮九平三　车6进7

19. 帅五进一　车8平3

黑大优。

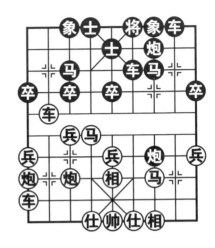

图 118

第二种着法:仕四进五

15. 仕四进五　前炮平8　　16. 马三退四　车8进5

17. 马六进七　车6进6　　18. 相三进一　炮8进3

19. 马四进二　车6进1

绝杀,黑胜。

第三种着法:仕六进五

15. 仕六进五　马7进6!　　16. 相三进一　马6进4

17. 炮七平六　后炮进6　　18. 炮六平三　马4进5

黑大优。

第 119 局　红起横车(2)

1. 炮二平五　马8进7　　　2. 马二进三　车9平8

3. 车一平二　马2进3　　　4. 兵七进一　卒7进1

5. 车二进六　炮8平9　　　6. 车二平三　炮9退1

7. 马八进七　车1进1　　　8. 炮八平九　车1平6

9. 马七进六　士6进5　　　10. 车三退一　车6进1

11. 车九进一　炮2进4　　　12. 炮五平七　炮9平7

1995年全国象棋团体赛煤矿罗小韬—江苏廖二平实战对局时黑此着选择象7进5,以下是:车三平八,炮2平7,相三进五,卒3进1,车八进二,马3进4,

兵七进一,马 4 进 6,车九平四,马 6 进 8,车四进六(红可改走炮九平八),士 5 进 6,炮九退一,马 7 进 8,马六进四,后马进 6,双方对攻,后红以漏着致负。

13. 车三平八　炮 2 平 7　　　**14.** 相三进五　前炮平 1

1990 年全国象棋团体赛湖北柳大华—四川李艾东实战对局时黑此着选择车 8 进 5,以下是:马六进七,将 5 平 6,车九平一,象 7 进 5,炮九退一,马 7 进 8,炮九平四,将 6 平 5,马七进五,象 3 进 5,炮七进五,象 5 退 3(1989 年全国象棋个人赛黑龙江赵国荣—江苏徐天红实战对局时黑此着选择士 5 进 4,以下是:炮七平九,则后炮进 6,炮九进二,士 4 进 5,双方对攻,结果战和;炮四平七,后炮进 6,前炮平八,士 5 退 6,炮八进二,车 6 进 4,仕六进五,车 8 平 3,仕五进四,车 3 进 2,车八平六,士 6 进 5,车一平二,后炮平 5,帅五平六,车 6 进 1,黑大优,结果黑胜。

15. 炮九进四　炮 7 进 6(图 119)

如图 119 形势,红方主要有两种着法:
(一)车九进二;(二)炮七平三。分述如下:

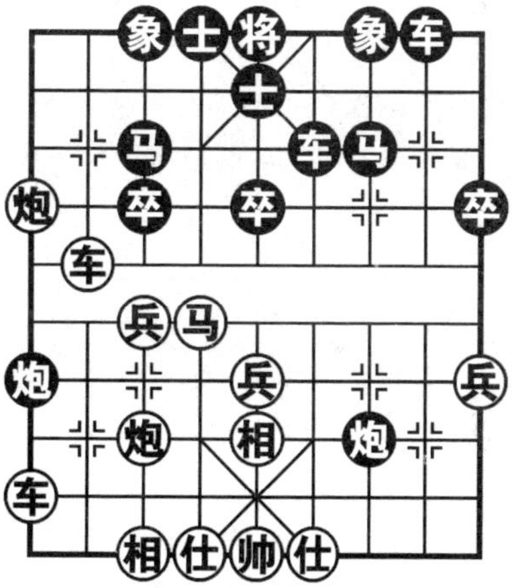

第一种着法:车九进二

16. 车九进二　炮 7 退 1

17. 车九退二　……

红如改走兵五进一,黑则车 8 进 6,相五退三,马 3 进 1,车九进三,将 5 平 6,仕六进五,炮 7 平 5,帅五平六,车 6 平 4,捉死马,黑大优。

17. ……　　　　　马 3 进 1

18. 车九进五　车 8 进 9

19. 仕六进五　象 7 进 5

20. 仕五进四　车 6 进 3

21. 马六进七　车 6 进 1　　　**22.** 兵五进一　车 6 平 3

23. 车八退三　炮 7 平 5　　　**24.** 仕四退五　将 5 平 6

25. 帅五平六　炮 5 进 2

黑胜势。

图 119

第二种着法:炮七平三

16. 炮七平三　炮 1 平 9　　　**17.** 车九平一　车 8 进 6

18. 炮九退四……

红如改走车八进二,黑则炮 9 平 5,仕六进五,车 8 进 3,帅五平六,炮 5 进 2,

帅六进一,炮5平8,炮三平二,车6进6,帅六进一,车8平6,黑胜定。

18. …… 炮9平5 **19.** 仕六进五 车6进3

20. 马六退七 炮5退2

黑先。

第120局　红出直车(1)

1. 炮二平五 马8进7 **2.** 马二进三 车9平8

3. 车一平二 马2进3 **4.** 兵七进一 卒7进1

5. 车二进六 炮8平9 **6.** 车二平三 炮9退1

7. 马八进七 车1进1 **8.** 炮八平九 车1平6

9. 马七进六 士6进5 **10.** 车三退一 车6进1

11. 车九平八 炮9平7

2002年"益谦杯"象棋网络友谊赛辽宁潘振波—江苏石晶萍实战对局时黑此着选择炮2平1,以下是:炮五平七,炮1进4,兵三进一,炮1平9,车三平八,前炮平7,相七进五,车8进8,后车进一,车8平2,车八退四,车6平4,炮九进二,卒1进1,炮七平六,车4平6,炮九退二,卒1进1,车八进六,炮9进1,仕四进五,红优。

12. 车三平六 炮2进4

13. 车八进三 炮7进5

14. 车八进四 炮7进3

15. 仕四进五 炮7平9

16. 仕五进四 车8进9

17. 帅五进一 车8平4(图120)

2009年天津"平安杯"京津冀晋象棋名手赛北京唐丹—天津赵金城实战对局时黑此着选择车8退1,以下帅五退一,车6退1,车八平七,车6平8,车七平三,前车进1,马三退四,前车退5,车三退七,前车平4,车三平一,车4进1,车一平三,象7进5,炮五进四,红优,结果红胜。

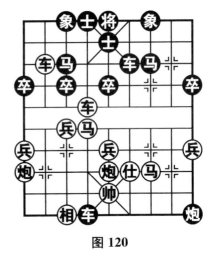

图 120

如图120形势,红方主要有三种着法:(一)车六进三;(二)炮九退二;(三)兵七进一。分述如下:

第一种着法:车六进三

18. 车六进三 车4平3 **19.** 马六进五 车3退1

20. 车六退七　车 3 退 1　　21. 炮九平八　车 6 进 5

22. 马五退六　车 3 平 2　　23. 车八退五　车 6 平 7

24. 马六退四　车 7 退 1　　25. 车六退一　炮 9 退 2

26. 车八进五　车 7 平 6　　27. 车八平七　象 7 进 5

28. 车七退一

红虽多子,但不易把握局势。

第二种着法:炮九退二

18. 炮九退二　车 4 平 3　　19. 炮九平一　车 3 平 9

20. 车六平三　象 7 进 5　　21. 车三退一　马 7 进 8

22. 车八平七　车 6 进 5　　23. 帅五平六　车 9 平 2

黑大优。

第三种着法:兵七进一

18. 兵七进一!　卒 3 进 1　　19. 车八平七!　车 6 平 3

2010 年中国香港象棋团体赛周世杰—赵汝权实战对局时黑此着选择象 7 进 5,以下是车六进一,车 6 进 1,马六进四(红应改走车七退二),车 4 平 3,马四退二,车 3 退 1,车六退五,车 3 退 1,炮九进四,车 6 进 4,马三进四,车 6 退 2,炮九平七,车 6 平 8,红见回天无力,推枰认负。

20. 炮九平七　炮 9 平 3　　21. 炮七进五　炮 3 退 7

22. 车六进一　象 7 进 5　　23. 马六进四

红多子优,结果红胜。(选自 2008 年第 3 届"杨官璘杯"全国象棋公开赛北京唐丹—西安刘强实战对局)

第 121 局　红出直车(2)

1. 炮二平五　马 8 进 7　　2. 马二进三　车 9 平 8

3. 车一平二　马 2 进 3　　4. 兵七进一　卒 7 进 1

5. 车二进六　炮 8 平 9　　6. 车二平三　炮 9 退 1

7. 马八进七　车 1 进 1　　8. 炮八平九　车 1 平 6

9. 马七进六　士 6 进 5　　10. 车三退一　车 6 进 1

11. 车九平八　炮 9 平 7　　12. 车三平六　炮 2 进 4

13. 车八进三　卒 3 进 1(图 121)

如图 121 形势,红方主要有两种着法:(一)车六平七;(二)车六进一。分述如下:

第一种着法:车六平七

14. 车六平七　炮 7 进 5

15. 车八进四　炮 7 进 3

16. 仕四进五　象 7 进 5

17. 车七进二　炮 7 平 9

18. 仕五进四　……

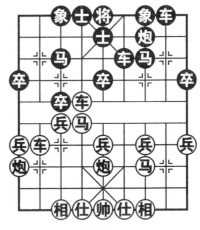

图 121

红如改走炮五平四,黑则车 8 进 9,仕五退四(红如马三退四,则马 7 进 8,相七进五,马 8 进 9,黑下一步有马 9 进 8、马 9 进 7 等进攻手段,黑胜势),车 8 平 7,马三退一,车 7 退 1,仕四进五,车 7 平 9,马六退五,车 9 平 8,车七退一,车 8 进 1,仕五退四,马 7 进 8,车七平五,马 8 进 7,车八退一,马 7 进 8,帅五进一,炮 9 退 1,帅五退一,车 8 平 6! 马五退四,马 8 退 6,帅五进一,马 6 进 8,帅五进一,马 8 进 6,帅五平六,车 6 进 6,黑胜定。

18. ……　车 8 进 9　　**19.** 帅五进一　车 8 平 4

20. 马六进五　……

红如改走炮九退二,黑则车 4 退 4,炮九平一,车 6 进 5,黑有强烈攻势。

20. ……　马 7 进 6　　**21.** 马五退三　……

红另有以下三种应着:

(1)马三进四,车 6 平 8,炮九退一,炮 9 退 1! 炮五平七,车 8 进 6,帅五进一,车 4 平 5,帅五平六,炮 9 退 1,仕四退五,车 8 平 5,伏杀,黑胜。

(2)马五退四,车 6 平 8,炮九退一,马 6 进 4,炮九平七(红如改走炮九平六,炮 9 平 3,车八退七,炮 3 退 1,炮六进二,车 8 进 6,杀,黑胜),马 4 进 3,帅五平四,车 4 退 1,仕四退五,车 4 平 3,黑大优。

(3)炮九退二,车 4 平 3,炮九平一,马 6 进 7,车八退五,车 6 进 5,黑优。

21. ……　车 6 平 7

黑也可选择车 6 进 1。

22. 炮五进五　马 6 退 5　　**23.** 车七进二　……

红如改走车七退二,黑则车 7 进 1,炮九退二,车 4 平 3,炮九平一,车 3 平 9,黑少子有攻势。

23. ……　车 7 进 2　　**24.** 车七退四　车 7 退 1

25. 车七平二　……

红如改走车八平五,黑则车 7 平 4,帅五平四,后车平 8,仕四退五,车 8 进 5,

帅四进一,炮 9 退 2,马三进二,车 8 平 5,黑胜定。

| 25. …… | 车 7 平 4 | 26. 帅五平四 | …… |

红如改走车二进四,黑则士 5 退 6,车八平五,士 4 进 5,帅五平四,前车平 7,炮九退一,炮 9 平 3,黑胜定。

26. ……	前车平 7	27. 帅四平五	车 7 平 4
28. 帅五平四	前车退 1	29. 仕四退五	后车平 6
30. 炮九平四	马 5 进 4	31. 炮四进三	车 4 退 2
32. 车八退五	车 4 平 1	33. 车八平六	马 4 进 5
34. 马三进五	车 1 平 5	35. 车六平五	车 5 进 1
36. 相七进五	炮 9 平 2		

双方对攻。

第二种着法:车六进一

| 14. 车六进一 | 炮 7 进 5 | 15. 车八进四 | 炮 7 进 3 |
| 16. 仕四进五 | 炮 7 平 9 | 17. 炮五进四 | …… |

红另有以下两种着法:

(1)炮五平四,车 8 进 9,马三退四,马 7 进 8,车六平七,马 8 进 9,车七进一,马 9 进 8,仕五进六,车 8 平 6,帅五进一,前车退 1,帅五平四,炮 9 退 1,绝杀,黑胜。

(2)仕五进四,车 8 进 9,帅五进一,车 8 退 1,帅五退一,马 7 进 8,马六进五(红如改走兵七进一,则马 8 进 6,马三进四,车 6 进 3,仕六进五,车 8 进 1,仕五退四,车 6 平 7,黑胜势),马 8 进 7,马五退三,车 6 平 7,车六退一,马 7 进 9,黑胜势。

17. ……	象 7 进 5	18. 炮五平二	卒 3 进 1
19. 车八平七	卒 3 平 4	20. 车六平三	车 6 进 6
21. 炮九退一	车 6 退 2	22. 车七退一	车 6 平 8
23. 帅五平四	马 7 退 9	24. 炮二退二	炮 9 平 7
25. 马三退一	前车平 6	26. 帅四平五	炮 7 退 5
27. 炮二平三	车 6 平 5	28. 车七平四	炮 7 平 5
29. 帅五平四	车 5 平 7	30. 相七进五	卒 9 进 1

双方对攻。

第 122 局　　红出直车(3)

| 1. 炮二平五 | 马 8 进 7 | 2. 马二进三 | 车 9 平 8 |
| 3. 车一平二 | 马 2 进 3 | 4. 兵七进一 | 卒 7 进 1 |

5. 车二进六	炮8平9	**6.** 车二平三	炮9退1
7. 马八进七	车1进1	**8.** 炮八平九	车1平6
9. 马七进六	士6进5	**10.** 车三退一	车6进1
11. 车九平八	炮9平7	**12.** 车三平六	炮2进4(图122)

如图 122 形势,红方此时另有三种着法:(一)兵三进一;(二)兵五进一;(三)兵七进一。分述如下:

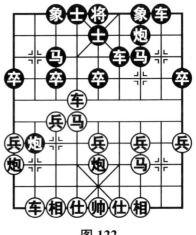

图 122

第一种着法:兵三进一

13. 兵三进一　　炮2平4

14. 车六平八　　卒3进1

1990 年北京张卫东—新加坡林耀森实战对局时黑此着选择马7进8,以下是:炮五平七(红应改走前车平四),炮4平9,相七进五,炮7进6,炮七平三,车6进3,前车平六,马8进7,仕六进五,炮9进3,车八进七,车8进9,炮九平七,车6进3,黑大优,结果黑胜。

15. 前车退二　　……

红如改走前车平七,黑则炮4平3,黑大优;红又如改走前车退一,黑则卒3进1,前车平七,炮7进4,马三进四,马3进4,相三进一,炮4平9,黑大优。

15. ……　　　　卒3进1　　**16.** 马六进五　　……

红如改走前车平六,黑则车6平4,炮九平七,象7进5,炮七进五,卒3平4,车六平七,马7进6,炮五平八,卒4进1,黑优。

16. ……	炮4平3	**17.** 炮九平七	马3进5
18. 炮五进四	将5平6	**19.** 仕六进五	车6进6
20. 炮五退二	马7进6		

双方对攻。

第二种着法:兵五进一

13. 兵五进一	炮2平4	**14.** 车六平八	马7进6
15. 兵五进一	马6进8	**16.** 后车进三	马8进7
17. 炮九平三	炮4平9	**18.** 炮三进六	炮9平2
19. 车八退二	卒5进1	**20.** 车八平五	车8进4

黑优。

第三种着法:兵七进一

13. 兵七进一	炮2平7	**14.** 相三进一	卒3进1
15. 车六平七	车8进5	**16.** 马六进八	马3进2
17. 车八进五	象7进5	**18.** 炮九平七	车6进4

黑优。

第123局　红平八路车(1)

1. 炮二平五	马8进7	**2.** 马二进三	车9平8
3. 车一平二	马2进3	**4.** 兵七进一	卒7进1
5. 车二进六	炮8平9	**6.** 车二平三	炮9退1
7. 马八进七	车1进1	**8.** 炮八平九	车1平6
9. 马七进六	士6进5	**10.** 车三退一	车6进1
11. 车三平八	炮2平1	**12.** 兵三进一	卒3进1

黑若改走炮1进4,则以下另有两则对局变化:

(1)炮1进4,炮九进四,炮1平9,炮五平七,前炮平7,相三进五,马3进1,车九进六,炮9平8,兵三进一,车6进3,兵三平二,象7进5,马六进七,炮8平7,马七进六,象3进1,马六退五,车6退2,马五进七,车6平1,马七退九,车8进4,车八平二,马7进8,红略优,结果战和。(选自2005年第2届中国"灌南汤沟杯"象棋大奖赛江苏谢今杰—江苏廖二平实战对局)

(2)炮1进4,炮九平七,炮1平9,兵三进一,车8进8,马三进一,炮9进5,炮五平一,车8平7,相七进五,红优,结果红胜。(选自1991年全国象棋团体赛贵州高明海—农协马永平实战对局)

13. 车八平七　……

红如改走车八退一,黑则炮9平7,相三进一,车8进4,车九平八,马7进6,马六进四,车8平6,仕六进五,炮1退1,双方对攻。

13. ……　　　炮1进4(图123)

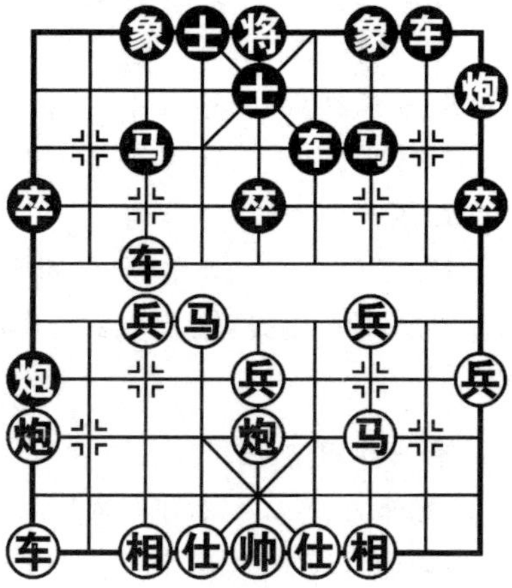

如图123形势,红方主要有两种着法:(一)炮九平七;(二)炮九进四。分述如下:

图 123

第一种着法:炮九平七

14. 炮九平七	炮1平3	**15.** 兵三进一	象3进1!

16. 车七进二　炮3退4　　　17. 炮七进五　车6平3

18. 马六进五　马7进5　　　19. 炮五进四　象7进5

1995 年全国象棋个人赛广东宗永生—云南郑新年实战对局时黑此着选择车 3 平 5,以下是:车九进六,车 8 进 6,相七进五,车 8 平 7,马三退五,车 7 平 5,炮五平七,将 5 平 6,马五进七,前车平 6,仕六进五,炮 9 进 5,黑多子大优,结果黑胜。

20. 相七进五　车3进1　　　21. 炮五退二　车8进6

22. 炮五平六　车8平7　　　23. 炮六退二　象5进7

黑多子大优。

第二种着法:炮九进四

14. 炮九进四　马3进1　　　15. 车七平九　炮1平9

16. 前车进一　前炮平7　　　17. 相三进一　炮9进6!

18. 炮五平一　车8进7　　　19. 炮一退一　车8平7

20. 炮一平七　象7进5　　　21. 后车进二　车7进2

22. 仕六进五　炮7平9　　　23. 后车平一　车7退3

黑优。

第 124 局　红平八路车(2)

1. 炮二平五　马8进7　　　2. 马二进三　车9平8

3. 车一平二　马2进3　　　4. 兵七进一　卒7进1

5. 车二进六　炮8平9　　　6. 车二平三　炮9退1

7. 马八进七　车1进1　　　8. 炮八平九　车1平6

9. 马七进六　士6进5　　　10. 车三退一　车6进1

11. 车三平八　车8进5(图124)

如图 124 形势,红方主要有两种着法:(一)车八进二;(二)马六进五。分述如下:

第一种着法:车八进二

12. 车八进二　车8平4　　　13. 车九平八　炮9平7

14. 炮五平七　车4平3　　　15. 后车进二　马7进6

16. 相三进五　车3进1　　　17. 前车退四　车3退2

18. 前车进一　车6平4　　　19. 前车平三　马6退7

20. 车三平八　象7进5

双方对攻。

第二种着法：马六进五

12. 马六进五　马 3 进 5

13. 炮五进四　炮 2 平 5

2010 年惠州市"华轩杯"象棋锦标赛华轩队李进—石湾文化队周平友实战对局时黑此着选择将 5 平 6，以下是：仕六进五，车 6 进 2，炮五退一，炮 2 平 6，车九平八，炮 9 平 7，炮五退一，炮 7 进 5，相三进五，车 8 退 1，前车平四，车 8 平 6，车八进六，红优，结果红胜。

14. 仕六进五　车 6 进 4

15. 炮五退一　炮 9 平 7

16. 相七进五　马 7 进 5

17. 车九平六　炮 7 进 6

18. 炮九平三　车 6 平 5　　19. 炮五进二　象 7 进 5

均势。

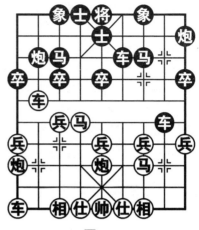

图 124

第125局　红卸中炮

1. 炮二平五　马 8 进 7　　2. 马二进三　车 9 平 8

3. 车一平二　马 2 进 3　　4. 兵七进一　卒 7 进 1

5. 车二进六　炮 8 平 9　　6. 车二平三　炮 9 退 1

7. 马八进七　车 1 进 1　　8. 炮八平九　车 1 平 6

9. 马七进六　士 6 进 5　　10. 车三退一　车 6 进 1

11. 炮五平七　炮 2 进 4（图 125）

如图 125 形势，红方主要有五种着法：（一）马六进七；（二）炮七进一；（三）兵三进一；（四）兵七进一；（五）相七进五。分述如下：

第一种着法：马六进七

12. 马六进七　炮 9 平 7　　13. 车三平八　炮 2 平 7

14. 相三进五　……

红如改走相七进五，黑则马 7 进 6，相三进一，后炮进 6，炮七平三，马 6 进 4，相一退三，车 6 进 6，黑大优。

14. ……　　前炮平 1　　15. 车九平八　炮 7 进 6

16. 炮七平三　炮 1 平 9　　17. 炮三平一　马 7 进 6

黑优。

第二种着法:炮七进一

12. 炮七进一　　炮9平7

13. 车三平八　　炮7进5

14. 相七进五　　……

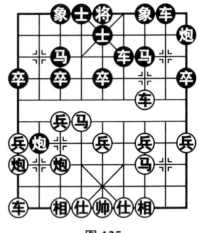

图 125

2012年"伊泰杯"全国象棋甲级联赛四川双流黄龙溪孙浩宇—江苏句容茅山王斌实战对局时红此着选择炮七平三,以下是:炮2平7,相三进五,马7进8,车九进一,马8进6,车八平四,车6进2,马六进四,车8进4,车九平四,车8平6,车四进二,象7进5,车四平三,马6进7,炮九平三,卒3进1,兵七进一,车6平3,兵五进一,卒5进1,兵五进一,车3平5,和棋。

　　14. ……　　　炮2平5

1993年全国象棋个人赛江苏张国凤—天津吴弈实战对局时黑方此着选择炮7平3,以下是:车八退二,炮3平9,马三进一,车8进6,炮九平七,车8平9,炮七进四,象3进1,仕六进五,红阵形好且兵种好占优,结果红胜。

15. 马三进五　　炮7平3　　　　**16.** 车八退二　　炮3平9

17. 马五进三　　炮9进3　　　　**18.** 仕六进五　　车8进9

19. 马三退二　　车8退1　　　　**20.** 马六退四　　马7进8

21. 炮九退一　　车8进1　　　　**22.** 马二退一　　车8平9

23. 马四退二　　车9退3　　　　**24.** 车九平八　　车9平2

25. 车八进三　　马8进6

黑略先,结果战和。(选自2005年第26届"五羊杯"全国象棋冠军邀请赛湖北柳大华—北京蒋川实战对局)

第三种着法:兵三进一

12. 兵三进一　　炮2平9　　　　**13.** 车三平八　　……

红如改走马三进一,黑则炮9进5,炮七平一,象7进5,车三平八,卒3进1,车八退一,车8进6,黑优。

13. ……　　　前炮平7　　　　**14.** 相七进五　　车8进8

15. 仕四进五　　炮7平9　　　　**16.** 仕五退四　　前炮平7

17. 仕四进五　　炮7平9　　　　**18.** 仕五退四　　前炮平7

双方不变和棋。

第四种着法:兵七进一

12. 兵七进一 象 3 进 5

2012 年重庆棋友会所"贺岁杯"象棋公开赛广东黎德志—四川郑惟桐实战对局时黑此着选择炮 9 平 7,以下是:车三平六,炮 2 平 7,相七进五,车 6 进 6,相三进一,前炮平 8,仕六进五,炮 7 进 6,炮七退一,炮 8 进 3,相一退三,炮 8 平 6,炮九平三,炮 6 平 1,炮七平四,炮 1 平 7,兵七进一,马 3 退 2,炮四进八,车 8 进 7,相五退三,车 8 平 7,炮四退九,红仍占先,结果战和。

13. 车三平六 ……

红如改走车三退一,黑则炮 9 平 7,车三平五,炮 2 平 7,相七进五,象 5 进 3,双方对攻。

13. …… 炮 2 平 7 **14.** 相七进五 ……

红如改走相三进五,黑则炮 7 平 1,炮九平八,炮 1 平 9,相五退三,后炮平 7,黑优。

14. …… 象 5 进 3 **15.** 马六进八 车 8 进 4

黑略先。

第五种着法:相七进五

12. 相七进五 炮 9 平 7 **13.** 车三平八 炮 2 平 7

14. 车八进二 车 8 进 5 **15.** 马六进七 马 7 进 8

黑优。

第 126 局　红 进 三 兵

1. 炮二平五 马 8 进 7 **2.** 马二进三 车 9 平 8

3. 车一平二 马 2 进 3 **4.** 兵七进一 卒 7 进 1

5. 车二进六 炮 8 平 9 **6.** 车二平三 炮 9 退 1

7. 马八进七 车 1 进 1 **8.** 炮八平九 车 1 平 6

9. 马七进六 士 6 进 5 **10.** 车三退一 车 6 进 1

11. 兵三进一 炮 2 进 4(图 126)

1998 年"东方—齐洛瓦杯"象棋赛广东宗永生—上海邬正伟实战对局时黑方此着选择车 8 进 8,以下是:车九平八,车 8 平 4,马六进四,马 7 进 6,车三进四,士 5 退 6,车八进七,马 6 进 4,仕四进五,炮 9 平 5,炮九进四(红应改走车三退一),车 6 进 6,车八平七,马 4 进 5,炮九平五,象 3 进 5,炮五退四,象 5 退 7,炮五进六,士 6 进 5,黑优,结果黑胜。

如图 126 形势,红方主要有三种着法:(一)车九平八;(二)兵一进一;(三)兵七进一。分述如下:

第一种着法:车九平八

12. 车九平八　　炮2平9

13. 马六进五　……

红如改走马三进一,黑则炮9进5,炮五平一,象7进5,车三平八,卒3进1,前车退一,车8进6,马六退七,马3进4,黑优。

13. ……　　马3进5

14. 炮五进四　　将5平6

15. 车三平五　……

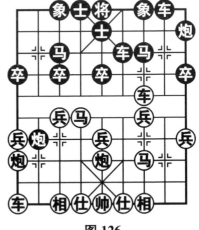

图 126

红如改走车三平八,黑则前炮平7,相三进五,车6进6,炮五退二,炮9平8,后车进一,炮8进8,马三退二,炮7进3,仕四进五,车6进1杀,黑胜。

15. ……　　前炮平7　　16. 相三进五　　车6平5

黑优。

第二种着法:兵一进一

12. 兵一进一　　炮2平3

黑可改走炮2退1,红如接走马六进五,则马3进5,炮五进四,象7进5,车九平八,炮9平7,车八进四,炮7进3,兵三进一,车6进4,炮五平九,车6平7,兵三进一,车7进1,相七进五,车7退1,兵三进一,车7退4,前炮平一,红略先。

13. 马六进五　　马3进5　　14. 炮五进四　　象7进5

15. 仕六进五　　车8进6　　16. 相七进五　　炮3进1

17. 车九平六　　炮3平7　　18. 车三平六　　炮9退1

19. 炮九平三　　车8平5　　20. 炮五退一　　车5平7

红略先,结果战和。(选自2009年第3届亚洲室内运动会日本所司和晴—中国王斌实战对局)

第三种着法:兵七进一

12. 兵七进一　　象7进5　　13. 车三平六　　卒3进1

14. 车六进一　　卒3进1　　15. 车九平八　　炮2平9

16. 车八进七　　前炮平7　　17. 相三进一　　卒3平4

18. 车八平七　　马7进6　　19. 车六平五　　炮9进6!

20. 炮五平一　马6进8
黑大优。

第 127 局　黑平边炮应法(1)

1. 炮二平五　马8进7　　2. 马二进三　车9平8

3. 车一平二　马2进3　　4. 兵七进一　卒7进1

5. 车二进六　炮8平9　　6. 车二平三　炮9退1

7. 马八进七　车1进1　　8. 炮八平九　车1平6

9. 马七进六　士6进5　　10. 车三退一　炮2平1

11. 炮五平七　……

红此时另有其他几种着法,参见本节第128局。

11. ……　　　　车6进1(图127)

2012 年第 5 届"杨官璘杯"象棋公开
赛日本所司和晴—德国濮方尧实战对局
时黑方此着选择车 6 进 4,以下是:炮七进
四,象 3 进 5,车三进二,车 6 平 4,相七进
五,车 4 退 2(2007 年第 19 届"棋友杯"全
国象棋大奖赛大同煤业队徐建斌—山西
大唐热电队周小平实战对局时黑方此着
选择车 8 进 4,以下是:车九平八,车 4 退
2,车八进七,车 4 平 3,车八进九,车 8 平
4,仕四进五,红优),炮九平七,车 8 进 4,
车九平八,炮 1 进 4,仕六进五,车 8 平 1,
车八进七,车 4 退 1(黑可改走炮 1 进 3),
后炮平九,红先,结果黑胜。

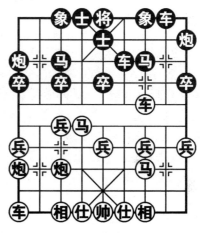

图 127

如图 127 形势,红方主要有五种着法:(一)车九平八;(二)炮七进四;(三)兵
三进一;(四)相三进五;(五)相七进五。分述如下:

第一种着法:车九平八

12. 车九平八　……

黑方又有以下两种应着:

(1)炮 9 平 7

12. ……　　　　炮9平7　　13. 车三平六　炮1进4

14. 兵三进一　炮1平4

2009 年"泰丰杯"全国象棋团体赛云南队陈信安—青岛市海耀象棋队张兰

天实战对局时黑此着选择炮 1 平 3,以下是:相七进五(红应改走兵七进一),卒 3 进 1,车六进一,卒 3 进 1,炮七进二,马 7 进 6,马六进四,车 6 进 2,炮九平七,象 7 进 5,车六退三,马 3 进 4,双方对攻,结果战和。

15. 车六平八　马 7 进 8　　**16.** 相七进五　炮 7 进 6

17. 炮七平三　车 6 进 3　　　**18.** 炮九进二　马 8 进 9

2002 年"嘉周杯"全国象棋团体赛新疆薛文强—湖南罗忠才实战对局时黑方此着选择炮 4 平 9,以下是:前车平四,卒 1 进 1,炮三平二,车 8 平 9,兵三进一,车 6 退 1,马六进四,红优,结果红胜。

19. 炮三平一　马 9 进 7　　　**20.** 仕六进五　车 8 进 8

21. 前车平四　车 6 退 1　　　**22.** 马六进四　车 8 退 4

黑可以抗衡。

(2)炮 1 进 4

12. ……　　　炮 1 进 4　　**13.** 兵三进一　　　……

以下另有五例不同实战对局:

①炮七进一,炮 9 平 7,车三平六,象 7 进 5,兵七进一,马 7 进 8,兵七进一,马 3 退 1,马六退七,马 8 进 6,车六退四,炮 1 退 2,马三退一,马 6 进 8,马一进三,至此红认负。添加续着如下:炮 1 平 5,仕六进五,炮 7 进 6,炮九平三,车 8 平 6,炮三平五,马 8 进 7,帅五平六,前车进 7,仕五退四,车 6 进 9,炮五退二,车 6 平 5 杀,黑胜。(选自 2004 年"泰来众盈杯"全国象棋团体赛河南姚洪新—山东侯昭忠实战对局)

②车八进七,炮 9 平 7,车三平八,车 8 进 5,炮七进四,象 3 进 1,后车平六,马 7 进 8,马六进四,炮 7 进 3,仕四进五,车 8 平 3,马四进六,炮 7 退 3,车六平二,车 3 退 2,车二平三,车 3 平 4,车三进三,象 7 进 9,兵三进一,红阵形工整占优,结果红胜。(选自 2010 年"楠溪江杯"全国象棋甲级联赛四川双流黄龙溪孙浩宇—江苏南京珍珠泉王斌实战对局)

③车八进七,象 7 进 5,炮七进四,炮 9 平 7,兵三进一,马 3 退 2,车三平八,马 7 进 8,后车平四,炮 7 进 6,车四进二,士 5 进 6,车八进二,炮 1 平 9,马六进四,马 8 进 6,车八退七,炮 7 平 1,车八平九,车 8 进 6,双方对攻,结果黑胜。(选自 1986 年全国象棋个人赛陕西张惠民—浙江于幼华实战对局)

④车八进七,炮 9 平 7,炮七进四,象 7 进 5,车三平六,炮 1 平 7,相三进五,马 3 退 2,车八进二,前炮平 8,仕六进五,炮 7 进 6,炮九平三,炮 8 进 3,相五退三,车 6 进 6,车六进三,车 8 进 8,马六退四,车 6 退 2,车八平七,车 6 进 2,车七平八,车 6 平 5,帅五平六,将 5 平 6,黑胜势。(选自 1986 年"宁波杯"象棋赛河北黄勇—浙江陈孝堃实战对局)

⑤相三进五,炮9平7,车三平八,炮1平7,兵七进一,前炮平8,兵七进一(红如仕六进五,则车6进6,炮七退一,马7进6,帅五平六,炮8进3,马三退二,炮7进8,帅六进一,马6进4,前车退一,马4进5,帅六进一,车6退4,黑大优),炮7进6,炮七平三,炮8进3,仕四进五,炮8平9,炮三平二,车6进6,后车进一(红如兵七进一,则将5平6,黑大优),车6平8,黑优。

13.……   卒 3 进 1

2006年第2届"杨官璘杯"全国象棋公开赛湖北党斐—湖南梁林实战对局时黑此着选择炮9平7,以下是:车三平八,马7进8,后车进三,炮1退1,前车退一,炮1退1,兵七进一,卒3进1,马六进五,马8进9,马三进一,炮7进8,帅五进一,车8进6,前车平四,红优,结果红胜。

14.兵七进一   象 7 进 5　　**15.车三进一   炮 9 平 7**
16.炮七进五   象 7 进 2　　**17.炮七平四   炮 7 进 4**
双方对攻。

第二种着法:炮七进四

12.炮七进四   象 3 进 5

1982年第2届"亚洲杯"象棋赛泰国陈思飞—中国香港朱俊奇实战对局时黑方此着选择象7进5,以下是:相七进五,车8进8,车九平八,车8平4,车三退一,马7进8,仕六进五,马8进6,车八平六,车4平2,炮九平七,马6进7,后炮平三,炮9进5,马六退七,红优,结果红胜。

13.车三平八   车 8 进 5　　**14.车八进二   车 8 平 4**
15.车八平九   马 3 退 2　　**16.前车平八   车 4 平 3**
17.炮九进四   ……

红如改走炮七平八,黑则马2进4,车八进一,士5进4,车八平六,士4进5,捉死车,黑胜势。

17.……   车 3 退 2　　**18.炮九进三   象 5 退 3**
19.车八进二   象 7 进 5
黑优。

第三种着法:兵三进一

12.兵三进一   炮 1 进 4

黑另有以下两种应着:

(1)炮9平7,车三平八,炮1进4,炮九进四,炮1平9,马三进一,车8进6,相七进五,马3进1,车九进六,象7进5,车九平七,车8平9,车七平五,红优,结果红胜。(选自1991年全国象棋团体赛吉林陶汉明—厦门蔡忠诚实战对局)

(2)车6平4,马六进七,炮1进4,车九平八,炮9平7,车三平八,炮1平3,相七进五,象7进5,红仍占优,结果战和。(选自2013年"银河杯"四川省第六届象棋棋王赛暨排位赛江油刘亚南一达州曾军实战对局)

13. 炮七进四 ……

红如改走车九平八,黑则卒3进1(CIG2011中游中象职业高手电视挑战赛胡广和一周嘉鸿实战对局时黑此着走炮1退1,以下是:车八进四,象7进5,炮七进四,炮1退1,车三平六,车8进4,车六平二,马7进8,兵七进一,红优,结果红被黑偷杀),以下同本局第一种着法。

13. ……	象7进5	**14. 车九平八**	炮1平9
15. 车三平六	前炮平7	**16. 相三进五**	炮7平9
17. 相五退三			

双方不变作和。

第四种着法:相三进五

12. 相三进五　象7进5

2012年江苏省东台市首届"群文杯"象棋公开赛上海赵玮一泰州刘子健实战对局时黑此着选择炮9平7,以下是:车三平八,车8进8,车九平八,马7进8,后车进一,车8平2,车八退四,马8进6,兵三进一,马6进7,炮七平三,炮7进6,炮九平三,红优,结果红胜。

13. 车三退一 ……

红如改走车三平八,黑则卒3进1,车八退一,马3进4,兵七进一,马4进6,车九进一,马6进7,炮七平三,炮9进5,车九平一,炮9平5,仕六进五,车8进9,炮三平四,车8退5,黑优。

13. ……	炮9平7	**14. 车三平五**	炮1进4
15. 车九平八	炮1平7	**16. 车八进七**	卒5进1
17. 车五进一	前炮平8	**18. 仕六进五**	车6进6
19. 炮九退一	马7进5	**20. 帅五平六**	炮8进3
21. 马三退二	炮7平8	**22. 帅六进一**	车8进9
23. 炮七退一	炮7退7		

双方对攻。

第五种着法:相七进五

12. 相七进五	象7进5	**13. 车三平六**	炮1进4
14. 车九平八	卒3进1	**15. 车六进一**	炮1平7

2013年朔州朔城区第九届"财盛杯"象棋公开赛大同徐建斌一原平霍羡勇

实战对局时黑此着选择炮 1 平 4,以下是:车六平七,卒 3 进 1,车七退二,马 3 进 4,兵三进一,炮 4 平 9,马三进一,炮 9 进 5,仕六进五,炮 9 进 3,车八进八,车 8 进 9,仕五进四,马 4 进 6,车八平六,将 5 平 6,炮七进七,将 6 进 1,炮七退二,车 6 进 1,炮七平三,车 8 退 1,马六退四,车 8 平 6,仕四退五,前车退 2,帅五平六,前车平 5,车六退六,车 5 平 4,车六进一,马 6 进 4,黑优,结果黑胜。

16. 车六平七　……

红如改走兵七进一,黑则炮 7 退 3,炮七进五,车 6 进 6,炮七平三,炮 7 平 4,黑优。

16. ……　　　车 6 进 3　　**17.** 车七进一　……

红如改走炮九进二,黑则卒 1 进 1,炮九退一,马 7 进 8,炮九平三,马 8 进 7,马六进五,马 3 进 5,车七平五,车 6 进 3,相五退七,卒 3 进 1,黑优。

17. ……　　　车 6 平 4　　**18.** 兵七进一　马 7 进 6

19. 车七平八　炮 9 平 7

黑优。

第 128 局　黑平边炮应法(2)

1. 炮二平五	马 8 进 7	**2.** 马二进三	车 9 平 8
3. 车一平二	马 2 进 3	**4.** 兵七进一	卒 7 进 1
5. 车二进六	炮 8 平 9	**6.** 车二平三	炮 9 退 1
7. 马八进七	车 1 进 1	**8.** 炮八平九	车 1 平 6
9. 马七进六	士 6 进 5	**10.** 车三退一	炮 2 平 1(图 128)

如图 128 形势,红方此时另有四种着法:(一)车九平八;(二)车九进一;(三)炮九平七;(四)兵三进一。分述如下:

第一种着法:车九平八

11. 车九平八　炮 9 平 7

12. 车三平六　……

红如改走车三平八,黑则车 6 进 4 [2013 年"碧桂园杯"第 13 届世界象棋锦标赛中华台北李孟儒—马来西亚陈珈韵实战对局时黑方此着选择马 7 进 8,以下是:炮五平七,马 8 进 6,相七进五,车 8 进 7,前车进二,车 6 进 1,炮七进四,象 7 进

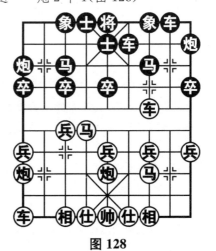

图 128

5,前车平七,炮7进6,炮九进四(在同次比赛中中华台北李孟儒—越南阮黄燕实战对局时红方选择炮九平三,马6进7,双方对攻,结果黑胜),车8进1,炮九平五,将5平6,仕六进五,红优,结果红胜],兵五进一(红如改走车八平六,则卒3进1,车六平七,车6平4,车七进二,象7进5,黑优;红又如改走马六进七,则车6平3,前车进一,炮7进5,相三进一,炮7退3,黑优;红再如改走马六退七,则马7进6,马七进八,象7进5,前车进二,炮7进1,黑优),马7进6,马六进七,马6进8,前车进二,车8进2,马七进九,象3进1,黑优。

12. ……　　　　炮1进4

2013年首届"名人棋校杯"川渝象棋名手邀请赛南充唐世文—达州曾军实战对局时黑方此着选择车8进8,以下是:炮五平七,炮7进5,相三进五,马7进8,车六平三,象7进9,车三退一,车6进4,车八进七,红大优,结果红胜。

红方主要有以下三种着法:

(1)车八进七,炮1平4,车六平八,炮4平7,相三进一,车6进1,马六进五,马3进5,前车平四,士5进6,炮五进四,车8进4,车八进二,车8平6,双方对攻。

(2)兵三进一,卒3进1,车六进一,炮7进4,相三进一,炮7平3,双方对攻。

(3)兵七进一,炮1平7,相三进一,前炮平8,仕六进五,车6进7,炮五平七,炮7进6,炮九平三,炮8进3,炮三退二,车8进8,车八进一,马7进8,相七进五,马8进6,车六平四,卒3进1,炮七进五,象7进5,炮七退一,卒3进1,马六进五,马6进5,车四退四,车8平6,双方对攻。

第二种着法:车九进一

11. 车九进一　　炮9平7　　12. 车三平八　　炮1进4

13. 车九平六　　炮1平7　　14. 相三进一　　车6进1

黑如改走前炮平8,红则车六平二,炮7进6,炮九平三,车6进4,车八平三,车6平4,车三进二,象7进5,车三退四,车4平8,双方对攻,结果红胜。(选自2015年苏浙皖三省边界友好城市体育健身圈"东华杯"中国象棋邀请赛溧阳东华队狄平川—马鞍山雨山区张志刚实战对局)

15. 炮五平七　　车6平4　　16. 车六进一　　车8进5

17. 炮九进二　　车8退1　　18. 炮七进四　　象7进5

19. 车八平二　　马7进8　　20. 马三退二　　卒1进1

21. 炮九退三　　车4进2

黑优,结果黑胜。(选自1990年全国象棋团体赛林业甘奕祜—石化何群实战对局)

第三种着法:炮九平七

11. 炮九平七　　车 6 进 4

1987 年全国象棋个人赛陶汉明—陈孝堃实战对局时黑方此着选择车 6 进 1,以下是:兵七进一(红应改走车三平六),象 7 进 5,车三平六,卒 3 进 1,炮七进五,车 6 进 5,马六进八,炮 1 平 2,马八进九,车 6 平 7,车九平八,车 7 进 2,车八进七,车 7 退 3,炮五平一,车 8 进 7,红多子,黑有势,双方形成对攻局面,结果红胜。

12. 车三退一　　……

红另有以下两种着法:

(1)车三平六,车 8 进 4,车六进一,炮 9 平 7,车九平八,马 7 进 6,马六进四,车 8 平 6,仕六进五,前车平 3,黑优。

(2)马六进七,炮 9 平 7,车三平七,象 7 进 5,马七进五,炮 1 平 5,车七进二,马 7 进 8,车七退二,象 3 进 1,炮七平八,炮 7 进 6,炮八进七,象 1 退 3,车七进四,炮 5 进 4,仕六进五,将 5 平 6,帅五平六,车 6 平 4,炮五平六,将 6 进 1,黑多子好走。

12. ……	车 8 进 5	**13. 炮七进四**	象 3 进 5
14. 车三进三	车 6 平 4	**15. 相七进九**	炮 1 进 4
16. 车九平七	车 4 进 1	**17. 车七进三**	车 4 平 3
18. 炮七退三	马 3 进 4	**19. 炮五进四**	将 5 平 6
20. 炮七退一	车 8 退 2	**21. 炮五退一**	

红仍占先。

第四种着法:兵三进一

11. 兵三进一　　车 8 进 8

1990 年全国象棋个人赛上海单霞丽—湖北陈淑兰实战对局时黑方此着选择车 6 进 1,以下是:车九平八,车 8 进 8,车三平八,炮 9 平 7,后车进一,车 8 平 2,车八退四,炮 7 进 4,相三进一,炮 7 平 3,马六进七,车 6 进 2,马七进九,象 3 进 1,车八进六,车 6 平 3,车八平九,炮 3 平 4,双方对攻,结果战和。

12. 炮五平七	车 6 进 1	**13. 车九平八**	炮 1 进 4
14. 车八进三	车 8 平 4	**15. 马六进七**	炮 9 平 7
16. 车三平八	车 4 平 3	**17. 后车平九**	车 3 退 1
18. 相三进五	马 7 进 6	**19. 马三退二**	马 6 进 4
20. 车八平六	马 4 进 6	**21. 马二进一**	炮 7 进 2
22. 兵七进一	象 7 进 5		

黑优。(选自 2007 年第 19 届"棋友杯"全国象棋大奖赛济南队陆伟韬—山

西大唐热电队周小平实战对局）

第129局　黑平炮打车应法

1. 炮二平五	马8进7	2. 马二进三	车9平8
3. 车一平二	马2进3	4. 兵七进一	卒7进1
5. 车二进六	炮8平9	6. 车二平三	炮9退1
7. 马八进七	车1进1	8. 炮八平九	车1平6
9. 马七进六	士6进5	10. 车三退一	炮9平7

11. 车三平八　……

红如改走车三平六，黑则炮2进6，炮五平七（红如车九进一，则炮7进5，相三进一，炮2平7，黑优），炮7进5，相七进五（红如相三进五，则炮2平7，相五退三，前炮平4！黑大优），炮2平6，相三进一，炮6平7，相五退三，前炮平8，相三进五，车6进7，黑优。

11. ……　　　　炮2平1（图129）

如图129形势，红方主要有五种着法：（一）车八进二；（二）车九进一；（三）炮五平七；（四）炮九平七；（五）兵三进一。分述如下：

第一种着法：车八进二

12. 车八进二　车6进1

2010年全国少年象棋锦标赛重庆市涪陵区体校陈姝璇—浙江省湖州市唐思楠实战对局时黑选择炮1进4，以下是：炮九平七，炮1平7，相三进一，车6进1，炮七进四，象7进5，车八平七，马7进8，炮五平七，士5进4，相七进五（红应改走车

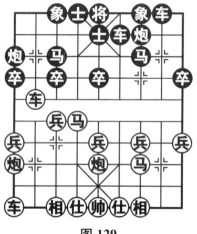

图 129

七平六吃士），马8进6，马六退四，马6进8，后炮进一，后炮进6，黑优，结果黑胜。

13. 炮五平七　　……

2012年第5届"北美杯"象棋锦标赛新泽西王能家—多伦多李亚超实战对局时红选择炮九平七，以下是：车8进5，炮七进四，象7进5，车八平七，车8平4，炮五平七，马7进6，相七进五，马6进8，马三退二，将5平6，仕四进五，车6进6，前炮进三，象5退3，车七平三，象3进5，车三进一，车6平8，捉死马，黑大优，结果黑胜。

13.……　　　　车8进5　　　　**14.** 炮七进四　　马3退2

15. 车八平四　　……

红如改走车八进二,黑则车8平4,车八平七,车4平3,相七进五,车3进2,马三退五,车3平2,马五退七,车2平3,炮九平八,炮1平5,炮八进七,将5平6,仕六进五,炮5进4,车七退二,将6进1,车七平四,士5进6,炮八平三,马7退9,黑优。

15.……　　　　士5进6　　　　**16.** 马六进五　　车8平3

17. 炮七平六　　炮1平5　　　　**18.** 炮六退四　　马2进3

19. 相七进五　　车3进2　　　　**20.** 马五进七　　车3平4

双方对攻。

第二种着法:车九进一

12. 车九进一　　炮1进4　　　　**13.** 车九平六　　……

红如改走车九平七,黑则炮1平7,相三进一,车6进4,马六进七,马7进6,仕六进五,象7进5,车八进二,后炮进6,炮九平三,马6进8,炮三退二,马8进9,黑优。

13.……　　　　炮1平7　　　　**14.** 相三进一　　车6进1

15. 兵七进一　　卒3进1　　　　**16.** 炮五平七　　车6平4

17. 炮七进五　　马7进6

黑也可改走象7进5。

18. 车八平七　　马6进4　　　　**19.** 车七平三　　马4进6

20. 车六进六　　马6退7

黑优。

第三种着法:炮五平七

12. 炮五平七　　车6进4　　　　**13.** 马六退五　　……

红如改走车八平六,黑则车8进4,车六进一(红如车六平二,则马7进8,马六退五,炮1进4,车九平八,车6平3,炮七进一,炮7进6,炮九平三,炮1平5,仕四进五,车3进1,黑得子大优),马7进6,马六进四,车8平6,仕六进五,前车平3,炮七平六,车3进1,车九平八,炮1进4,相三进五,象7进5,黑优。

13.……　　　　马7进6

2010年恩平沙湖象棋大奖赛广东黎德志—广东胡克华实战对局时黑此着选择卒5进1,以下是:兵七进一,炮1进4(黑应改走车6平3),车九平八,炮1平7,马五进三,炮7进5,相三进五,马3进5,兵七进一,象7进5,炮七进一,红优,结果红胜。

14. 兵五进一　　车6进1　　　**15.** 车九平八　　象7进5

16. 后车进三　　车6平2　　　**17.** 车八退二　　车8进5

双方对攻。

第四种着法:炮九平七

12. 炮九平七　　车6进4　　　**13.** 车八平六　　车8进4

14. 车六平二　　马7进8　　　**15.** 马六进五　　马3进5

16. 炮五进四　　象7进5

黑也可改走炮1平5,红如接走相三进五,则炮7进6,炮七平三,将5平6,仕六进五,炮5进4,帅五平六,车6平4,帅六进五,车4平3,车九平八,车3平6,帅五平六,车6平4,帅六进五,马8进6,炮五平三,车4平3,黑优。

17. 相三进五　　车6平4　　　**18.** 马三退二　　车4平8

黑应改走马8进6,炮五退二,车4进1,黑优。

19. 马二进一　　马8退7　　　**20.** 炮五退二　　……

红可改走炮五平九先得实利。

20. ……　　　　马7进6　　　**21.** 炮七平六　　马6进5

22. 兵三进一　　车8退1　　　**23.** 车九平八　　车8平5

24. 炮五平四　　马5退3　　　**25.** 仕四进五　　马3进4

26. 仕五进六　　车5进2

黑优,结果黑胜。(选自2011年马鞍山市"好口福杯"象棋业余公开赛天津张彬—安徽马维维实战对局)

第五种着法:兵三进一

12. 兵三进一　　马7进8

黑另有以下四种应着:

(1)炮7进4,相三进一,炮7平3,炮五平七,车8进4,车八平二,马7进8,相七进五,炮3退1,车九平八,马8进6,马三进四,车6进4,马六进七,炮1进4,车八进五,象7进5,车八退二,炮1退1,双方对攻,结果红胜。(选自2011年广东鹤山市"棋友杯"象棋公开赛广东李进—广东胡克华实战对局)

(2)车6进1,炮九平七(红也可改走炮五平七,黑如车6平4,则马六进七,炮1进4,车九平八,炮1平3,相七进五,象7进5,马三进四,红优),车8进8,炮五平六,象7进5,车八进二,马7进8,仕六进五(红可改走车八平七吃马),车6进3,相七进五,炮7进6,炮六平三,车6平4,车八平七,马8进6,车七退一(红应改走车九平六邀兑),车8平6,车九平六,车4进4,帅五平六,马6进5,帅六进一,马5退3,双方对攻,结果黑胜。(选自2012年第5届"杨官璘杯"象棋

公开赛中华台北刘安生—越南阮成保实战对局）

(3)车 8 进 8,炮五平七,车 8 平 4,炮七进四,马 3 退 1,炮七进二,马 1 进 3,车八进二,车 6 进 1(黑如改走士 5 退 6,则炮七平三,车 4 退 3,车八平七,车 6 平 7,车七进二,红优),炮七平三,车 4 退 3,兵三进一,红优。

(4)车 8 进 4,车九平八,炮 1 进 4,炮五平七,车 6 进 1,相七进五,车 6 平 4,马六进七,象 7 进 5,前车退二,炮 1 退 1,前车进四,红优,结果红胜。（选自 2014年 QQ 游戏天下棋弈全国象棋甲级联赛成都瀛嘉—浙江赵鑫鑫实战对局）

13. 车九进一　……

红可改走兵七进一,黑如接走炮 7 进 6,则兵七进一,炮 7 平 1,车九进二,车 6 进 4,车九平六,马 3 退 1,炮五进四,象 7 进 5,兵三进一,红少子有攻势。

13. ……　　　马 8 进 9

2015 年寿光首届"方文龙杯"象棋公开赛潍坊坊子张荣昌—寿光古城董波实战对局时黑方此着选择炮 7 进 6,以下是:炮九平三,马 8 进 9,炮三退一,车 6进 4,车九平六,车 8 进 8(黑也可改走马 9 退 7 先得实利),炮五平七,象 7 进 5,车八进二,马 9 退 7,相三进五,马 7 退 9,车八平七,马 9 进 8,双方对攻,结果黑胜。

14. 车八平三　……

1986 年"宁波杯"象棋赛湖北柳大华—江苏徐天红实战对局时红此着选择车九平三,以下是:炮 7 进 6,炮九平三,车 6 进 4,马六进五,马 3 进 5,炮五进四,炮 1 平 5,炮三平五,车 8 进 6,仕四进五,车 8 平 5,前炮平九,将 5 平 6,黑伏有弃中车砍炮的恶手,红认负。

14. ……　　　象 3 进 5　　**15.** 车三进一　……

红如改走车三进二,黑则马 9 进 7,炮九平三,车 6 进 4,车三进一,车 6 平 4,车九平八,炮 1 退 1,车三退二,炮 1 进 5,车八进六,炮 1 进 3,车八退七,炮 1 退4,车八进七,炮 1 进 4,车八退七,炮 1 退 4,红方长捉犯规,必须变着。

15. ……　　　马 9 进 7　　**16.** 炮九平三　　炮 1 退 1

17. 马六进五　……

红另有以下两种着法:

(1)车三进二,车 6 进 4,马六进五,马 3 进 5,车三退二,马 5 进 4,炮五平八,炮 1 平 2,车九平六,炮 2 进 2,车三进二,车 8 进 9,仕六进五,车 8 平 7,炮三平四,炮 2 退 2,双方对攻。（选自 1986 年第 2 届"天龙杯"中国象棋大师邀请赛河北黄勇—江苏言穆江实战对局）

(2)车九平八,车 6 进 4,以下是:马六进五,马 3 进 5,炮五进四,车 6 进 2,炮三退一,车 8 进 6,车八进二,车 6 进 1,炮三进一,车 8 平 7,炮三平五,车 7 平 6,

仕四进五,前车平7,相三进一,车7平9,仕五退四,车9退1,红略先,结果黑胜。
(选自1985年"王冠杯"象棋赛河北黄勇—江苏言穆江实战对局)

17. ……	马3进5	18. 炮五进四	车8进6
19. 相三进五	车8平5	20. 炮五平一	

红优。

第130局　黑车塞相眼应法

1. 炮二平五	马8进7	2. 马二进三	车9平8
3. 车一平二	马2进3	4. 兵七进一	卒7进1
5. 车二进六	炮8平9	6. 车二平三	炮9退1
7. 马八进七	车1进1		
8. 炮八平九	车1平6		
9. 马七进六	士6进5		
10. 车三退一	车8进8(图130)		

如图130形势,红方主要有三种着法:
(一)车三平八;(二)车九平八;(三)炮五平七。分述如下:

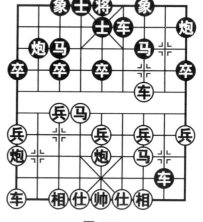

图 130

第一种着法:车三平八

11. 车三平八　炮2平1

12. 兵三进一　……

红如改走车八进二,黑则炮1进4,炮九平七,炮1平7,炮七进四,炮7进3,仕四进五,象3进5,车八平七,车6进7,炮五平八,将5平6,炮八平四,炮7平9,黑胜定。

12. ……	炮1进4	13. 车九平八	炮1平9
14. 后车进一	车8平2	15. 车八退四	前炮平7
16. 相三进一	车6进4	17. 车八平六	象7进5
18. 炮五平七	马7进6	19. 马六进四	车6退1
20. 车六进五	车6平2	21. 车六平七	车2进3
22. 炮七平五	炮9进6!	23. 炮五平一	车2平7
24. 炮一退一	炮7平8		

黑优,结果黑胜。(选自2009年"恒丰杯"第11届世界象棋锦标赛德国薛忠—中国赵鑫鑫实战对局)

第二种着法：车九平八

11. 车九平八　炮 9 平 7　　　**12.** 车八进七　炮 7 进 3

13. 车八平七　车 8 平 6

2013 年"新疆棋协杯"全国象棋团体赛广东碧桂园一队陈丽淳—河北金环钢构尤颖钦实战对局时黑此着选择马 7 进 8，以下是：仕六进五(红应改走炮五进四，黑如接走将 5 平 6，则仕四进五，红仍占优)，马 8 进 9，炮五进四，士 5 进 4，炮五退二，马 9 进 7，马六进五，象 3 进 5，车七平六，炮 7 平 5，车六退二，车 6 进 3，帅五平六，士 4 进 5，车六平八，马 7 退 5，车八进四，士 5 退 4，车八平六，将 5 进 1，车六退一，将 5 退 1，车六进一，将 5 进 1，车六退六，车 8 平 6，相七进五(红应改走炮九平五)，前车退 3，黑大优，结果黑胜。

14. 仕六进五　后车进 1　　　**15.** 车七进二　前车平 7

16. 车七退三　车 6 平 2　　　**17.** 马六进五　炮 7 进 3

18. 炮九平三　车 7 退 1

黑略先，但赢不动。

第三种着法：炮五平七

11. 炮五平七　炮 9 平 7　　　**12.** 车三平八　炮 2 平 1

13. 炮七进四　……

红如改走兵三进一，黑则马 7 进 8，相七进五，卒 3 进 1，车八进二，炮 1 进 4，炮九进四，炮 1 平 9，炮九进二，车 6 进 7，炮九平三，红大优，结果红胜。(选自 2005 年第 4 届"威凯房地产杯"全国象棋一级棋士赛江苏张国凤—四川吴优实战对局)

13. ……　　　象 3 进 5　　　**14.** 车八进二　炮 1 退 1

15. 车八平七　车 6 进 4　　　**16.** 马六退七　车 6 平 3

17. 马七退五　马 7 进 6　　　**18.** 相七进五　车 3 进 1

19. 车九平七　车 3 平 1　　　**20.** 炮七退五　车 8 退 2

21. 炮九平七　车 8 平 7　　　**22.** 前炮进一　车 7 退 2

23. 马三进四

红多子优。

第 3 节　马踩中卒局型

第 131 局　黑弃 7 卒

1. 炮二平五　马 8 进 7　　　**2.** 马二进三　车 9 平 8

3. 车一平二　　马2进3　　　　**4.** 兵七进一　　卒7进1

5. 车二进六　　炮8平9　　　　**6.** 车二平三　　炮9退1

7. 马八进七　　车1进1　　　　**8.** 炮八平九　　车1平6

9. 马七进六　　士6进5　　　　**10.** 马六进五　　马3进5

黑也可改走马7进5,红如接走车九平八(红如炮五进四,则马3进5,以下与主变相同),马5进6,车三平七,炮2进5! 车八进二,马6进7,仕六进五,炮9进5,黑优。

11. 炮五进四　　……

红如改走车九平八,黑则炮9平7,炮五进四,士5进4,车八进七,炮7进2,炮五退二,车6进1,黑大优。

11. ……　　　　马7进5　　　　**12.** 车三平五　　卒7进1(图131)

黑另有三种攻法:

(1)车 6 进 7,以下参见本节第132局。

(2)炮2平7,相三进五,卒7进1,相五进三,车8进6,相七进五,车8平7,车九平八,车7平6,仕六进五,炮7进5,炮九平三,炮9进5,车五平一,后车进4,兵五进一,象3进5,兵五进一,炮9平1,车八进二,炮1平5,帅五平六,后车平7,炮三平四,车6进1,黑得子得势,红认负。(选自2009年第12届"潇河湾杯"全国象棋擂台赛晋中李永伟—晋中周军实战对局)

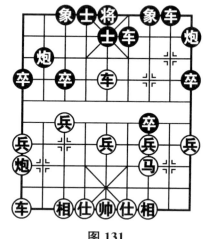

图 131

(3)炮2进4,车九平八,炮2平7,相三进五,车6进7,车五平一,炮9平6,仕六进五,车6平7,车一平四,炮6进1,车四退四,炮6平8,炮九退一,炮8进7,相五退三,车7进1,马三退二,车7平8,黑明显占优,结果黑胜。(选自2001年第7届世界象棋锦标赛缅甸杨正双—日本山崎秀夫实战对局)

如图131形势,红方主要有三种着法:(一)车五平三;(二)车九平八;(三)兵三进一。分述如下:

第一种着法:车五平三

13. 车五平三　　卒7平6　　　　**14.** 车九平八　　车6进1

15. 仕六进五　　车6平8!　　　　**16.** 车三平七　　炮2平7

17. 车七进三　　……

红如改走车八进二,黑则炮 9 平 7,车七进三,前炮进 5,炮九平三,前车进 5,黑大优。

17. ……　　　炮 7 进 5

18. 炮九进四　前车平 1　　　**19.** 车七退三　炮 9 进 5

20. 车七平五　车 8 进 2　　　**21.** 炮九平七　车 1 平 3

22. 相七进五　车 8 平 5　　　**23.** 车五平一　炮 9 平 5

24. 兵七进一　车 5 进 2

黑大优,结果黑胜。(选自 2001 世界象棋锦标赛法国许松浩—中华台北吴贵临实战对局)

第二种着法:车九平八

13. 车九平八　炮 2 平 7　　　**14.** 车八进七　炮 7 进 4

15. 相七进五　……

红如改走相三进五,黑则炮 9 进 5,马三进一,车 8 进 6,车五平一,车 6 进 7,马一退二,车 8 进 2,黑优。

15. ……　　　车 8 进 7　　　**16.** 相三进一　车 8 平 9

17. 车五平一　炮 9 进 1　　　**18.** 车八平二　车 6 进 5

黑优。

第三种着法:兵三进一

13. 兵三进一　炮 2 平 7　　　**14.** 车五平三　车 6 进 1

15. 相七进五　炮 9 平 7　　　**16.** 车三平七　前炮进 5

17. 炮九平三　炮 7 进 6

黑得子大优。

第 132 局　肋 车 相 眼

1. 炮二平五　马 8 进 7　　　**2.** 马二进三　车 9 平 8

3. 车一平二　马 2 进 3　　　**4.** 兵七进一　卒 7 进 1

5. 车二进六　炮 8 平 9　　　**6.** 车二平三　炮 9 退 1

7. 马八进七　车 1 进 1　　　**8.** 炮八平九　车 1 平 6

9. 马七进六　士 6 进 5　　　**10.** 马六进五　马 3 进 5

11. 炮五进四　马 7 进 5　　　**12.** 车三平五　车 6 进 7(图 132)

如图 132 形势,红方主要有三种着法:(一)车五平七;(二)车九平八;(三)仕六进五。分述如下:

第一种着法:车五平七

13. 车五平七　炮2平7

14. 车七进三　……

红如改走炮九进四,黑则象7进5,车九进二,卒7进1,车七平三,车6退6,车三退二,炮9平7,车三平一,前炮进5,黑得子大优。

14. ……　　车8进3

15. 相七进五　象7进5

16. 车七平八　卒7进1

17. 兵三进一　……

红如改走相五进三,黑则炮7进4,相三进一,车6退1,黑大优。

17. ……　　炮7进5　　**18.** 炮九平三　车8进4

黑大优。

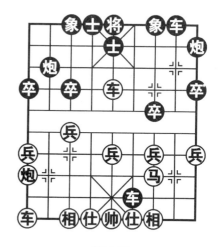

图 132

第二种着法:车九平八

13. 车九平八　炮2平7　　**14.** 相七进五　卒7进1

15. 兵三进一　……

红如改走相五进三,黑则炮7进4,相三进一,车6退1捉双,黑大优。

15. ……　　炮9平7　　**16.** 车八进六　车8进7!

2012年江西省"中德杯"上饶市第8届象棋棋王赛江苏张明—江西上饶郑常灯实战对局时黑此着选择前炮进5,炮九平三,炮7进6,黑优,结果战和。

17. 车八平七　前炮进5　　**18.** 炮九平三　车8平7

19. 车五平三　车7平5　　**20.** 仕六进五　炮7平8

21. 车三进三　士5退6　　**22.** 车三平二　炮8平5

23. 车七平六　炮5进1　　**24.** 帅五平六　士4进5

25. 车二退八　车5进1　　**26.** 仕四进五　车6平8

黑大优。

第三种着法:仕六进五

13. 仕六进五　炮2平7　　**14.** 相七进五　炮7进4

15. 相三进一　车8进7　　**16.** 车九平六　车8平9

17. 车六进六　炮9平7　　**18.** 帅五平六　象7进5

19. 车五平二　后炮退1　　**20.** 车六平七　车6退4

21. 车七平六　卒 7 进 1　　　22. 炮九平六　后炮平 6

23. 兵五进一　车 6 平 2　　　24. 车六平八　车 2 退 1

25. 车二平八　炮 7 平 4　　　26. 帅六平五　卒 7 进 1

27. 车八退三　炮 4 平 6

黑优,结果黑胜。(选自荥阳"楚河汉界杯"象棋棋王赛湖北王顺波—河南李晓晖实战对局)

第 4 节　红卸中炮局型

第 133 局　红骑河车捉马

1. 炮二平五　马 8 进 7　　　2. 马二进三　车 9 平 8

3. 车一平二　马 2 进 3　　　4. 兵七进一　卒 7 进 1

5. 车二进六　炮 8 平 9　　　6. 车二平三　炮 9 退 1

7. 马八进七　车 1 进 1　　　8. 炮八平九　车 1 平 6

9. 马七进六　士 6 进 5　　　10. 炮五平七　炮 9 平 7

11. 炮七进四　象 3 进 1　　　12. 车三平二　……

红如改走车三平四,黑则车 6 进 2,炮七平四,马 3 进 4,炮四平九,马 4 进 2,相三进五,车 8 进 6,黑优。

12. ……　　　车 8 进 3　　　13. 炮七平二　马 3 进 4

14. 车九平八　炮 2 平 4　　　15. 车八进五　马 4 进 6(图 133)

如图 133 形势,红方主要有两种着法:
(一)炮二进三;(二)相七进五。分述如下:

第一种着法:炮二进三

16. 炮二进三　象 7 进 9

17. 相七进五　炮 7 平 8

18. 炮二平一　炮 8 进 3

19. 车八退四　车 6 平 9

20. 兵三进一　马 6 退 4

21. 炮一退二　车 9 进 1

22. 兵三进一　炮 4 进 3

23. 车八平六　马 4 进 2

24. 炮九平八　炮 4 退 3

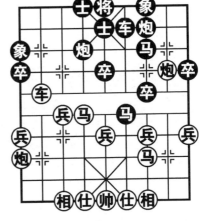

图 133

25. 兵三平二　马 7 进 8

黑多子大优。

第二种着法:相七进五

16. 相七进五　车 6 进 2　　17. 炮二进三　象 7 进 5

18. 炮二平一　……

红如改走炮二退二,黑则象 1 退 3,车八退四,车 6 平 8,炮二平一,卒 5 进 1,兵三进一,卒 7 进 1,马三进四,卒 7 平 6,黑优,结果黑胜。(选自 2002 年亚洲象棋锦标赛菲律宾蔡培青—中国赵鑫鑫实战对局)

18. ……　　卒 9 进 1　　19. 车八退四　车 6 平 9

20. 炮一平二　炮 7 平 8　　21. 兵三进一　……

红如改走车八平二,黑则马 6 退 8,车二平四,马 7 退 8,黑得子大优。

21. ……　　马 6 进 7　　22. 车八平二　炮 8 进 2

23. 炮九平三　……

红如改走炮二退二,黑则后马进 8! 车二平三,炮 4 平 8,兵三进一,马 8 进 9,炮九平三,前炮进 4,炮三平四,前炮平 7,黑多子大优。

23. ……　　马 7 退 8

黑多子大优。

第 134 局　　红出直车弃兵

1. 炮二平五　马 8 进 7　　2. 马二进三　车 9 平 8

3. 车一平二　马 2 进 3　　4. 兵七进一　卒 7 进 1

5. 车二进六　炮 8 平 9　　6. 车二平三　炮 9 退 1

7. 马八进七　车 1 进 1　　8. 炮八平九　车 1 平 6

9. 马七进六　士 6 进 5　　10. 炮五平七　炮 9 平 7

11. 炮七进四　象 3 进 1　　12. 车三平二　车 8 进 3

13. 炮七平二　马 3 进 4　　14. 车九平八　炮 2 平 4

15. 兵七进一　马 4 进 6　　16. 相七进五　车 6 进 2(图 134)

2015 年"柳林杯"山西省象棋锦标赛晋城闫春旺—临汾周小平实战对局时黑方此着选择马 6 进 7,以下是:炮九平三,车 6 进 2,炮二进三,象 7 进 5,兵七进一,炮 7 平 8,炮二平一,车 6 进 4,炮三平一(红应改走炮三退一,双方对攻),炮 8 进 8,仕六进五,车 6 平 9,黑得子大优,结果黑胜。

如图 134 形势,红方主要有两种着法:(一)炮二进三;(二)炮九进四。分述如下:

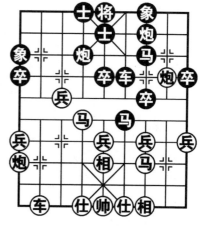

第一种着法：炮二进三

17. 炮二进三　　象 7 进 5
18. 兵七进一　　炮 7 平 8
19. 炮二平一　　马 6 进 8
20. 车八进一　　车 6 进 2
21. 马六退七　　……

红如改走马六进八，黑则车 6 平 2！黑必可得子占优。

21. ……　　　炮 4 进 4
22. 兵七平六　　炮 4 平 7

黑优。

第二种着法：炮九进四

17. 炮九进四　　车 6 退 1

图 134

2000 年"嘉周杯"象棋特级大师冠军赛河北刘殿中—江苏徐天红实战对局时黑此着选择炮 4 进 1，以下是：车八进七，将 5 平 6，仕六进五，马 6 进 8，马六退四，马 7 进 6（黑应改走马 7 退 9，炮二进三，象 7 进 5，兵七平六，车 6 进 3，兵六进一，卒 7 进 1，黑大优），炮二进三，象 7 进 5，车八退三，卒 7 进 1，车八平三，车 6 退 2，炮九平八，马 6 退 7，车三进三，车 6 进 5，炮八退五，炮 4 退 2，兵七进一，红大优，结果红胜。

18. 马三退一　　马 6 进 4　　19. 车八进一　　车 6 进 3
20. 马六进七　　车 6 平 3　　21. 车八平四　　车 3 退 1
22. 马七进九　　象 7 进 5　　23. 炮九平七　　车 3 平 6
24. 车四平八　　马 7 进 8　　25. 炮二平三　　马 8 进 9
26. 马九退八　　将 5 平 6　　27. 仕六进五　　马 9 进 8
28. 马八退六　　车 6 平 4　　29. 马六退八　　车 4 平 2
30. 仕五进六　　马 8 退 7　　31. 炮三退三　　炮 7 进 5

黑优，结果黑胜。（选自 2000 年"环球药业杯"全国象棋个人赛香港黄志强—江苏徐超实战对局）

第 135 局　红弃七兵

1. 炮二平五　　马 8 进 7　　2. 马二进三　　车 9 平 8
3. 车一平二　　马 2 进 3　　4. 兵七进一　　卒 7 进 1
5. 车二进六　　炮 8 平 9　　6. 车二平三　　炮 9 退 1
7. 马八进七　　车 1 进 1　　8. 炮八平九　　车 1 平 6

9. 马七进六　　士 6 进 5　　**10.** 炮五平七　　炮 9 平 7

11. 炮七进四　　象 3 进 1　　**12.** 车三平二　　车 8 进 3

13. 炮七平二　　马 3 进 4　　**14.** 兵七进一　　马 4 进 6

15. 相七进五　　炮 2 进 5(图 135)

如图 135 形势,红方主要有三种着法: (一)马三退一;(二)马三退二;(三)相五退七。分述如下:

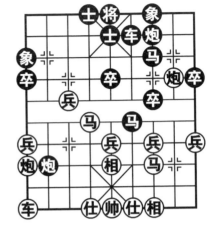

图 135

第一种着法:马三退一

16. 马三退一　　马 6 进 4

17. 车九平七　　车 6 进 4

18. 马六进七　　马 7 进 6

19. 兵七平六　　炮 7 进 5

20. 炮九进四　　将 5 平 6

21. 仕六进五　　……

2001 年第 1 届 BGN 世界象棋挑战赛河北刘殿中—江苏徐天红实战对局时,红此着选择马七进九,黑应以马 6 退 5 (黑应改走炮 2 进 2,以下车七平八,马 6 进 4,仕六进五,前马进 3,帅五平六,马 4 进 5,马九退七,车 6 进 4,帅六进一,马 5 退 3,帅六进一,车 6 平 2,黑胜),仕六进五,炮 2 进 1,炮二进三,象 7 进 9,马一进二,炮 2 退 2(黑应改走炮 2 进 1,红如接走车七进二,则车 6 平 2,炮二退三,马 4 进 2,黑大优),车七进三,马 4 进 5,仕四进五,车 6 平 8,兵五进一,炮 7 平 9,马二退一,红得子大优,黑认负。

21. ……　　　　炮 2 进 1　　**22.** 马一进三　　车 6 进 3

23. 相三进一　　炮 2 退 1

黑优。

第二种着法:马三退二

16. 马三退二　　马 6 进 4　　**17.** 车九平七　　车 6 进 4

18. 马六进七　　马 6 平 8

捉双,黑大优。

第三种着法:相五退七

16. 相五退七　　马 6 进 4　　**17.** 车九进一　　车 6 进 4

18. 马六进七　　车 6 平 8　　**19.** 炮二平四　　车 8 平 3

20. 车九平六　　……

红如改走马七进九,黑则车 3 进 3,车九退一,车 3 平 7 伏杀,黑胜势。

20. ……	马 4 进 3	21. 马七退五	车 3 进 1
22. 炮四退三	车 3 退 2	23. 马五退六	马 3 退 4
24. 车六进二	车 3 进 5		

黑优。

第 5 节　黑平炮打车局型

第 136 局　红出直车(1)

1. 炮二平五	马 8 进 7	2. 马二进三	车 9 平 8
3. 车一平二	马 2 进 3	4. 兵七进一	卒 7 进 1
5. 车二进六	炮 8 平 9	6. 车二平三	炮 9 退 1
7. 马八进七	车 1 进 1	8. 炮八平九	车 1 平 6
9. 马七进六	炮 9 平 7	10. 马六进五	马 7 进 5
11. 车九平八	士 6 进 5	12. 炮五进四	马 3 进 5
13. 车三平五	炮 2 平 5(图 136)		

如图 136 形势,红方主要有四种着法:
(一)车八进二;(二)炮九进四;(三)相三
进五;(四)相七进五。分述如下:

第一种着法:车八进二

14. 车八进二	车 8 进 7
15. 仕六进五	炮 7 进 5
16. 相三进一	车 8 平 9
17. 车八平六	卒 7 进 1

黑优。

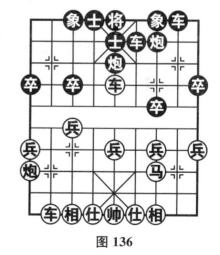

图 136

第二种着法:炮九进四

14. 炮九进四	车 8 进 7
15. 炮九进三	车 6 进 2
16. 车八进九	士 5 进 4
17. 车五退二	……

红如改走车八平七,黑则车 6 平 5,车七退三,士 4 进 5,车七平五,士 5 退 6,
马三退五,炮 7 平 5,黑优。

17. ……	车 8 平 7	18. 车八平七	车 6 进 3

19. 车七退三　士 4 进 5　　　**20.** 车七进三　士 5 退 4

21. 相七进五　车 7 退 1

黑优。

第三种着法：相三进五

14. 相三进五　卒 7 进 1　　　**15.** 相五进三　……

红另有以下两种着法：

⑴兵三进一,炮 5 平 7,炮九进四,前炮进 5,炮九进三,将 5 平 6,仕六进五,前炮进 2,相五退三,炮 7 进 8 杀,黑胜。

⑵车五平三,车 8 进 2,炮九进四,炮 5 平 7,车三平七,前炮平 1,炮九平八,炮 1 平 2,炮八平九,和势。

15. ……　　　　车 8 进 3　　　**16.** 车五退二　车 6 进 4

17. 仕六进五　车 6 平 5　　　**18.** 兵五进一　车 8 平 5

19. 炮九平五　车 5 进 2　　　**20.** 炮五进五　象 7 进 5

双方均势。

第四种着法：相七进五

14. 相七进五　车 6 进 7　　　**15.** 仕六进五　……

红如改走仕四进五,黑则炮 7 进 5,相三进一,炮 7 平 8,炮九退一,车 6 退 2,车八进九,炮 8 进 3,马三退二,车 8 进 9,相一退三,炮 5 进 4,车五退三,车 6 平 5,黑大优。

15. ……　　　　炮 7 进 5　　　**16.** 相三进一　炮 7 平 8

17. 相一退三　炮 5 平 7　　　**18.** 炮九退一　车 6 退 6

19. 车五平三　炮 8 退 5

黑优。

第 137 局　红出直车(2)

1. 炮二平五　马 8 进 7　　　**2.** 马二进三　车 9 平 8

3. 车一平二　马 2 进 3　　　**4.** 兵七进一　卒 7 进 1

5. 车二进六　炮 8 平 9　　　**6.** 车二平三　炮 9 退 1

7. 马八进七　车 1 进 1　　　**8.** 炮八平九　车 1 平 6

9. 马七进六　炮 9 平 7　　　**10.** 马六进五　马 7 进 5

11. 车九平八　士 6 进 5　　　**12.** 车八进七　马 5 进 6

13. 车三平六　……

红如改走车八平七,黑则马 6 退 7,炮九进四,车 6 进 3,车七进二,马 7 退 5,

车七退三,车 6 平 1,炮九平八,车 1 平 2,车七平四,炮 7 进 5,相三进一,炮 7 平 1,黑优。

13. ……　　　　车 6 进 1(图 137)

进车保马,正着。以下另有三则实战局例:

(1)车 8 进 8,兵三进一,卒 7 进 1,车八平七,炮 7 进 6,炮五进六,黑认负。(选自 1982 年上海市第 1 届名手象棋邀请赛成志顺—蔡伟林实战对局)

(2)车 8 进 8,兵三进一,卒 7 进 1,车八平七,卒 7 进 1,车七进二,马 6 进 5,相七进五,炮 7 进 6,炮九进四,车 6 进 8,帅五平四,炮 7 平 9,相五退七,炮 9 进 2,相三进五,车 8 进 1,帅四进一(红应改走相五退三),卒 7 进 1 伏杀,黑胜。(选自 2014 年"宝宝杯"山西省首届象棋大师赛太原白晋良—大同蒋建斌实战对局)

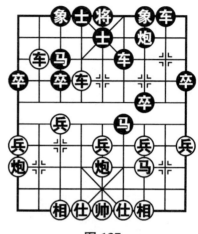

图 137

(3)车 8 进 8,炮五平七,马 3 进 5,炮七进四,马 5 退 4,车六进二,马 6 进 7,仕六进五,车 6 进 2,车六平七,象 7 进 5,炮九进四,车 6 进 5(黑应改走车 6 进 6),车八平五,将 5 平 6,炮七进三,将 6 进 1,炮九进二,红胜。(选自 2003 年"大利昌五金杯"网络象棋团体赛加拿大郑熙明—中国香港赖罗平网络对局)

如图 137 形势,红方主要有三种着法:(一)车六平七;(二)炮五平七;(三)兵七进一。分述如下:

第一种着法:车六平七

14. 车六平七　车 8 进 8	**15.** 车七进一　象 7 进 5
16. 炮五进五　象 3 进 5	**17.** 车七平五　马 6 进 7
18. 车五平四　士 5 进 6	**19.** 车八平四　炮 7 进 5
20. 相七进五　马 7 退 9	

红略先。

第二种着法:炮五平七

14. 炮五平七　卒 7 进 1	**15.** 兵三进一　炮 7 进 6
16. 炮七进四　象 3 进 1	**17.** 车八平九　车 8 进 6
18. 兵五进一　车 8 平 1	**19.** 炮九平四　车 6 平 5

20. 仕六进五　炮 7 退 1

黑多子占优,结果战和。(选自 1998 年第 9 届"银荔杯"象棋争霸赛吉林陶汉明—广东许银川实战对局)

第三种着法:兵七进一

14. 兵七进一　炮 7 进 5	**15.** 相三进一　卒 3 进 1
16. 仕六进五　车 8 进 2	**17.** 车六平七　马 6 进 8
18. 炮九退一　炮 7 平 1	**19.** 车七退一　卒 7 进 1
20. 炮五平七　车 6 平 4	**21.** 炮七退一　士 5 退 6

红略先。

第 138 局　红出直车(3)

1. 炮二平五　马 8 进 7	**2.** 马二进三　车 9 平 8
3. 车一平二　马 2 进 3	**4.** 兵七进一　卒 7 进 1
5. 车二进六　炮 8 平 9	**6.** 车二平三　炮 9 退 1
7. 马八进七　车 1 进 1	**8.** 炮八平九　车 1 平 6
9. 马七进六　炮 9 平 7	**10.** 马六进五　马 7 进 5
11. 车九平八　士 6 进 5	**12.** 车八进七　马 5 进 6
13. 车三平七　车 8 进 8(图 138)	

如图 138 形势,红方主要有六种着法:(一)车八平七;(二)炮五平七;(三)兵三进一;(四)仕四进五;(五)仕六进五;(六)车七进一(参见本节第 139 局介绍)。现将前五种着法分述如下:

第一种着法:车八平七

14. 车八平七　炮 7 进 5

15. 仕四进五　马 6 进 8

16. 炮九退一　……

红如改走炮五平四,黑则炮 7 进 3,前车平三,车 6 退 1,炮九退一,马 8 进 6,仕五进四,车 8 平 1,仕四退五,车 1 退 2,黑优。

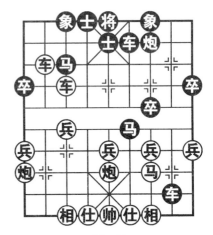

图 138

| **16.** ……　车 8 平 7! | **17.** 马三退一　车 7 平 9 |
| **18.** 炮五平二　车 9 进 1 | **19.** 相七进五　车 6 进 5 |

20. 兵五进一　　炮 7 平 1

黑下一步有炮 1 平 5 和炮 1 平 3 的恶手,黑大优。

第二种着法:炮五平七

14. 炮五平七　炮 7 进 5	**15.** 相三进五　车 8 平 3
16. 炮七平八　马 6 进 8	**17.** 炮八退一　将 5 平 6!
18. 仕六进五　车 3 平 4	**19.** 仕五进四　炮 7 平 9
20. 马三进一　车 6 进 6	**21.** 马一退二　马 8 进 7!
22. 炮八平三　车 6 进 2	

绝杀,黑胜。

第三种着法:兵三进一

14. 兵三进一　卒 7 进 1　　**15.** 车七进一　……

红如改走马三进四,黑则炮 7 进 8,仕四进五,炮 7 平 9,炮五平四,车 6 进 4,黑大优。

15. ……　　炮 7 进 6　　**16.** 炮九平三　……

红如改走炮九进四,黑则车 8 平 7,炮九平七,象 3 进 1,车八平九,马 6 进 5,相七进五,将 5 平 6,仕六进五,车 6 进 7,相三进一,车 7 平 8,黑优。

16. ……　　马 6 进 7　　**17.** 车七平四　……

红如改走仕六进五,黑则马 7 进 5,仕四进五,车 6 进 7,车八退六,车 8 进 1,帅五平六,车 8 平 7,帅六进一,象 7 进 5,黑少子有攻势。

17. ……　　车 6 进 1　　**18.** 车八平四　象 7 进 5

19. 车四退四　车 8 平 3

双方对攻。

第四种着法:仕四进五

14. 仕四进五　马 6 进 8　　**15.** 炮五平四　……

红如改走炮九退一,则车 8 平 7,黑胜定。

15. ……　　马 8 进 7	**16.** 帅五平四　车 6 进 5
17. 车七进一　炮 7 平 6	**18.** 炮四退一　车 8 进 1
19. 马三退一　炮 6 进 7	**20.** 炮九平四　炮 6 平 9
21. 相七进五　炮 9 进 1	**22.** 帅四进一　车 8 退 1

下一步退马杀,黑胜。

第五种着法:仕六进五

| **14.** 仕六进五　炮 7 进 5 | **15.** 仕五进四　炮 7 进 3 |
| **16.** 仕四进五　马 6 进 7 | **17.** 炮五平三　炮 7 平 3 |

黑胜定。

第139局 红出直车(4)

1. 炮二平五	马8进7	**2.** 马二进三	车9平8
3. 车一平二	马2进3	**4.** 兵七进一	卒7进1
5. 车二进六	炮8平9	**6.** 车二平三	炮9退1
7. 马八进七	车1进1	**8.** 炮八平九	车1平6
9. 马七进六	炮9平7	**10.** 马六进五	马7进5
11. 车九平八	士6进5	**12.** 车八进七	马5进6
13. 车三平七	车8进8	**14.** 车七进一	马6进8

黑方另有以下三则实战对局:

(1)炮7进5,仕四进五,炮7进3,马三进四,炮7平9,车七平三,车8进1,仕五退四,车8退4,仕四进五,车6退1,仕五进四,车8平6,车三退二,红优,结果红胜。(选自1982年全国象棋团体赛河北黄勇—上海林宏敏实战对局)

(2)炮7进5,仕四进五,炮7进3,马三进四,炮7平9,车七平三,车8进1,仕五退四,象7进9,炮九退一(红应改走炮九平七),车6进4,帅五进一,炮9退1,炮五平七,象3进1,炮九平一,车6进4,黑有攻势,结果黑胜。(选自1982年上海市第7届运动会象棋赛唐才芳—龚一苇实战对局)

(3)炮7进5,仕四进五,车8平7,相三进一,马6进4,炮九平六,象3进5,车七平五,车7退1,车八进二,将5平6,车八平六,士5退4,车五进二杀,红胜。(选自2009年东莞凤岗镇季度象棋赛广东邓家荣—广东简嘉康实战对局)

15. 仕六进五 ……

红另有两种着法如下:

(1)车七平二,炮7进5,车八平四,将5平6,车四进一,将6进1,红要丢车。

(2)车七平四,马8进7,帅五进一,马7退5,帅五进一,车6进1,黑得车胜定。

15. ……	炮7进5	**16.** 帅五平六	车6进4(图139)

如图139形势,红方主要有五种着法:(一)车七平六;(二)车七进二;(三)车八退五;(四)炮九平六;(五)兵五进一。分述如下:

第一种着法:车七平六

17. 车七平六	象3进5	**18.** 车六进一	……

红可改走车六退一,黑如炮7进3,则帅六进一,车6平3,炮九进四,车8平7,马三进二,车7进3,炮九进三,车3退5,炮九平八,车7平3,马二退四,炮7退2,炮五进五,象7进5,车六平二,前车进3,帅六进一,马8进6,相七进五,前

车退 2,帅六退一,前车平 4,仕五进六,车 4 平 5,仕四进五,车 5 平 6,仕五进四,车 6 进 1,双方对攻。

18. ……   炮 7 进 3

19. 帅六进一   车 6 平 3

20. 炮九进四   车 3 进 3

1987 年第 6 届全国运动会象棋团体预赛贵州唐方云—湖南罗忠才实战对局时黑方此着选择车 3 退 5,以下是:炮九平五,卒 7 进 1,车八平七,车 3 平 2,车七退二,马 8 进 7,马三进四,卒 7 平 6,车七平六,将 5 平 6,后炮平四,卒 6 平 7,炮五进二,马 7 退 8,黑胜势。

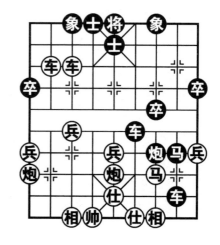

图 139

21. 帅六进一   车 3 退 8   **22.** 炮九平五   ……

红如改走马三进二,黑则炮 7 退 2,炮五进五,象 7 进 5,炮九平二,车 3 进 7,帅六退一,马 8 进 6,帅六退一,车 3 进 2 杀,黑胜。

22. ……   卒 7 进 1   **23.** 车八平七   车 3 平 2

24. 车七退三   车 8 平 7   **25.** 车七平三   炮 7 退 2

26. 帅六退一   炮 7 平 9   **27.** 车三退三   ……

红如改走车三平八,黑则车 2 平 3,车八平七,车 3 平 2(红方长捉,黑方长杀,双方不变作和,黑如和棋即可达到战略目的,可不用变着),车七平八,车 2 平 1,黑优。

27. ……   马 8 进 7

黑优。

第二种着法:车七进二

17. 车七进二   车 6 平 4   **18.** 炮九平六   炮 7 进 3

19. 帅六进一   车 8 平 7   **20.** 马三进二   车 7 平 6

21. 车七退四   卒 7 进 1   **22.** 马二进一   炮 7 退 1

23. 帅六退一   炮 7 平 9   **24.** 马一进二   车 6 进 1

25. 仕五退四   车 4 进 2   **26.** 帅六平五   马 8 进 7

绝杀,黑胜。(选自 1983 年全国象棋个人赛甘肃钱洪发—黑龙江孟昭忠实战对局)

第三种着法:车八退五

17. 车八退五　炮 7 进 3　　**18.** 帅六进一　车 6 平 4

19. 车八平六　车 4 进 2　　**20.** 帅六进一　车 8 平 7

21. 车七进二　炮 7 退 2　　**22.** 帅六退一　将 5 平 6

23. 炮九平三　车 7 退 1　　**24.** 炮五进六　将 6 进 1

25. 炮五平九　车 7 退 2　　**26.** 车七退一　将 6 进 1

27. 车七退二　车 7 平 4　　**28.** 仕五进六　马 8 进 6

29. 帅六平五　车 4 平 6

黑尚有对攻机会。

第四种着法:炮九平六

17. 炮九平六　炮 7 进 3　　**18.** 帅六进一　车 6 平 4

19. 车七平六　车 4 退 3

兑车,正着。黑如改走车 4 平 3,红则车八平七,车 3 平 2,车七平八,黑方"长杀"犯规,必须变着,红优。

〔注:在国际性比赛中采用的《象棋比赛规例》(即亚洲规则),"长杀"是允许着法,黑方不必变着。〕

20. 车八平六　马 8 进 7　　**21.** 炮六平七　象 3 进 5

22. 车六退五　卒 7 进 1　　**23.** 炮七平八　马 7 退 5

24. 车六平五　卒 7 进 1　　**25.** 兵五进一　卒 7 进 1

26. 车五平三

红优。

第五种着法:兵五进一

17. 兵五进一　炮 7 进 3　　**18.** 帅六进一　车 6 平 5

19. 车八退五　　……

红如改走炮五进一,黑则马 8 进 6,帅六进一,车 5 进 1,炮九平四,车 5 平 4,帅六平五,车 8 退 5,黑胜势。

19. ……　　象 7 进 5　　**20.** 车八平六　马 8 进 7

21. 车七进二　马 7 退 5　　**22.** 炮九平五　炮 7 退 1

23. 仕五进四　车 5 进 2　　**24.** 车七平六　士 5 退 4

25. 车六平五　卒 7 进 1　　**26.** 车五进五　将 5 平 6

27. 帅六平五

红略先。

第140局 红出直车(5)

1. 炮二平五	马8进7	2. 马二进三	车9平8
3. 车一平二	马2进3	4. 兵七进一	卒7进1
5. 车二进六	炮8平9	6. 车二平三	炮9退1
7. 马八进七	车1进1	8. 炮八平九	车1平6
9. 马七进六	炮9平7		
10. 马六进五	马7进5		

11. 车九平八(图140) ……

如图140形势,黑方除士6进5外,另有以下三种着法:(一)车6平2;(二)炮2平1;(三)炮2退1。分述如下:

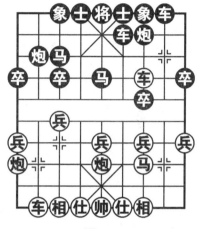

图 140

第一种着法:车6平2

11. ……		车6平2
12. 炮五进四		马3进5
13. 车三平五		炮7平5
14. 相七进五		炮2进5

2013年江都"泰润大酒店·铂金府邸"杯象棋公开赛高邮市张殿林—广东省李锦雄实战对局时黑此着选择炮2平5,以下是:车八进八,后炮进2,车八平七(红应改走车八平三),前炮平7,车七退二,炮7进3,马三退五(红应改走仕四进五),车8进8,炮九退一,车8退1,炮九进五,炮5进5,马五进七,炮5平7,双方对攻,结果黑胜。

15. 车五平六	车8进6	16. 车六退四	车8平7
17. 车六平八	车2进6	18. 车八进二	车7进1
19. 仕六进五	车7退1	20. 车八进一	炮5平9
21. 炮九进四	炮9进5	22. 兵九进一	卒9进1
23. 兵九进一	象7进5	24. 兵九平八	车7平6
25. 炮九退二	士6进5		

均势,结果战和。(选自2010年首届中国·邳州海峡两岸中国象棋公开赛广东陈丽淳—辽宁孙思阳实战对局)

第二种着法:炮2平1

11. ……	炮2平1	12. 炮五进四	……

红改走兵五进一较好。

12.…… 马3进5 **13.** 车三平五 ……

红如改走炮九平五,黑则炮1平5(黑可改走车8进2,红如接走炮五进四,则炮1平7,车三平一,前炮进4,相三进五,车8进5,黑优),炮五进四,士6进5,仕六进五,车8进6,车八进九,车8平7,车八平七,车7进1,车七退二,红优,结果红胜。(选自2011年重庆棋友会所江北赵国华—铜梁严勇实战对局)

13.…… 炮1平5 **14.** 相三进五 车6平4

黑如改走车8进7,红则车八进九,车6平4,仕四进五,车4进7,车八平七,卒7进1,车七退一,士4进5,车七退二,卒7进1,马三退四,车8进2,车七平六,车4退5,车五平六,红优,结果红胜。(选自2012年辽宁省第2届全民健身运动会"体彩杯"象棋比赛本溪高文永—大连腾飞实战对局)

15. 车八进六 车8进8 **16.** 仕四进五 车8平6

17. 车八平七 车4进7 **18.** 车七平六 炮7平3

19. 仕五退四 炮3平5 **20.** 车六退五 ……

红可改走仕六进五。

20.…… 车6平4 **21.** 车五平四 前炮进5

22. 炮九进四 前炮平3 **23.** 炮九平五 象3进5

24. 炮五进二 士4进5

和棋。(选自2012年重庆第2届"川渝象棋群杯"象棋赛四川丁海兵—重庆邓普普实战对局)

第三种着法:炮2退1

11.…… 炮2退1 **12.** 炮五进四 ……

2013年"清华园杯"河南省荥阳市象棋公开赛通许陈瑞科—郑州张东立实战对局时红此着选择车八进七,以下是炮2平5,炮五进四,马3进5,车三平五,炮5进1,相三进五,车8进7,仕四进五,车6进7,车八退二(红应改走车八平六),炮7平5,车五进一,象7进5,黑得车,结果黑胜。

12.…… 马3进5 **13.** 炮九平五 炮2平5

14. 炮五进四 象3进5 **15.** 炮五平九 炮5平1

16. 马三退五 士6进5 **17.** 马五进七 车8进9

18. 相七进五 车6进7 **19.** 车三平四 车6退5

20. 炮九平四

红优,结果红胜。(选自2006年全国协作区三棋比赛上海嘉定王德龙—上海闵行韩勇实战对局)

第 141 局 红中炮换马(1)

1. 炮二平五　　马 8 进 7　　2. 马二进三　　车 9 平 8
3. 车一平二　　马 2 进 3　　4. 兵七进一　　卒 7 进 1
5. 车二进六　　炮 8 平 9　　6. 车二平三　　炮 9 退 1
7. 马八进七　　车 1 进 1　　8. 炮八平九　　车 1 平 6
9. 马七进六　　炮 9 平 7　　10. 马六进五　　马 7 进 5
11. 炮五进四　　马 3 进 5　　12. 炮九平五　　车 8 进 2(图 141)

如图 141 形势,红方主要有三种着法:
(一)车三平五;(二)炮五进四;(三)兵五
进一。分述如下:

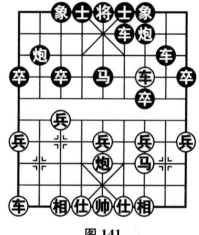

图 141

第一种着法:车三平五

13. 车三平五　　炮 2 平 5
14. 车九进二　　……

红如改走车五平三,黑则炮 5 进 5,相
七进五,车 8 进 5,马三退五,车 8 平 6,马
五进三,前车平 7,黑得子大优。

14. ……　　　　车 6 进 6
15. 车五平三　　炮 5 进 5
16. 车九平五　　炮 7 平 5
17. 车三平五　　车 6 退 1
黑优。

第二种着法:炮五进四

13. 炮五进四　　炮 2 平 7　　14. 车三平一　　卒 7 进 1
15. 炮五退二　　前炮进 4　　16. 相三进五　　卒 7 平 6
17. 车一平三　　卒 6 平 5　　18. 车三退三　　车 8 进 5
黑优。

第三种着法:兵五进一

13. 兵五进一　　炮 2 平 7　　14. 车三平五　　士 6 进 5
15. 兵五进一　　车 6 进 6　　16. 车九进二　　车 6 平 7
17. 车九平六　　前炮进 4　　18. 车五平六　　象 7 进 5
19. 相三进一　　……

红如改走炮五进五,黑则象 3 进 5,后车平三,前炮进 3,车三退二,炮 7 进 8,

仕四进五,炮7平9,黑胜定。

　　19. ……　　　前炮平5　　20. 仕六进五　　车7进1

　　21. 前车平四　　车8进7

　　黑大优,结果黑胜。(选自2000年全国象棋个人赛广东欧阳婵娟—江苏张国凤实战对局)

第142局　红中炮换马(2)

1. 炮二平五	**马8进7**	**2. 马二进三**	**车9平8**
3. 车一平二	**马2进3**	**4. 兵七进一**	**卒7进1**
5. 车二进六	**炮8平9**	**6. 车二平三**	**炮9退1**
7. 马八进七	**车1进1**	**8. 炮八平九**	**车1平6**
9. 马七进六	**炮9平7**	**10. 马六进五**	**马7进5**
11. 炮五进四	**马3进5**	**12. 车三平五**	**炮2平5**
13. 相三进五	**……**		

　　2008年"怡和轩杯"第15届亚洲象棋锦标赛中国台北李孟儒—中国唐丹实战对局时红此着选择相七进五,以下是:车8进8,车五平三,车8平6,车九平七,炮5进5,车七进二,炮5平1,车七平九,炮7平8,车三平二,后车平2,车九平六,车6退2,车二平七,象7进5,车七平六,士4进5,兵七进一,车6平7,黑优,结果黑胜。

　　13. ……　　　车8进8(图142)

　　如图142形势,红方主要有两种着法:(一)仕四进五;(二)仕六进五。分述如下:

　　第一种着法:仕四进五

　　14. 仕四进五　　车6进7

　　15. 炮九退一　　炮7平5

　　16. 车五进一　　……

　　红如改走炮九平四,黑则后炮进2,炮四退一,车8平7,捉死马,黑大优。

　　16. ……　　　象7进5

　　17. 炮九平四　　车8平6

　　18. 车九进二……

　　红另有以下三种着法:

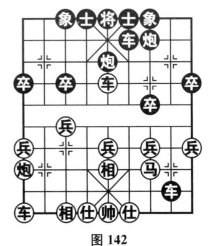

图142

　　(1)马三退四,炮5平8,车九平八,炮8进8,马四进二,车6平8,黑得马胜定。

(2)兵三进一,车 6 平 7,马三进四,炮 5 进 5,帅五平四,车 7 退 2,马四进六,车 7 平 6,帅四平五,炮 5 退 1,兵三进一,车 6 平 9,帅五平四,车 9 平 6,帅四平五,象 5 进 7,车九平八,士 6 进 5,黑胜势。

(3)兵五进一,车 6 平 7,马三进五,车 7 退 2,马五退七,炮 5 进 4,帅五平四,车 7 平 6,帅四平五,车 6 平 9,帅五平四,车 9 平 6,帅四平五,士 6 进 5,车九平八,将 5 平 6,马七进五,车 6 平 5,黑得马胜定。

18. ……	车 6 平 7	**19.** 相五进三	车 7 进 1
20. 马三退四	……		

红如改走仕五退四,黑则象 5 退 7,仕六进五,炮 5 平 8,兵五进一,车 7 退 1,帅五平六,炮 8 进 6,马三进五,炮 8 退 2,帅六进一,车 7 退 2,黑优。

20. ……	炮 5 进 5	**21.** 车九平五	车 7 退 3
22. 马四进三	炮 5 平 2	**23.** 车五进一	卒 7 进 1

黑大优。

第二种着法:仕六进五

14. 仕六进五	车 6 平 4	**15.** 炮九平六	车 8 平 7
16. 车五平三	炮 7 平 8	**17.** 车三平二	炮 8 平 5

黑优。

第 143 局　红进中兵

1. 炮二平五	马 8 进 7	**2.** 马二进三	车 9 平 8
3. 车一平二	马 2 进 3	**4.** 兵七进一	卒 7 进 1
5. 车二进六	炮 8 平 9	**6.** 车二平三	炮 9 退 1
7. 马八进七	车 1 进 1	**8.** 炮八平九	车 1 平 6
9. 马七进六	炮 9 平 7	**10.** 马六进五	马 7 进 5
11. 兵五进一	车 6 平 2		

1981 年全国象棋个人赛浙江陈孝堃—江苏言穆江实战对局时黑方此着选择士 6 进 5,以下是:兵五进一,马 5 退 7,车三平七,车 6 进 1,车九平八,炮 2 平 1,车八进七,象 7 进 5,车八平七,红优,结果红胜。

12. 车九平八	……		

红如改走炮五进四,黑则马 3 进 5,车三平五,炮 2 平 5,相三进五,炮 9 平 5,车五平七,车 8 进 5,黑略先。

12. ……	炮 7 平 5(图 143)		

如图 143 形势,红方主要有两种着法:(一)车八进六;(二)炮五进四。分述如下:

第一种着法:车八进六

13. 车八进六　车8进5

14. 兵五进一　炮5进3

15. 炮五进四　……

红如改走仕四进五,黑则象7进5,炮九平八,炮2进5,车八进二,炮2平7,黑多子大优。

15. ……　　　车8平3

16. 炮九平八　马3进5

17. 车三平五　车2平5

18. 车五进二　士4进5

19. 车八进一　车3平5

20. 仕四进五　车5平2

黑得车胜定。

第二种着法:炮五进四

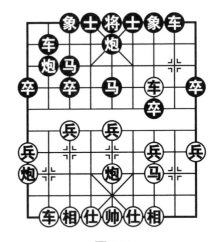

图 143

13. 炮五进四　马3进5		**14.** 车三平五　炮2进4	
15. 马三进五　车8进6		**16.** 兵五进一　车8平7	
17. 马五进四　车7平6		**18.** 马四进三　车6退4	
19. 马三退二　象3进5		**20.** 车五平七　炮2平5!	

红难解黑重炮杀、抽车双重打击,黑胜定。